带你踏入一场前所未有的财富探索之旅

刘子仲/编著

直面贫穷的症结，探寻穷人的幸福之路，助你破除思想中的财富枷锁
破译富人不为人知的财富密码，为由贫穷走向富裕提供坚实的参考和坐标
从思维到行动，为你全方位补充致富的智慧和能量

天津科学技术出版社

图书在版编目(CIP)数据

财富炼金术/刘子仲编著.
—天津:天津科学技术出版社,2009.9
ISBN 978 – 7 – 5308 – 5378 – 8

Ⅰ. 财… Ⅱ. 刘… Ⅲ. 私人投资—通俗读物
Ⅳ. F830.59 – 49

中国版本图书馆 CIP 数据核字(2009)第 178493 号

责任编辑:郑　新　刘　鹈
责任印制:王　莹

天津科学技术出版社出版
出版人:胡振泰
天津市西康路 35 号　邮编:300051
电话:(022)23332674(编辑室)　23332393(发行部)
网址:www.tjkjcbs.com.cn
新华书店经销
北京建泰印刷有限公司印刷

开本 787×1092　1/16　印张 18.5　插页 1　字数 230 000
2009 年 10 月第 1 版第 1 次印刷
定价:32.80 元

前 言

《马太福音》里面曾说,在财富分配的问题上,如果您有的很多,还将被给予;如果您有的很少,也将被拿去。换而言之就是"贫者愈贫,富者愈富",人们把它称为"马太效应"或者"财富分层"。

犹太人有一个财富的"二八准则":世界上20%的人,实际拥有80%的社会财富,他们被称为富人;而80%的人仅拥有20%的社会财富,他们被称为穷人。

为什么会出现"贫者愈贫,富者愈富"的现象呢?

穷人最缺的不是财富,而是创造财富的能力,是适应经济社会的思维模式和对财富的驾驭能力。

美国石油大亨洛克菲勒曾说过:"假如我忽然倾家荡产了,把我身无分文地扔在沙漠里,只要有一个骆驼商队路过,我加入进去,用不了几年,我又是一个百万富翁。——没办法,我就是这样的人。"

在世界面前,个人是渺小的,各种天灾人祸随时可能夺去你的财产、权力、健康,甚至亲人。一切外在的东西都可能失去,但只要你的雄心还在、你的能力还在,一切就都可以重来。

一家银行曾推出一个信用卡销售广告,内容是:"真正的财富不是口袋里有多少钱,而是脑袋里有多少东西。"脑袋就是一个人的想法、观念。想要使口袋里有钱,一定要先有一个富有的脑袋。

上帝赋予我们每个人的灵魂和生命都是平等的,每个人都拥有致富的权力,每个人都拥有成功的权力。一个人脑袋富有后,自然就能赚进许多财富,口袋里也会富有起来,就能过上富有的生活。

　　面对财富，穷人说：我根本不介意钱，钱是这个世界上最坏的东西，我们完全没有必要把钱看得太重。于是他们学会了及时行乐，同时也学会了"仇视"财富和富人。

　　当我们看到一个人无限憧憬地说：等我有了钱，我天天吃鲍鱼。不难想象他也许一辈子也不会有机会去吃一顿鲍鱼。如果你想摆脱贫穷，就不能用无知掩盖自己的无能，也不能用贫穷掩盖自己的懒惰和满足。其实真正可怕的并不是贫穷本身，而是贫穷带来的自私、颓废、消沉、自暴自弃。

　　穷困不是上帝赋予一个人的义务，不是命中注定而是行为注定的结果。贫穷也意味着有更多白手起家的机会。和富人比较而言，穷人可以选择的机会更多，因为穷人比富人有着更迫切改变现状的愿望，对于一个穷人来讲，想要改变命运，需要的不是坐享其成的运气，也并非单纯的勤劳苦干。

　　人人都有致富的权力，每个人身上也都有着未曾被开发出来的潜力。穷人要变富，首先需要认识自身的缺陷与弱点，要学会积极思考，认识自己才能改变自己，抱怨和等待是解决不了问题的，"穷则变，变则通，通则久"。由穷到富，是一个不断积累、实现质变的过程。路是一步步走的，你不能从一开始就期望摆在眼前的是一个随心所欲的天堂。

　　世界上没有无缘无故的成功，也不会出现凭空的失败。财富是流动的，有多大的心胸做多大的事业，有多远的视野能够聚拢多大的财富。这个世界每天都在变化，今天富有的人明天不一定富有，今天贫穷的人明天也不一定贫穷。

　　贫穷只是一种现实，而不是借口。你最大的资源是你自己，挖掘自身资本，登陆财富平台，每个人都可以找到让自己成为富人的理由。

目　录

第一章　让心态先富起来

如果一个人安于贫困,听天由命,缺乏摆脱贫困的自信和勇气,身体中潜伏的力量就不能发挥出来,就永远不能摆脱贫困。富人们知道:成功是一种心态,是一种感到自己一定会发达起来的意识,然而大多数人都没意识到这一点。别人夺不走的真正财富,就存在于内心之中。我们只有在物质生活变富裕之前,让心态先富起来,才能真正抓住财富。只有一心一意的雄心家,才能体验到赚钱的乐趣,把谋财当做事业来经营。

1. 穷与富是命运安排好的吗/2
2. 穷人富人有什么不同/5
3. 自卑——成功之大敌/8
4. 谁在"仇富"/13
5. 快乐是副产品/17
6. 财富喜欢有积极心态的人/21
7. "一夜暴富"很伤人/25
8. 平和心态最重要/28
9. 你怀才不遇吗/31
10. 珍惜改变命运/34
11. 你可以不浮躁/37

12. 人比人,真的气死人? /41

13. 健康的心态为成功加分/45

第二章　人穷志不穷

没有目标的人像是草木,在春天生发,到秋日枯黄。人生不能没有方向,做人不能没有志向,那种只解决衣食住行等生理需要的志向是低层次的,而追求自我实现则是最高层次的需要。林肯说过:"喷泉的高度不会超过它的源头。一个人的事业也是这样,他的成就绝对不会超过自己的信念。"人生的目标不妨定得高远些,所以人穷志别穷,只要不甘人后积极进取,终有一天会踏上富有之途。

1. 你的身后有一只狼/50

2. 决定你是富人还是穷人的12条标准/52

3. 让目标成为前进的指明灯/56

4. 你的目标在哪里/60

5. 清晰你的职业规划/64

6. 为自己升起信念的旗帜/67

7. 贫困是个人奋斗的起跑线/70

8. 发现自我,秉持本色/74

9. 生命的最终目标/77

10. 与压力和平共处/81

第三章　给思想洗澡

其实,富人赚钱的根本原因是由于富人的思维模式以及他们对财富的深刻认识和掌控能力。穷人总是被动地思考问题,而富人却是积极主动地看待一切问题。是不是还有一些陈旧、慵懒的思想禁锢着你的行动？清洗一下大脑,让那些桎梏彻底灰飞烟灭,你才能做得更出色。

1. 拿出150%的努力/86
2. 让才华成为"先进生产力"/90
3. 穷变富的哲学/94
4. 大胆地施展自己的专长/98
5. 时刻当心"墨菲定律"/102
6. 穷人到底怕什么/105
7. 用脑思考,用手做事/109
8. 珍惜稍纵即逝的灵感/112
9. 创业需要学习的十大品质/117
10. 接纳人生的"三重门"/121
11. 找准"瓶颈",及时疏通/125
12. 思维决定行动/130

第四章 精明理财,穷人变富翁

不富裕者,若不勤俭持家,终日大手大脚,那只会更穷。然而,事实告诉我们,许多人纵使家境贫寒,但其中一些人通过投资理财,经济状况渐入佳境,终于过上宽裕的日子。不论贫富,理财都是伴随人生的大事。在这段"经营人生"的过程中,越穷的人越输不起,所以更应严谨看待理财之事。有了理财意识,就有了一个良好的开端。

1. 成为有钱人的理财真谛/136
2. 低收入理财也可如鱼得水/138
3. 你需要认真了解的10条理财真理/141
4. "一个鸡蛋的家当"/144

5. 穷人理财的五大秘诀/147

6. 投资理财前要擦亮眼睛/152

7. 穷人理财的四种境界/155

8. 别把鸡蛋全放在一个篮子里/158

9. 金钱的五大金科玉律/161

10. 做"小老板"的创富秘籍/164

11. 日常节流不容忽视/167

12. 动物中的"理财高手"/170

13. 向富人的理财理念看齐/174

14. 穷人迈向富翁的十步曲/177

第五章　自我提升,为智慧"镀金"

不管一个人多么贫困,只要能不断进步,即便缓慢地进步,生活也是健康向上、充满希望的,但是,一旦他不再进步了,不再向更高、更深、更强方向发展,他的生活就会变得死气沉沉,平庸至极。智慧是一种要素,能将人类有限心灵所创造的平凡意识震波,转化为对等的精神力量。智慧也是一种媒介,人类唯有透视它,才能拥有有无边的力量。

1. 没有任何借口/184

2. 每天多做一些"分外事"/188

3. 做一个彬彬有礼的人/192

4. 成功需要"十商"/195

5. "慢"之毫厘,失之千里/199

6. 步入成功之门的 15 种能力/204

7. 瞬间捕获你所需要的信息/208

8. 盲目仿效徒劳无功/212

9. 不要成为"时间的穷人"/215

10.一切源于勤奋/219

11.不能吃苦,吃一辈子苦/223

12.不能改变世界就改变自己/226

13.给挫折一个微笑/230

第六章 为"人脉银行"积聚财富

现代社会的发展表明,在技术、资金、人力资源这三个生产力要素中,人力资源的重要性越来越凸显出来。不管什么人,单单靠一己的力量是成不了富豪的。一个人要想聚财,就先要聚人;有了人气,才会有财气。想清楚自己现在是什么状况,将来要成为什么样的人,把对自己现在以及将来进行明晰地定位以后,就着手开始经营你的人脉圈子吧,开拓人脉布局,为自己的"人脉银行"积聚财富。

目录

1.君子莫大乎与人为善/236

2.在交际细节上做文章/240

3.提升沟通技巧的秘诀/244

4.人脉等于财脉/247

5.给心灵装上耳朵/251

6.如何与不同性格的人共事/256

7.珍惜批评你的人/259

8.与一流的人物交往/262

9.向他人"借脑"/265

10.如何与"关键人物"搞好关系/269

11.人际关系的10个和谐"音符"/273

12.影响你前途的十种交往心理/278

13.圈里圈外,融洽相处/280

第一章　让心态先富起来

> **如**果一个人安于贫困，听天由命，缺乏摆脱贫困的自信和勇气，身体中潜伏的力量就不能发挥出来，就永远不能摆脱贫困。富人们知道：成功是一种心态，是一种感到自己一定会发达起来的意识，然而大多数人都没意识到这一点。别人夺不走的真正财富，就存在于内心之中。我们只有在物质生活变富裕之前，让心态先富起来，才能真正抓住财富。只有一心一意的雄心家，才能体验到赚钱的乐趣，把谋财当做事业来经营。

1. 穷与富是命运安排好的吗

有人非常相信命运，失败了不去找自身原因，而认为是"天意"；自己受穷，认为是命，心甘情愿地去受苦；还有人不去实干、苦干，反而去拜佛、求神降福；更有人在干事业时，因为碰到障碍，遇到挫折，就退下阵来，所以根本尝不到成功的果实。

美国大富翁富勒有7个兄弟姐妹，还有一位很有见识的母亲。这位母亲经常和子女们谈：我们不应该这么穷，不要说这是上帝的旨意，我们很穷但不能怨天尤人，这都是因为你们的爸爸从未有过改变贫穷的欲望，胸无大志。

这些话深深地打动了富勒的心，他一心想跻身于富人之列，于是开始努力追求财富。他5岁开始工作，成年后陆续收购了8家公司。

谈及成功的秘诀，他还是用多年前母亲的话回答："我们很穷，但不能怨天尤人，那是因为你们的爸爸从未有过改变贫穷的欲望，胸无大志。"富勒在多次受邀演讲中说道："虽然我不能成为富人的后代，但我可以成为富人的祖先。"

富兰克林曾说过："贫穷的本身不可怕，可怕的是自认为命定贫穷，或必须老死于贫穷的心态。"人穷不可怕，怕的是人穷志短，失去奋斗的勇气，自甘平庸，那可真是一辈子都是受穷的命了。自己要做自己的主，要掌握自己的命运。

在一次老同学聚会上，事业颇有成就的甲在闲聊中谈起了命运。

同学乙问："这个世界到底有没有命运？"

甲说："当然有啊。"

乙再问："命运究竟是怎么回事？既然命中注定，那奋斗又有什么用?"

甲没有直接回答乙的问题,但笑着抓起乙的左手说要先看看他的手相,帮他算算命,然后讲了一些生命线、爱情线、事业线等诸如此类的话。

突然,甲对乙说:"把手伸好,照我的样子做一个动作。"

他的动作就是:举起左手,慢慢地且越来越紧地握起拳头。

甲问:"握紧了没有?"

乙答:"握紧啦。"

甲问:"那些命运线在哪里?"

乙回答:"在我的手里呀。"

甲再追问:"请问,命运在哪里?"

乙犹如当头棒喝,恍然大悟:命运在自己的手里!

甲意味深长地说:"不管别人怎么跟你说,不管'算命先生们'如何给你算,记住,命运在自己的手里,而不是在别人的嘴里!这就是命运。"

看看自己的拳头,你会发现自己的生命线有一部分还留在外面,没有被握住,它又能给我们什么启示呢?命运绝大部分掌握在自己手里,但还有一部分掌握在"上天"手里。古往今来,凡成大业者,"奋斗"的意义就在于用其一生的努力去争取。但是如果你不靠自己去争取,就会连这一点机会都没有。

人生一世,草木一秋。人的一生很短暂,在两万多天的时间里,没有人自始至终都是幸运儿。我们的生命中,无不交织着喜悦与悲伤,顺利与坎坷,幸运与不幸,得到与失去。正是如此纷繁的内容,构成了生命的多姿多彩,我们才品尝到生命复杂的滋味,到日暮黄昏的时候,也才有了那么多可供回忆的内容。

感谢生活的赐予,不论一帆风顺还是苦难深重。

生活就是一个个难题,我们不断地去破解,最艰难的是解题的过程,承受住那个过程,完成那个过程,人生就多了经历,人生就多了坚强。

人生是个大舞台,也许有笙歌相伴,也许有人不断地穿梭,但主角永远都是我们自己,别人能给我们极大的帮助,却无法主宰我们的一生。

　　我们没有先知先觉的能力，芸芸众生，谁都无法避免苦难的降临。勇敢者、智者面对苦难，能够坦然接受，然后想方设法化解苦难，把它看做是对人生的又一次挑战，也会赢得别人的敬重；懦弱者、愚者面对苦难，好像塌了天，垂头丧气，甚至丧失了生活的勇气，结果苦难更加深重，造成的损失与危害更加巨大，戕害自己的心灵，为别人留下笑柄或提供反面的教材。这样的人生何其可悲。

　　其实，没有过不去的火焰山，车到山前必有路，重要的还在于你的心态。

　　没有人是"注定"要倒霉的，因为我们都可以化失败为胜利，改变曾经遇到的倒霉现象。请你从挫折中吸取教训，好好加以总结，就可以对失败泰然处之了。

　　千万不要把失败的责任推给你的命运，要仔细研究失败的实例。可能是你的修养或火候还不够的缘故。如果你失败了，那么继续学习吧。你要知道，世界上有无数人，一辈子浑浑噩噩，碌碌无为。

　　他们对自己一直平庸的解释不外是"运气不好""命运坎坷""好运未到"。这些人仍然像小孩那样幼稚不成熟，他们只想得到别人的同情，简直没有一点主见。由于他们一直想不通这一点，才一直找不到使他们变得更伟大、更坚强的机会。

　　我国著名教育家陶行知编的《自立歌》这样说道：滴自己的汗，吃自己的饭。自己的事，自己干。靠天靠地靠祖上，不算是好汉。

　　只要你有一颗永不服输的心灵，有一种愈挫愈奋的意志，就算你是个再贫穷的人，内心也会升腾起一股勇往直前的勇气，从而再也不会抱怨上苍的不公。这样坚苦卓绝地去做了，虽然不一定都能达到理想的彼岸，不一定能够采撷到预想的果实，但这个心灵的激励、奋斗的过程却闪耀着无边无际的生命之美的光芒。

2. 穷人富人有什么不同

一天，阔别几年的两个同学见面了，但见面的方式有些特殊，一个人坐着高级轿车，一个人骑着自行车，他们都是来接参加公益活动的孩子，两个老同学见面自然是喜出望外。但穷同学这种心情没有保持多久。因为富同学拥有自己的公司，年收入几百万，而自己上班拿工资，饿不着也撑不死。

穷人笑着说："你成了一个千万富翁，而我还在为生存奋斗，你老兄住的是豪华别墅，出门代步是奔驰，过着舒适的生活，而我每天辛苦地骑车上班，挣的是养家糊口的钱。"

富人说："你有没有想过为什么？"

穷人说："怎么没有想过呢？是你比我聪明，还是你比我更加努力勤奋，怎么我都想不通，最后只能想可能是你比我幸运。"

富人说："我们是同学，不论是学习，还是身体，你哪一样比我差？而且每次考试你都比我考得好，所以论聪明还是你比我聪明呢！"

穷人说："你的家庭背景和我一样都是普通老百姓出身，毕业后，我们还一起找工作呢！所以我想，你今天的发达是你比较幸运。"

富人说："不是幸运的问题，运气对每一个人都是公平的。"

的确，就像上面两个同学的差别，为什么有的人，赚更多的钱，整天快快乐乐地过着高品质的生活，而有的人忙忙碌碌地劳作却只能维持生计？不少心理学专家发现，这个秘密就是人的心态。一位哲人说："你的心态就是你真正的主人。"

40年前，福建某贫穷的乡村里，住了兄弟两人。他们经受不了穷困的生活，便决定离开家乡，到海外去谋发展。大哥好像幸运些，几经周折来

【第一章】 让心态先富起来

财富炼金术

到了富庶的美国旧金山，弟弟则到了当时比中国更穷困的菲律宾。

40年后，兄弟俩又幸运地聚在一起。今天的他们，已今非昔比了。做哥哥的，当了旧金山的侨领，拥有两家餐馆，两家洗衣店和一家杂货铺，而且子孙满堂，子孙中有些承继了父辈的衣钵，有些成为杰出的工程师或电脑工程师等科技专业人才。弟弟呢？也成了一位享誉世界的银行家，拥有东南亚相当分量的山林、橡胶园和银行。经过几十年的努力，他们两人都成功了。

兄弟再聚首，不免要谈谈分别以来的遭遇。哥哥说，我们中国人到白人的社会，既然没有什么特别的才干，唯有用一双手煮饭给白人吃，为他们洗衣服。总之，白人不肯做的工作，我们华人统统顶上了，生活是没有问题的，但事业却不敢奢望了。例如，我的子孙，书虽然读得不少，但也不敢妄想，唯有安安分分地去担当一些中层的技术性工作来谋生。至于要进入上层的白人社会，很难办到。

看见弟弟这般成功，哥哥不免羡慕弟弟的幸运。弟弟却说，幸运是没有的。初来菲律宾的时候，找些低贱的工作，但发现当地的人有些是比较愚蠢和懒惰的，于是便顶下他们放弃的事业，慢慢地不断收购和扩张，生意便逐渐做大了。

以上是个真实的故事，反映了海外华人的奋斗历史。它告诉我们：影响我们人生的绝不仅仅是环境，心态控制了个人的行动和思想。同时，心态也决定了自己的视野、事业和成就。成功者与失败者之间的差别是：成功者始终用最积极的思考、最乐观的精神和最辉煌的经验支配和控制自己的人生。失败者则刚好相反，他们的人生是受过去的种种失败与疑虑所引导支配的。

今日中国之社会，远非30年前的中国社会可比。随着改革开放和市场经济的迅速发展，一部分人逐渐地率先富裕起来了，并涌现出了一批身价数千万、数十亿的超级富豪，除极少数人属于这样或那样的"问题富豪"之外，绝大多数的富豪都是经过辛苦劳动和资本积累逐步发达起来的，他们拥有的财富也为国家法律所承认所保护。于是，也就自然而然地使当今中国社会有了富人和穷人这两大阶层。

由于中国富人阶层财富积累的迅速增长，在很大程度上加剧了社会分配的不公，并由此导致我们的社会出现了富人越富、穷人越穷的现象。这种现象作为一种客观存在的现实，除了社会分配不均，出生不平等之外的客观因素，也与富人和穷人的主观心态有一定的关系。

（1）穷人怕累，富人怕没事干。几乎所有下岗的人总是在抱怨新工作如何如何之苦，如何如何少干才不会伤到身体；而富人们赚了一笔生意后，又在考虑下一个商业机会，好多富人最怕没事可干。

（2）穷人经常幻想有了钱该怎么花，考虑最多的是消费，先买房子还是先买车；而富人们经常考虑的是该如何寻找商机，如何最大限度地赚钱。

（3）穷人总在考虑找一份工作，同时又总在担忧被炒，富人们考虑的是用上什么样的人能够帮助自己去实现一种盈利模式。

（4）穷人80%的时间在想和说，20%的时间在做事情，富人们正好反过来。

（5）穷人一有点成就就沾沾自喜，富人们总觉得自己做得还不够出色。

（6）穷人总在抱怨自己多么的受到不公平待遇，富人们靠自己的勤劳和智慧去改变自己的命运，不怨天尤人。

（7）穷人知道别人比自己富裕的时候，往往会无端地嫉妒和仇恨；而富人们知道自己不如别人的时候则会由衷地钦佩，并向人家学习借鉴。

（8）穷人很少去改变自己的惰性思想，总在循规蹈矩地做事；富人们往往担心自己的不足而愿意实现自我改变。

（9）穷人们认为攒钱就可以致富，而富人们琢磨着如何通过投资来实现财富保值和增值的目标。

从表面上看，这九条似乎是富人写给穷人看的一些财富道德说教，也似乎有拿富人长处跟穷人短处作比较之嫌疑。尽管如此，在这些所谓的说教和比较当中，毕竟道出了富人和穷人在心态方面的一些区别和差距，其中有的也说到了点子上，切中了要害，值得人们特别是穷人们对照和反思。

3. 自卑——成功之大敌

"为什么我不是天才？""为什么我不漂亮？""为什么老天爷对我这么不公平？"……自卑者往往发出这样的怨言。他们陷入自卑的泥潭中，不能自拔。

自卑是一种消极的自我评价或自我意识，自卑感是个体对自己能力和品质评价偏低的一种消极情感。自卑感的产生，往往并非认识上的不同，而是感觉上的差异。其根源就是人们不喜欢用现实的标准或尺度来衡量自己，而相信或假定自己应该达到某种标准或尺度。

如"我应该如此这般""我应该像某人一样"等。这种追求大多脱离实际，只会滋生更多的烦恼和自卑，使自己更加抑郁和自责。

自卑是人生成功之大敌。自古以来，多少人为自卑而深深苦恼，多少人为寻找克服自卑的方法而苦苦寻觅。下面这些途径和方法颇具操作性，有助于人们摆脱自卑，走向自信。

(1) 用补偿心理超越自卑

补偿心理是一种心理适应机制，个体在适应社会的过程中总有一些偏差，为求得到补偿。从心理学上看，这种补偿，其实就是一种"移位"，即为克服自己生理上的缺陷或心理上的自卑，而发展自己其他方面的长处、优势，赶上或超过他人的一种心理适应机制，正是这一心理机制的作用，自卑感就成了许多成功人士成功的动力，成了他们超越自我的"涡轮增压"，而"生理缺陷"愈大的人，他们的自卑感也愈强，寻求补偿的愿望就愈大，成就大业的本钱就愈多。

解放黑奴的美国总统林肯，不仅是私生子，出生微贱，且面貌丑陋，言谈举止缺乏风度，他对自己的这些缺陷十分敏感。为了补偿这些缺陷，他力求从教育方面来汲取力量，拼命自修以克服早期的知识贫乏和孤陋寡闻。

他在烛光、灯光、水光前读书，尽管眼眶越陷越深，但知识的营养却对自身的缺陷作了全面补偿。他最终摆脱了自卑，并成为有杰出贡献的美国总统。贝多芬从小听觉有缺陷，耳朵全聋后还克服困难写出了优美的《第九交响曲》，他的名言——"人啊，你当自助！"成为许多自强不息者的座右铭。

在补偿心理的作用下，自卑感具有使人前进的反弹力。由于自卑，人们会清楚甚至过分地意识到自己的不足，这就促使其努力学习别人的长处，弥补自己的不足，从而使其性格受到磨砺，而坚强的性格正是获取成功的心理基础。

自卑能促使人走向成功。人道主义者威特·波库指出，在每个人的内心深处都有一种灵性，凭借这一灵性，人们得以完成许多丰功伟业。这种灵性是潜在于每个人内心深处的一股力量，即维持个性，对抗外来侵犯的力量。它就是人的"尊严"和"人格"。人们为了维护自己的尊严和人格，就要求自己克服自卑，战胜自我。

因此，令人难堪的种种因素往往可以成为发展自己的跳板。一个人的真正价值，道德取决于能否从自我设置的陷阱里超越出来，而真正能够解救我们的，只有我们自己。即所谓"上帝只帮助那些能够自救的人"。

强者不是天生的，强者也并非没有软弱的时候，强者之所以成为强者，在于他善于战胜自己的软弱。一代球王贝利初到巴西最有名气的桑托斯足球队时，他害怕那些大球星瞧不起自己，竟紧张得一夜未眠，他本是球场上的佼佼者，但却无端地怀疑自己，恐惧他人。

后来他设法在球场上忘掉自我，专注踢球，保持一种泰然自若的心态，从此便以锐不可当之势进了一千多个球。

球王贝利战胜自卑的过程告诉我们：不要怀疑自己、贬低自己，只要勇往直前，付诸行动，就一定能走向成功。久而久之，就会从紧张、恐惧、自卑的中解脱出来。因此，不甘自卑，发愤图强，积极补偿，是医治自卑的良药。

心理补偿是一种使人转败为胜的机制，如果运用得当，将有助于人生境界的拓展。但应注意两点：一是不可好高骛远，追求不可能实现的补偿目标；二是不要受赌气情绪的驱使。只有积极的心理补偿，才能激励自己达到更高的人生目标。

（2）用乐观态度面对失败

在自我补偿的过程中，还须正确面对失败。人生之路，一帆风顺者少，曲折坎坷者多，成功是由无数次失败构成的，正如美国通用电气公司创始人沃特所说："通向成功的路即：把你失败的次数增加一倍。"但失败对人毕竟是一种"负性刺激"，总会使人产生不愉快、沮丧、自卑。那么，如何面对？如何自我解脱？就成为能否战胜自卑、走向自信的关键。

面对挫折和失败，唯有乐观积极的心态，才是正确的选择。

其一，做到坚韧不拔，不因挫折而放弃追求。

其二，注意调整、降低原先脱离实际的"目标"，及时改变策略。

其三，用"局部成功"来激励自己。

其四，采用自我心理调适法，提高心理承受能力。

要使自己不成为"经常的失败者"，就要善于挖掘、利用自身的"资源"。虽然有时个体不能改变"环境"的"安排"，但谁也无法剥夺其作为"自我主人"的权利。应该说当今社会已大大增加了这方面的发展机遇，只要敢于尝试，勇于拼搏，是一定会有所作为的。

屈原放逐乃赋《离骚》，司马迁受宫刑乃成《史记》，就是因为他们无论什么时候都不气馁、不自卑，都有坚韧不拔的意志！

有了这一点，就会挣脱困境的束缚，走向人生的辉煌。

此外，作为一个现代人，应具有迎接失败的心理准备。世界充满了成功的机遇，也充满了失败的可能。

所以要不断提高自我应付挫折与干扰的能力，调整自己，增强社会适应力，坚信失败乃成功之母。若每次失败之后都能有所"领悟"，把每一次失败当做成功的前奏，那么就能化消极为积极，变自卑为自信。

（3）用实际行动建立自信

征服畏惧，战胜自卑，不能夸夸其谈，止于幻想，而必须付诸实践，见于行动。建立自信最快、最有效的方法，就是去做自己害怕的事，直到获得成功。具体方法如下。

①突出自己，挑前面的位子坐

在各种形式的聚会中，在各种类型的课堂上，后面的座位总是先被人坐满，大部分占据后排座位的人，都希望自己不会"太显眼"。而他们怕受人注目的原因就是缺乏信心。

坐在前面能建立信心。因为敢为人先，敢上人前，敢于将自己置于众目睽睽之下，就必须有足够的勇气和胆量。

久而久之，这种行为就成了习惯，自卑也就在潜移默化中变为自信。另外，坐在显眼的位置，就会放大自己在领导及老师视野中的比例，增强反复出现的频率，起到强化自己的作用。把这当做一个规则试试看，从现在开始就尽量往前坐。虽然坐前面会比较显眼，但要记住，有关成功的一切都是显眼的。

②睁大眼睛，正视别人

眼睛是心灵的窗口，一个人的眼神可以折射出性格，透露出情感，传递出微妙的信息。不敢正视别人，意味着自卑、胆怯、恐惧；躲避别人的眼神，则折射出阴暗、不坦荡心态。正视别人等于告诉对方："我是诚实的，光明正大的；我非常尊重你，喜欢你。"因此，正视别人，是积极心态的反映，是自信的象征，更是个人魅力的展示。

③昂首挺胸，快步行走

许多心理学家认为，人们行走的姿势、步伐与其心理状态有一定关系。懒散的姿势、缓慢的步伐是情绪低落的表现，是对自己、对工作以及对别人不愉快感受的反映。倘若仔细观察就会发现，身体的动作是心灵活动的结果。那些遭受打击、被排斥的人，走路都拖拖拉拉，缺乏自信。

反过来，通过改变行走的姿势与速度，有助于心境的调整。要表现出超凡的信心，走起路来应比一般人快。将走路速度加快，就仿佛告诉整个世界："我要到一个重要的地方，去做很重要的事情。"步伐轻快敏捷，身姿昂首挺胸，会给人带来明朗的心境，会使自卑逃遁，自信顿生。

④练习当众发言

面对大庭广众讲话，需要巨大的勇气和胆量，这是培养和锻炼自信的重要途径。在我们周围，有很多思路敏锐、天资颇高的人，却无法发挥他们的长处参与讨论。并不是他们不想参与，而是缺乏信心。

在公众场合，沉默寡言的人都认为："我的意见可能没有价值，如果说出来，别人可能会觉得很愚蠢，我最好什么也别说，而且，其他人可能都比我懂得多，我并不想让他们知道我是这么无知。"这些人常常会对自己许下渺茫的诺言："等下一次再发言。"可是他们很清楚自己是无法实现这个诺言的。每次的沉默寡言，都是又中了一次缺乏信心的毒素，他会愈来愈丧失自信。

从积极的角度来看，如果尽量发言，就会增加信心。不论是参加什么性质的会议，每次都要主动发言。有许多原本木讷或有口吃的人，都是通过练习当众讲话而变得自信起来的，如萧伯纳、田中角荣、德谟斯梯尼等。因此，当众发言是信心的"维生素"。

⑤学会微笑

大部分人都知道笑能给人自信，它是医治信心不足的良药。但是仍有许多人不相信这一套，因为在他们恐惧时，从不试着笑一下。

真正的笑不但能治愈自己的不良情绪，还能马上化解别人的敌对情绪。如果你真诚地向一个人展颜微笑，他就会对你产生好感，这种好感足以使你充满自信。正如一首诗所说："微笑是疲倦者的休息，沮丧者的白天，悲伤者的阳光，大自然的最佳营养。"

4. 谁在"仇富"

如今在我们这个社会里,分成了富人和穷人两个群体。其分化速度之快,贫富对比之强烈,实在令人吃惊。

仇富心理,很多时候,都是一种不健康的平均主义心理,直白地说就是,凭什么你有钱,老子没有,要富大家一起富,要穷大家一起穷。由此亦可看出,仇富心理还是自卑的作祟,且不论别人怎么富的吧,你咋不先把自己整富呢?

骂骂咧咧你就能富了?总之,这是你看不得别人比你富太多,看不得别人比你强太多。

"仇富"心态不能说是健康心态,健康心态应该是"羡富",是"见'富'思齐"。而真正应该"仇"的是"畸富""恶富""为富不仁"等,这种心理并不是仇视一切富者,而只是对于那些利用不正当手段非法暴富者,以及变富之后"为富不仁"者的"恶行"的道德义愤,在这个意义上的"仇富"心理应该说是正当的。

但是,在现实中,在个人层面上,却有一些人身上表现出"仇富"心理的泛化和偏激化现象。所谓"仇富"心理的泛化,是指对一切富者都怀有愤慨态度;所谓"仇富"心理的偏激化是指用非理性的方式向富者表达愤慨、讨回"公道",更有甚者用肆无忌惮的手段向社会发泄"仇富"的愤怒情绪。"仇富"心理的泛化和偏激化无疑都是不正当的。

现在,仇富的心理非常严重,只要谁为富人说几句话就招来"板砖"一堆。其实,那些扔"板砖"的人也想富裕,看到别人富裕急,看到人家不知道怎么赚的钱更急,看到生活在发达国家人们的生活焦急。是啊,国际"惯例":20%的人掌握着80%的财富,似乎大有蔓延之势。

【第一章】 让心态先富起来

小平讲:"先让一部分人富裕起来。"的确,在那个特定年代带动了经济的发展,也让很多人"看到"了富裕。

现实中,我们的确需要富人;尤其是有信用的富人,他们不单是在为自己创造财富,同时也为广大的还没有富裕的人创造财富,也让"穷人"跟着富裕起来。

富贵乃人之所欲,不富无以为仁,不富无以为家,不富国不会强盛。不富人民不会美满,不富百姓不会安家乐业,不富社会不会安定和谐,不富天下就不会进步,不富世界就不会繁荣。

当下,贫富差距逐渐加大这一现实,极易使社会成员因利益格局反差明显而产生严重的相对剥夺感或社会不公平感。

任何一个时代的穷人都有仇富心态,表现也不同。而当今的"穷人"表现得最为低俗不堪且没有骨头。

很多低收入者无力改变现状,却总喜欢对富人的生活品头论足。当着人家的面不敢说,回家一上论坛就开始狂喷。最后还要匿名一下。

这种典型的小男人做派,只能让人感觉,这个家伙,要继续"穷"下去,而且一穷到底。

整天看着富人的生活方式,不去考虑富人如何进取,却总是盯着富人生活糜烂。最后还会在文章结尾自我想象:"等咱有了钱,不坐火车坐飞机……"也就是无形中告诉大家,等他有了钱,只能是和他所说的富人一样,或者比他所说的富人更荒唐。

在古代中国,穷人,总是很怕富人。因为权势。只有他们到达忍耐的底线时,他们才会反抗,推翻某些压迫。

在现代欧美,富人,有时很怕穷人。为了防盗,他们连别墅都要盖得离贫民远远的。

而现在中国,穷人在现实社会里很怕富人。但富人,在网上很怕穷人。一碰见仇富的帖子,都悄悄地回避不语。生怕网上的穷人会群起而攻之。

在国外的那些大金融巨头们,搞很多慈善,这会有很多人领情。但是在国内,如果你稍微搞个大点动作的慈善,立即会有人说你是虚伪,说你是在洗钱。很多人还会翻箱找柜的挖资料试图找你的麻烦。

于是，国外的慈善赚取的是人气，国内的慈善，则是树大招风。这不是由什么文化决定的。而是实实在在的一小部分人，嫉妒心太强，煽风点火所致。

富人享受到了自己无法享受到的生活，于是嫉妒和眼红，是很正常的事情。但遗憾的是，这些感受并没有让一些低收入者们奋发图强，琢磨如何去致富，却变着法子去怎么整垮富人，让他们身败名裂，最后变成像自己一样的普通人，这样，一平均，大家才心安。

有些人还一味地把这些现象都归结为信仰的问题。说富人因为没有信仰，才会如此堕落糜烂。难道穷人就个个有信仰？穷人就个个都是菩萨心肠？是大家都没有信仰，不要总是枪打出头鸟。

有人痛斥富人吃得多么多么奢侈，一顿饭够给几个小孩子的学费了。自己的劳动自己的智慧，想吃什么就吃什么，没扔掉就行，这是富人的自由。捐献不捐献，是人家的事情。难道让他们每吃一顿饭都要想到失学儿童？那他整天就活在为国为民上吧。穷人自己都不能做到每餐饭都想想衣食父母，却要强求富人。富人是财富比一般人多了一点点，可不代表品德也比一般人多多少。

有些人，在面对豪华轿车和名贵服装时，心里升起的是深深的嫉妒和仇恨。马克思曾说："资本来到世界，每个毛孔都流淌着鲜血。"他们觉得，这些财富上就沾染着自己的鲜血。于是，有人偷砸车窗，有人绑架有钱人，勒索钱财。全社会因此引发有关"仇富"的大讨论。

有些人，在面对花天酒地的权贵生活时，心里升起的是深深的自卑，随之而来的狂热的贪婪。于是，穷人在富人面前展现着卑下的神色和赤裸裸的谄媚。女大学生，可以为了不愁吃穿的生活委身于目不识丁的老板，成为臭名昭著的"二奶""三奶"。满腹诗书的所谓学者们，可以为了"润笔费"，不惜违背学术良知，为奸商强词辩护。

如果我们对社会进步抱着支持与维护的心态，那么子路的"不忮不求"，便是今天社会的良药。用一种平静温和的心态，来看待自身在社会中的处境，然后用建设性的办法，改善这个处境。

这便是聪明者的做法，不走极端，选择最佳路线。

在一个正在建设中的财富社会里，任何的仇富心态都是要不得的。因为仇富心态是财富的对立面，也是财富的死敌，仇富不仅会将人的一些致富智慧转化为仇恨的情绪，而且还会使某些难得的致富智慧得不到发挥利用，白白地丧失掉某些致富发家的良好机会，使自己更长久地生活在穷人的行列里。

5. 快乐是副产品

如果要想获得快乐，我们首先必须知道什么是快乐。心理学家对快乐的定义是，一种主观上安乐的状态——平衡而满足的内在感受。当我们快乐的时候，我们喜爱自己，热爱生活，能够从每一天当中得到乐趣。

许多与快乐联系在一起的因素——财富、盛名和好运——并非真正与之有关。的确，贫困会带来痛苦，但我们一旦能够负担得起日常必需品，那么增加的财富就几乎不会再促进快乐。

命运对快乐的影响常常遭到忽视。好消息（升职和彩票中奖）令我们在短时间内感到快乐，之后我们就习以为常了。坏消息（结束一段恋爱关系和失业）令我们在短时间内感到悲伤，之后我们又习以为常了。逐渐适应的机制解释了人们在造成生理残疾的事故和其他悲剧后能够再次快乐起来的原因。

快乐的能力似乎受到生物和遗传的影响。研究表明，大脑额前皮层产生的电波活动越强，人就可能越快乐。我们对同卵双胞胎的研究中发现，我们每个人天生有一个快乐的"设定点"，一个人的平均水平几乎总是遗传而来的。

但是，这并不意味着我们总停留在上天赋予我们的水平上。我们可以采取增进快乐和消除不快的方法来超越"设定点"，方法如下。

（1）抓住今天

人们往往会想："当我遇到合适的人，我会快乐的。"或者"当我得到加薪的时候，我会快乐的"。但是，如果想要快乐，就必须"抓住今天"，因为我们所掌握的唯一时间就是现在。

(2) 追求快乐

这听起来平淡无奇，但我们往往没有把追求快乐作为重点。相反，我们把日程安排得过满，慌慌张张地处理计划清单上的事，然后筋疲力尽地倒在床上。罗伯特·路易斯·史蒂文森写道："最被我们低估的义务就是快乐的义务。"

把"我想要快乐"这句话写在一张纸上，把纸贴在浴室的镜子上，这样，你每天早上都能看见它。它会提醒你珍惜生活中所有能带给你快乐的东西：与孩子度过愉快时光，饮一杯你最喜爱的咖啡，与同事开玩笑，让玫瑰花丛免遭厄运。

快乐隐藏在生活的细微琐事当中，如果你不仔细审视，它就会无影无踪。记住，注意这些细节是你的义务。

(3) 罗列令你感激不尽的事

老话说，知足者常乐。但是，当今的世界并不鼓励我们珍视我们已经拥有的一切。许多课程教给人们如何取得成功，但很少有什么课程教人心怀感激。因此，我们必须自己教给自己。

列举所有大大小小的、令你的生活充满意义的事情，包括你自己的天赋。列举你所喜爱的每个人的十个优点。不仅要列出你的物质财富，而且要列出你在所居住城市或街区的所见所闻。不要忽视大自然的恩赐：植物、树木、花朵、鸟类和动物。当你审视这些事物时，感激之情（通向快乐的大河）就会贯穿你的心灵。

(4) 知道如何改变

让生活按你的意愿发展，接受业已发生的一切——快乐是这两者之间的一种平衡。如何对两者加以区分？认真想想你的工作、恋爱关系和其他重要问题。客观地考虑一下可以调整什么，最好接受什么以及必须改变什么。如果你和你的配偶难以交流沟通，那就考虑接受婚姻咨询。

如果你对自己的工作感到厌烦，那么寻求其他机会可能是明智之举。一旦你决定改变，就要坚持下去。

一旦你做出了实际的决定，就要按照决定采取行动，你的快乐程度就会增加。

（5）发展你的兴趣爱好

作家奥尔德斯·赫胥黎说过，快乐是一种副产品，是你在做其他事情的过程中获取的东西。

快乐的人未必是最忙碌的人，但是，他们通常忙于自己所热心的事情。当你专注地从事某项活动（绘画、纺织、木工、电脑编程、运动）时，你就会进入一种全神贯注的状态。研究这一问题的专家米哈伊·奇克森特米哈特米哈伊称之为一种"自如的行动状态"。在这种状态下，你和你所做的事情合二为一。全身心地投入就会产生一种满足感。

（6）与他人建立联系

社会关系密切的人比那些离群索居的人更快乐。人们相处融洽，那么在工作时会非常快乐，所以着手了解你的同事们吧。最后，参加至少一项志愿活动。当你帮助他人时，你会感觉良好。

（7）保持健康

如果饮食得当并锻炼身体，将会增添我们生活中的快乐。艰苦的锻炼会释放出内啡肽——人体中一种令人愉悦的化学物质。但是，简单的活动（比如每天散步半小时）也会使人身体健康，心情愉快，散步使你有时间观察世界，回想一天中的乐趣，并且增加你的感激之情。这是一种令身心合一的活动。

（8）看到光明的一面

所谓乐观，就是认为事情可能会一帆风顺。乐观情绪会激发适应力、热情和坚毅精神，而这些恰恰是我们每日快乐所需要的技巧。研究发现，乐观主义者实际上比其他人更为实际，更愿意接受坏消息，这也许是因为他们觉得自己能使事情有所改观。

如果你是那种一味注意消极现象的人，那么就要改变你的注意焦点：坚持在日记中记录每天的愉快经历。警惕无助的感觉，这种感觉往往会带来悲观情绪。如果你不喜欢自己的处境，那就采取行动加以改变。每当你通过坦言、写信或谋求改变来改善处境时，你就会意识到，你可以发挥作用。

(9) 喜爱自己

无论成功大小，快乐的人很自然地会自我感觉良好，因为他们不依靠别人来博取嘉许。你可以增强自尊心。

不要沉溺于过去。如果你的父母过分苛刻、不够慈爱甚至心不在焉，那你就要自己肯定自己。方法在于，诚实地评估你的优势和弱点，意识到你的弱点是人所不可避免的。

原谅你自己的错误，所有人都会犯错；确定实际的目标，为每个积极成就喝彩，无论这个成就多么渺小。

寻求亲密朋友和你所爱的人的支持，或者自己为自己喝彩。

最重要的是，接受你自己的感觉，如果你不再自责，就能体验到其他情绪，比如快乐。

6. 财富喜欢有积极心态的人

你必须培养积极向上的心态，以使你的生命按照自己的意图提供报酬，记住，你的心态是你唯一能完全掌握的东西，练习控制你的心态，并且利用心态来引导你的行为，坚持下去，你的奋斗就一定能够成功。

（1）切断和你过去失败经验的所有关系，消除你脑海中的那些与积极心态背道而驰的所有不良因素。

（2）找出你一生中最希望得到的东西，并立即伸手去得到它，借着帮助他人得到同样好处的方法，去追寻你的目标。

（3）确定你需要的资源之后，便制订如何得到这些资源的计划，所定的计划一定不要太过度，也不要不足，别以为自己要求得太少，记住，贪婪是野心家失败的最主要因素。

（4）培养每天说或做一些使他人感到舒服的话或事，你可以利用电话、明信片，或一些简单的善意动作达到此目的。

例如给他人一本励志的书，就是为他带来一些可使他的生命充满奇迹的东西。日行一善，可永远保持无忧无虑的心情。

（5）使你自己了解一点，打倒你的不是挫折，而是你面对挫折时所抱的心态，训练自己在每一次不如意的处境中都能发现与挫折等值的积极一面。

（6）务必使自己养成精益求精的习惯，并以你的爱心和热情发挥你的这种习惯，如果能使这种习惯变成一种嗜好，那是最好不过的了。如果不能的话，至少你应该记住：懒散的心态，很快就会变成消极的心态。

（7）当你找不到解决问题的答案时，不妨帮助他人解决问题，并从中找出你所需要的答案。在你帮助他人解决问题的同时，你也正在洞察解决

自己的问题的方法。

（8）信任和你共事的人，并承认如果和你共事的人不值得你信任时，就表示你选错人了。

（9）彻底"盘点"一次你的财产，你会发现你所拥有的最有价值的财产就是健全的思想，有了它你就可以决定自己的命运。

（10）和你曾经以不合理态度冒犯过的人联络，并向他致以最诚挚的歉意，这项任务愈困难，你就愈能在完成道歉时摆脱掉内心的消极心态。

（11）我们在这个世界上到底能占有多少空间，与我们为他人利益所提供的服务的质与量以及提供服务时所产生的心态成正比。

（12）改掉你的坏习惯，连续一个月每天减少一项恶习，并在一周结束时反省一下成果。如果你需要顾问或帮助时，切勿让你的自尊心使你却步。

（13）要知道自怜是独立精神的毁灭者，请相信你自己才是唯一可以随时依靠的人。

（14）把你一生中所发生的所有事件都看做是激励你上进而发生的事件，因为只要你能给事件减少你烦恼的机会的话，即使是最悲伤的经验，也会为你带来最多的财产。

（15）放弃想要控制别人的念头，在这个念头摧毁你之前先摧毁它，把你的激励转而用来控制你自己。

（16）把你的全部思想用来做你想做的事，而不要留半点思维空间给那些胡思乱想的念头。

（17）向每天的生活索取合理的回报，而不要光等着回报跑到你的手中，你会因为得到许多你所希望的东西而感到惊讶——虽然你可能一直没有察觉到。

（18）以适合你生理和心理的方式生活，别浪费时间以免落于他人之后。

（19）除非有人愿意以足够的证据，证明他的建议具有一定的可靠性，否则别接受任何人的建议，你将会因谨慎而避免被误导，或被当成傻瓜。

（20）务必了解人的力量并非全然来自物质而已。甘地领导他的人民争取自由所依靠的并非财富。

（21）使自己多多活动以保持自己的健康状态，生理上的疾病很容易造成心理的失调，你的身体和你的思想一样保持活动，以维持积极的行动。

（22）增加自己的耐性，并以开阔的心胸包容所有事物，同时也应与不同种族和不同信仰的人多接触，学习接受他人的本性，而不要一味地要求他人照着你的意思行事。

（23）你应承认，"爱"是你生理和心理疾病的最佳药物，爱会改变并且调适你体内的化学元素，以使它们有助于你表现出积极的心态，爱也会扩展你的包容力。接受爱的最好方法就是付出你自己的爱。

（24）以相同或更多的价值回报给你好处的人，"报酬增加律"最后还会给你带来好处，而且可能会为你带来所有你应得到的东西的能力。

（25）记住，当你付出之后，必然会得到等价或更高价值的东西，抱着这种念头，可使你驱除对年老的恐惧。

（26）你要相信，你可以为所有的问题找到适当的解决方法，但也要注意你所找到的解决方法未必都是你想要的解决方法。

（27）参考别人的例子提醒自己，任何不利情况都是可以克服的。虽然爱迪生只接受过三个月的正规教育，但他却是最伟大的发明家。虽然海伦·凯勒失去了视觉、听觉和说话能力，但她却鼓舞了数万人。明确目标的力量必然胜过任何生理和环境的限制。

（28）对于善意的批评应采取接受的态度，而不应采取消极的反应，接受学习他人如何看待你的机会，利用这种机会做一番反省，并找出应该改善的地方，别害怕批评，你应勇敢地面对它。

（29）和其他献身于成功原则的人组成智囊团，讨论你们的进程，并从更宽广的经验中获取好处，务必以积极面作为基础进行讨论。

（30）分清楚愿望、希望、欲望，以及强烈欲望与达到目标之间的差别，其中只有强烈的欲望会给你驱动力，而且只有积极心态才能供给产生驱动力所需的燃料。

（31）避免任何具有负面意义的说话形态，尤其应根除吹毛求疵、闲言闲语或中伤他人名誉的行为，这些行为会使你的思想朝向消极面发展。

（32）锻炼你的思想，使它能够导引你的命运朝着你希望的方向发展，把握住"报酬"信封里的每一项利益，并将它们据为己有。

（33）随时随地都应表现出真实的自己，没有人会相信骗子的。

（34）相信无穷智慧的存在，它会使你产生为掌握思想和导引思想而奋斗所需要的所有力量。

7."一夜暴富"很伤人

美国著名作家斯坦利在其名著《邻家的百万富翁》中写道:"我们经常能碰到邻家的百万富翁,但他们是积累了几十年甚至一生才成为百万富翁的,暴富在什么时候什么国度都是一种偶然。"

这几句话,对于被"一夜暴富"心理撩拨得不能自持的人们来说,无异于一副清醒剂。在任何国度、在任何时间,没有超群的才智,没有过人的胆识,没有特殊的机遇,没有死干苦干的劲头,没有持之以恒的精神,谁想成为百万富翁都是不可能的。

即使是比尔·盖茨那样的计算机神童,也是不懈奋斗花了25年时间才积下亿万家产,比尔·盖茨尚且要花25年的工夫才能成功,普通百姓怎么会一夜暴富呢?

谁都想过好日子,谁都很想有大把大把的钱,并且,好日子和金钱的取得最好是不费多大力气的。正是因为有这种心理,才会有那么多的彩民为彩票痴为彩票狂,渴望幸运之星降落到自己头上。

一夜暴富的心理存在固然是人之常情,但怕的就是为了这个暴富而不可自拔,那才是最值得警醒的。为了买彩票中奖,有多少人为此而付出生命,有多少家庭蒙上了阴影,这些都可以算做"一夜暴富"的代价。

社会上就是有想靠投机来弄点钱花花的人存在,从彩票,到炒股,想在一夜之间改变命运,这样的概率能有多大?反过来说,如果概率非常大,任何人都可以通过这种途径改变命运,那这个世界上不都是名人、富人,而没有穷人了吗?

一夜暴富的心态,是一种畸形的货币理念。坦率地说,市场经济并不排斥投机理念,但投机过度显然不能适应市场经济体制的要求。市场经济

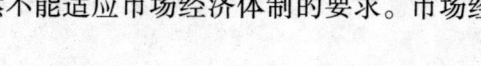

体制，特别是社会主义市场经济体制呼唤"勤劳致富"的货币理念。

有一句民间俗语说得好——"钱在苦山崖，不苦不得来"，就是说要树立"勤劳致富"的货币理念。当今社会，随着经济全球化和网络时代的到来，人们对"苦"的理解发生了变化，但提倡"勤劳致富"这种理念是不会改变的。

心态，真的很重要，也很关键；病态，真的很要命，也很伤人。

有人因耐不住诱惑贩卖假钞而被逮，有人因买六合彩走火入魔身背巨债，弄得妻离子散。当这些活生生的事实发生在身边时，不得不承认，很多穷人在这繁华的都市迷失了双眼，在一步步地走向"蜕化"，梦想着不劳而获一夜暴富，过上灯红酒绿的生活。不得否认，这富裕而繁华的都市的确充斥着许许多多的诱惑，经济基础薄弱的人在别人的光环里彷徨、迷惑，不知不觉中思想发生了畸形，不去脚踏实地工作，甚至怕吃苦怕流汗，一步步偏离了务实的轨道，最终走上了犯罪的道路。

对于许多打工者来说，在家乡生活得不尽如人意才不得不背井离乡走上打工路，他们千里迢迢漂泊在外就是为了改变自己和家人的生活，追求自己的事业和幸福，这是他们打工的目的，这也就意味着他们必须付出更多的勤劳和汗水才能有所收获，必须务实地走好人生的每一步。

天上不会掉金元宝，成功更不是一蹴而就的，只有务实而勤奋地去追求，才会有属于自己的一切。谁不想风风光光地衣锦还乡，谁不想在他乡出人头地？万丈高楼，平地起，对于打工者来说，只有一步一个脚印地去拼搏去努力，这才是一条通往成功的捷径。来不得半点的浮躁与虚伪，否则只会断送自己的人生和梦想。

真正的成功人士，在他们不得不选择第一份工作的时候，并不是考虑是不是拿最高的工资，而是能从什么地方获得最好的经验。这是一个心态，钱是以后再说的，高工资以后再说。

拿多少钱，做多少事，钱越拿越少；

做多少事，拿多少钱，钱越拿越多。

或许，你想买椟还珠，但是，你失算了，或许，你想渔翁之利，但是，你失意了，你无非是杀鸡取卵或拔苗助长而已……

我们不要过分地计较薪水的高低,即使当前薪水很是微薄,也不要认为这与你的付出是不成正比的,从而对工作敷衍。如果你怀有这样的想法,那么,受害最深的倒不是别人或你供职的公司,而是你自己。

其实,他们不明白老板支付的报酬固然是金钱,但是,不晓得你在工作中给予自己的报酬,却远远比薪水要珍贵得多。

如果对工作缺乏热情,只是为了薪水而得过且过地工作,很可能即赚不到钱,也找不到人生的乐趣,不论你选择的事业能够为你带来多么微薄的报酬,只要你用满腔的热忱去全心投入,必然能够开创崭新的局面,每天工作的时候,自然都会感到充实快乐,金钱不过是增添人生风味的调味品而已,不要被钞票牵着鼻子走。

薪水袋中,区区之数的取得,只是工作的低下动机,它可以使你获得面包,所以是必要的。但是,除此之外,你所在的公司也是你的另一所学校,它能丰富你的思想,增进你的智慧,丰富你的阅历,也为你更好的明天铺平了道路。

当他们能独树一帜的独当一面以后,当他们掌握了一些独特的专业知识以后,他们相信那些原则,对个人的职业生涯也是有用的。

有志者事竟成的铁杵磨成针,事在人为就能行的路在脚下;

自然明白下一步,该怎样走。

每做一件事,都当成第一次或最后一次做这件事;而抱持着好奇的心情去全力以赴,并坚持着乐观的心态去持之以恒;你的生活就会立刻变得美好无比,你的人生也会立即变得精彩美妙。

8. 平和心态最重要

良好的心态是身体健康的基础,如果没有了健康的心态,就谈不上有健康的身体。《菜根谭》中有句话是"宠辱不惊,闲看庭前花开花落;去留无意,漫随天边云卷云舒"。这是一种修养,是一种境界,也是健康长寿的基本心态。

世事的纷扰,内心的挣扎,以至于很多人常常觉得人生是那么的寂寞无助,不由自主地陷入无可言状的忧伤,并且很难摆脱这种消极无为的心态。为什么你的心境会反复振荡于浮躁、得意、狂喜、傲慢、迷茫、不安、沮丧、焦虑、恐惧甚至绝望之间?其实这主要是因为你没有平常心。

当今社会日新月异,新鲜事物层出不穷。一些朋友对社会现象一时难以适应,心情浮躁,心理压力增大。所以,与心理问题相关的心脏病、脑血管病、糖尿病和癌症就多了起来。因此,积极地调节心理平衡,保持积极的心态,对维护健康是至关重要的。

健身之本,心态为先。只有万事看得开,心态平和了,才能活得真实,活得潇洒,活得明白。

作家契诃夫曾劝诫人们:"要是火柴在你的衣袋里烧起来,那你应当高兴,而且感谢上帝,多亏你的衣袋不是火药库;要是你的手指被扎了一根刺,那你应当高兴,多亏这根刺不是扎在眼睛里;要是有穷亲戚来找你,那你应当高兴,幸亏来的不是警察;要是你有一颗牙痛,那你应该高兴,幸亏不是满口牙痛。朋友,照我的劝告去想吧,你的生活就会欢乐无穷了。"

人的一生中不如意的事情很多。烦恼和忧愁解决不了问题,只有保持一颗平常心才是抛开这些琐事桎梏的良方。如果看淡了万事万物,那么它们其实也不过是水中月,镜中花。

平常心可以使你在生活中恬淡，平常心可以使你在工作中不断进取而不必理会别人异样的目光，平常心可以使你放开心扉容纳百川，平常心可以使心境如风轻云淡海阔天空。拥有了一颗平常心，你就成功了一半。

所以，保持一颗平常心是非常重要的，你不必拿别人的成功来贬低自己，也不必拿别人的失败来衬托自己，要知道将自己的成功建立在别人的失败上是一件很残忍的事情，平平淡淡地看待得失荣辱才能生活得心安理得。

那么，如何才能保持一颗平常心呢？

（1）是要学会自我调整

自我调整就是要保持心态平衡，平淡地对待名利，平淡地对待得失，心态平衡了身体就好了。"乐观是养生的唯一秘诀"。如果不能调整自己的心理，就是不会养生，也不可能达到健康长寿。自己要做情绪的主人，遇到烦恼能排除、遇到挫折能顶住、遇到疾病能不发愁、遇到丧事能承受，永远保持愉快的心情。

（2）是要学会自嘲

在遇到尴尬和难堪时，如果采取风趣生动的自嘲，就能改变尴尬和难堪的局面。自我解嘲，还能使不满的情绪得到缓解，为心灵增加一层保护膜，使别人对我们有一个新的认识。

自我解嘲是一种艺术，是一种自我安慰和自我帮助的办法，也是一种积极和乐观的态度。一个人只要做到自我解嘲，就会变被动为主动，保持心理平衡。

（3）是要安慰自己

生活中我们都会安慰别人，或者是得到别人的安慰。其实，最重要的还是要学会自我安慰，这是一种心理防卫。在人生的旅途上，不可能到处都是鲜花坦途，我们经常要同一些不如意的事情结伴而行，比如下岗待业了、官职被免了、疾病缠身了、情场失意了……这些事情常常会使我们愤愤不平，叹息不止，甚至怨天怨地。一失去平和的心态，就非常容易发生心理扭曲和心理变态。不仅要影响工作情绪和生活质量，还对身心健康造成严重的伤害。

（4）是要淡泊明志

古代养生家嵇康曾经说过："清虚静泰，少私寡欲"。诸葛亮也说：

"非淡泊无以明志,非宁静无以致远"。这些名言都告诫我们,千万不要贪图功名利禄,要心胸开朗,无忧无虑和无怨无悔。保持愉快的情绪自然就有益于健康了。

淡泊是一种高尚的精神境界,淡泊可以使我们变得宽容,谦和,知足。如果我们总是去对比,为什么地位不如别人高,生活条件为什么不如别人好,就可能越比越生气,心态就难以平衡,消极的情绪就会困扰我们,这样比下去就有害健康了。如果我们总是对这些问题耿耿于怀,郁郁寡欢,就把健康给毁了。

(5) 要学会忘记

一要忘记个人的恩怨;二要忘记经历的坎坷;三要忘记心烦的琐事;四要忘记遗憾的事。

(6) 倾诉心事

宣泄就是毫无顾虑地谈出自己的心事。有了烦恼事就一定要找个知心的朋友,把心里的烦恼和苦水倒出来。谈过之后,我们就能够感到十分的舒服。

当我们开始关爱他人的时候,他人也开始关爱我们。当我们开始关心他人的孩子的时候,他人也开始关心我们的孩子。我们教育自己的孩子有爱心的时候,他人也开始教育自己的孩子有爱心。我们的孩子关心帮助其他孩子的时候,其他孩子也会关心帮助我们的孩子。

道理甚明,方法至简,行之甚难。难在放不下自私自利,所以走不出封闭的狭隘世界。结果是,自己受苦受难,家人受苦受难,孩子受苦受难。

放下小我,放下名利,放下狭隘和短视,放下自私自利,小升初不是问题,人生也没有问题。世上本无事,庸人自扰之。心地清净的人,日日是好日,时时是好时,人人是好人,事事是好事。

平常心不是所谓的看破红尘和不思进取,也不是消极遁世,而是积极人生,是无私奉献。在得失、成败、胜负诸事面前时时提醒自己保持平常心很重要。平常心态,不可无,不可变,更不可丢。丢掉它,也就丢掉了成功的机会。

9. 你怀才不遇吗

在欣赏历代文学大家的名作时，我们往往会读到一些感世态炎凉，叹怀才不遇，抒报国无门的诗句。似乎自古才子多而明主少，才子们总是怀才而不遇。

如今，也经常有人感叹自己怀才不遇，终其一生都在其我惋惜、哀怨中度过，感叹世事不公、老天无眼、领导个个都是不如他的大草包。这样的人真的很可怜，倒不是因为他的怀才不遇，而是因为他认不清楚自己和他对权力、物质的贪婪断送了自己。

z君出生在农村，因为学习成绩好，考进了县城，也是村里唯一的大学生，在当地小有名气。他的特长在于文笔不错，毕业后当了一名中学老师，可是由于不甘平庸，又发奋考上了北京的研究生，这下更光宗耀祖了。

其实研究生在北京满地都是，能找个差不多的工作踏踏实实干，发挥出自己的特长就很不错，别以为上了研究生就能上天了。偏偏在他那个偏远的小地方人看来，北京的研究生简直就意味着中了状元，在京城做官了。

于是家乡大大小小的官们都知道了他的大名，都毕恭毕敬，把他当成个大人物看待，一派"这下上头可有人了"的架势。这种殊荣可是害了z君，无形中膨胀了他无限的欲望，一下子把自己当成了中央某部部长的候选人，从此再也无法摆正自己的位置。

其实，他研究生毕业就是在一个小事业单位，做一名普通的编辑，他的长处在于能写点文章，如果踏踏实实做个撰稿人，应该会写出些像样的文章，或许在文化圈里也能小有名气。但是他从一进单位开始，就惦记着

财富炼金术

部长的位置，安不下心来做事，反而学着别人溜须拍马、钻营奉承。40岁的时候，终于当上了小组长，级别还不够副科。就是这个小组长也是熬资历，上头实在看不过去了让他过过官瘾。

这些年来，他深深地陷入怀才不遇的痛苦中，每天脑门子上写满了官司，开口就是顶头上司陷害他、人事处长跟他作对、高层领导没一个好东西……觉得自己这样一个才华横溢的人被这个单位耽误了。

人是要有自知之明的，只有认清自己是哪块材料，向适合自己的方向发展才会过得充实并且充满希望。

每个地方都有怀才不遇的人，有一种真的是怀才不遇，因为客观环境无法配合，但为了生活，又不得不屈就，所以痛苦不堪。

另外一种怀才不遇的人根本是自我膨胀的庸才，他之所以无法受到重用，是因为他的无能，而不是别人的嫉妒。但他并没有认识到这个事实，反而认为自己怀才不遇，到处发牢骚，吐苦水。

结果呢？怀才不遇感觉越强烈的人，越把自己孤立在小圈圈里，无法参与其他人的圈子。结果有的辞职了，有的外调，干的不是小职员，有的则还在原单位继续怀才不遇下去。

中国历来是文人治国。所以饱读诗书的才子们都具有远大的理想抱负，建功立业，报效国家是他们一生的追求。但他们又都天生自恋，是浪漫的理想主义者，对现实高度不满。而用人者即惜其才，又惧其能，生怕用之不慎，反被其制。

这便造成了许多的才子终生不被所识，不被所用，甚至反受人所妒，被人所害，最终抱憾终身，枉负了上天赋予的一身才学。对此，我们在感叹古代才子生不逢时、明主难遇的同时，又该从他们的身上汲取些什么呢？

怀才者有两种：真才与自以为有才。不遇者也有两种；不遇机会和不遇伯乐。

其实天下伯乐极少，千里马也极少。千里马难遇伯乐，只好负重拉货；伯乐找不到千里马只得徒呼奈何。有人说世界上被埋没的天才超过被发现的天才100倍。怀才恰遇伯乐的事，真是少之又少不说也罢。还是说常见之事，才非天生，绝大多数的才能为后天所学，考虑天赋条件，人各怀有才，大才小才而已。

在大多数的情况下，才无非是人为谋生存的一个技能，一般的人，只要不自我夸大所怀之才，又能满足自己的生存状态，就不会有怀才不遇的感叹。一个人学成了一种技能，就似完成了一种产品，而社会的运转对各种技能的需求就似市场，产品与市场的关系是供与求的关系，怀才之人与社会需求的关系其实很简单，就是供与求的关系。

如果一个人学成的才能恰好为社会的紧缺，何愁不遇伯乐？所以美国拿绿卡，大厨优先于科学家毫不奇怪，它此时缺的就是会做中国菜的大厨，科学家也只有干瞪眼的份。

不管才干如何，你一定会碰上才干无法施展的时候，这时候你千万记住：就算有怀才不遇的感觉，也不能表现出来，有几件事可以做。

——先评估自己的能力，看是不是自己把自己高估了。自己评估自己不客观，你可找朋友和较熟的同事替你分析，如果别人的评估比你自我评估还低，那么你要虚心接受。

——检讨为何自己的能力无法施展，是一时无恰当的机会？是大环境的限制？还是人为的阻碍？如果是机会问题，那只好继续等待；如果是大环境的缘故，那只好去职；如果是人为因素，那么可诚恳沟通，并想想是否有得罪人之处，如果是，就要想办法疏通。

——考虑拿出其他专长；有时怀才不遇是因为错了专长，如果你有第二专长，那么可以要求上面给你机会试试看，说不定就此打开一条生路。

——营造更和谐的人际关系，不要成为别人躲避的对象，反而更应该以你的才干协助其他的同事；但要记住，帮助别人切不可居功，否则会吓跑了你的同事。此外，谦虚客气，广结善缘，这将为你带来意想不到的助力！

——继续强化你的才干，当时机成熟时，你的才干就会为你带来耀眼的光芒！

【第一章】让心态先富起来

10. 珍惜改变命运

里根生在一个极其普通的家庭，全家四口只靠当售货员的一人父亲的工资维持生活，因而当里根逐渐长大，不可避免地要面临家庭经济的困境。

里根上小学时，父亲又被解雇，全家人真的快到了山穷水尽的地步了。这种家庭环境培养了里根的独立意识。他和哥哥帮着母亲在大学足球场卖爆米花，他们一边卖米花，一边看球。他们是足球场的常客，与球员们混得很熟。

球员们很同情这兄弟俩。兄弟俩知道家里艰难，从不向父母要这要那，身上穿的、用的都是母亲自己缝制的。

到了上中学的时候，里根的学费更成了问题。为了继续上学，积攒学费，13岁的里根每周六下午和周日都去附近的建筑工地当临时工，在那儿搬砖、运水泥。星期日干10小时才挣35美分。

他饿了啃面包，渴了喝自来水，别的同学在看电影、旅游，而他却在工地上流汗。

在中学和大学期间，他完全是靠半工半读走过来的，他曾做过公园里的业余救生员，在一个暑假中挣够一年的学费还有剩余。此外，他还在学校食堂里洗碗、洗盘子、扫地。

生活的艰辛磨炼了里根的意志，培养了他的信心，也使他产生了出人头地的强烈愿望。1932年里根大学毕业后，决定试试在电台找份工作，然后，再设法去做一名体育播音员。

里根搭便车去了芝加哥，敲开了每一家电台的门——但每次都碰了一鼻子灰。在一个播音室里，一位女士很和气地告诉他，大电台是不会冒险雇用一名毫无经验的新手的。"再去试试，找家小电台，那里可能会有机会"她说。

里根又搭便车回到了伊利诺斯州的迪克逊。虽然迪克逊没有电台，但里根的父亲说沃德公司开了一家商店，需要一名当地的运动员去经营它的体育专柜。

由于里根在迪克逊中学打过橄榄球，于是他提出了申请。那工作听起来正适合自己，但他没能如愿。

"最好的总会到来"母亲提醒里根说。父亲借车给他，于是他驾车行驶70英里来到了特莱城。里根试了试爱荷华州达文波特的WOC电台。

节目部主任是位很不错的苏格兰人，名叫彼特·麦克阿瑟，他告诉里根，他们已经雇用了一名播音员。当里根离开他的办公室时，受挫的郁闷心情一下子发作了。他大声地问道："要是不能在电台工作，又怎么能当上一名体育播音员呢？"

里根正在那里等电梯，突然听到了麦克阿瑟的叫声："你刚才说体育什么来着？你懂橄榄球吗？"接着他让里根站在一架麦克风前，凭想象播一场比赛。

由于里根的出色表现，他被录用了。在回家的路上，里根想到了母亲的话："如果你坚持下去，总有一天你会交上好运。并且你会认识到要是没有从前的失望，那是不会发生的。"

这次求职成了里根人生旅途的新起点。它使里根懂得，一个人只要有信心，能把握自己该干什么，那么就应该走出去敲那一扇扇机会之门。

里根出生在一个相当贫穷的家庭，他是依靠个人努力走上总统位置的。他的经历使我们懂得，一个人并非一定要有别人的提携，并非一定要人为你安排一席之地。只要有信心，珍惜现有的光阴，能把握自己该干什么，那么就应该走出去敲那一扇扇机会之门。

志宏在一家房地产公司做电脑打字员，她虽然学历不高，但她并没有自卑，也没有靠和公司里的关系工作，而是怀着一颗珍惜之心，实实在在地努力工作。志宏的打字室与老板的办公室只隔着一块大玻璃，老板的举止她只要愿意就可以看得清清楚楚，但她很少向那边多看一眼，奉承一下

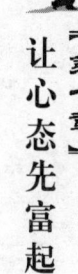

【第一章】让心态先富起来

老板，而是做自己该做的工作。

志宏每天都有打不完的材料，她知道工作认真刻苦、待人正直、不搞个人小圈子是她唯一可以和别人一争短长的资本。

她处处为公司打算，连打印纸也不舍得浪费一张，如果不是要紧的文件，她会一张打印纸两面用，为公司的办公耗材节省了不少开支。

一年后，公司资金运作困难，同事们议论纷纷，一时间搞得公司里人心惶惶，也有同事干脆跳槽，但志宏想：公司一定是哪里出了问题，不是管理和财务上的，就是发展方向没有找准。她直接找到了经理，和经理谈了她的想法，经理觉得志宏是一个很有思想的女孩，也非常正直，敢于提出自己的想法。

于是认真分析了她的建议，觉得有可行之处，权衡利弊，最后根据她的想法把方案加以修改，并立即实施。一个月后，公司接到一笔新的业务，从而扭转了公司的危机，志宏也因此而被提拔为项目部主管。

志宏是一个非常懂得珍惜工作的人，当然也很聪明、很有想法，这才成就了她事业的新台阶。一个人的成功固然有很多方面的因素，但如果没有一颗上进的心，他的思想也会受到影响，更谈不上能为公司作贡献，成就自己的事业了。

知道珍惜是一个人成长的财富和优势，它能换取别人的信任与坦诚。拥有一颗珍惜的心，终有一天能够成就大事业，如果不想失去任何一个成功的机会，就要珍惜上帝赐予你的工作机会。但现实中也有相当一部分人不知道珍惜机会，敷衍了事，做事马虎，从而失去了这来之不易的工作。

一种知道珍惜的心态可以改变一个人的一生。当我们清楚地意识到无任何权利要求别人时，就会对周围的点滴关怀或任何工作机遇都怀抱强烈的珍惜之情。因为要回报这个美好的世界，我们会竭力做好手中的工作，努力与周围的人快乐相处。

珍惜既是一种良好的心态，又是一种奉献精神。当你以一种备加珍惜的心情工作时，你会工作得更愉快，也会更加出色。

因此，试着培养自己的珍惜之心吧，并且为之付出自己的努力！因为它会使你心情随之明朗，智慧随之增长，成功也就指日可待！

11. 你可以不浮躁

在我们的心灵深处，总有一种力量使我们茫然不安，让我们无法宁静，这种力量叫浮躁。浮躁就是心浮气躁，是成功、幸福和快乐最大的敌人。从某种意义上讲，浮躁不仅是人生最大的敌人，而且还是各种心理疾病的根源，它的表现形式呈现多样性，已渗透到我们的日常生活和工作中。可以这样说，我们的一生是同浮躁斗争的一生。

生活中，我们经常看到一些人做事缺少恒心，见异思迁，急功近利，不安分守己，总想投机取巧，成天无所事事，脾气大。面对急剧变化的社会，他们不知所为，对前途毫无信心，心神不宁，焦躁不安。

由于焦躁不安，情绪取代理智，使得行动具有盲目性，行动之前缺乏思考，只要能赚到钱违法乱纪的事情都会去做。

（1）浮躁如何表现？

"浮躁"在字典里解释为："急躁，不沉稳"。然而，这个字眼，现在越发流行，浮躁已经在日常生活中处处可见。

如今，人们交谈的话题常常是谁又升迁了，谁在股市里赚了多少钱，谁家的房子有多大，诸如此类，不绝于耳。我们每天所面对的就是这样一个世界，在这样的诱惑面前，有时也让人很难决断，于是乎深陷其中，今天MP4，明天3G手机，后天新款汽车……每天所做的就是被诱惑所挟持，看说明书研读使用方法倒成为我们经常的一种生活。此情此景，让人颇感尴尬。

在极端浮躁的心态下，人际交往中，人们重视的更多是结果，过程则被简略为最小值。这似乎是经济社会的应有之道，自然也成为当今社会最盛行的行为方式。这种浮躁不安的心态渐次蔓延到越来越多的社会层面。

浮躁是一种冲动性、情绪性、盲动性相交织的社会心理，表现为做事不踏实，见异思迁，没有恒心，急功近利，总想投机取巧，内心伴随消极的体验，如焦虑和不安。它与艰苦创业、脚踏实地、励精图治、公平竞争是相对立的。由于社会上浮躁心理的人日益增多，于是，浮躁心理成了一种普遍的社会现象。

在这个瞬息万变的物质世界中，其实人人都可能有过浮躁的心理，但是这也许只是一个念头而已，不会迷失了方向。

然而，当浮躁使人失去对自我的准确定位，使人随波逐流、盲目行动时，就会对家人、朋友甚至社会带来一定的危害。

求生、求利、求荣，皆为人之本能。社会弥漫着的急功近利心态，加之一夜成名的泡沫明星的泡沫效应的扩大，也让我们感到十分的惶惑，浮躁俨然已成为当今社会的通病，独守一方寂寞和宁静真需要莫大的勇气和难能可贵的意志力。

我们是不是总在因为无法坚持自己的目标而自责？

我们是不是总在与他人的比较中焦躁不安？

我们是不是总在为满足自己一时的虚荣心而沾沾自喜？

我们是不是总恨不能拔苗助长，或是一夜暴富，立马功成名就？

浮躁是一种病态心理表现，其特点有以下几种。

心神不宁。面对急剧变化的社会，不知所为，心中无底，恐慌得很，对前途毫无信心。

焦躁不安。在情绪上表现出一种急躁心态，急功近利。在与他人的攀比之中，更显出一种焦虑不安的心情。

盲动冒险。由于集中不安，情绪取代理智，使得行动具有盲目性。行动之前缺乏思考，只要能赚到钱违法乱纪的事情都会去做。这种病态心理也是当前违纪犯罪事件增多的一个主观原因。

（2）为什么现代人容易心浮气躁呢？

社会变革对原有结构、制度的冲击太大，一些原有体制正在解体或成为改革的对象，而新的制度相应又尚未建立起来。在这种情况下，人们在多元价值观念和道德观念下变得不知所措，而采取随大流行为；追求物质财富的增长，忽视或弱化了精神财富的重要性。

同时，伴随着社会转型期的社会利益与结构的大调整，有可能使一部分原来在社会中处于优势的人"每况愈下"，而原来在社会中处于劣势的人反而占据了优势。

每个人都面临着一个在社会结构中重新定位的问题，即使是千万大款也不能保证他永远挥洒自如。

那些处于社会中游状态的人更是患得患失，战战兢兢，在上游与下游两个端点间做文章，于是，心神不宁，焦躁不安，迫不及待，就不可避免地成为一种社会心态。

从个人主观方面来看，个人间的攀比是产生浮躁心理的直接原因。"人比人，气死人"。通过攀比，对社会生存环境不适应，对自己生存状态不满意，于是过火的欲望油然而生，因而使人们显得异常脆弱、敏感、冒险，稍有"诱惑"就会盲从。

他们对自己的能力、兴趣、性格和理想没有清楚的认识。有的人由于过度相信自己的能力，对周围事物缺乏理性、客观的思考和判断，频繁地提出超出他们能力的计划，却又无法实现计划，做事不踏实。

而有的人，由于低估自己的能力，不敢大胆地、持之以恒地为了某个目标而努力，浅尝辄止。金钱至上，为了赚钱可以不择手段；别人发财致富了，认为别人靠的是机遇或是投机倒把，那么就很容易形成浮躁的心态。

(3) 如何克服浮躁心理呢？

①要对自己进行客观分析。

淡泊名利，胸怀大志，合理定位，实事求是地设计、确立自己的目标和理想，并根据形势的发展和环境的变化不断地进行调整和修正；不断学习，提高自身素质；修养品行，诚信做人，踏实做事。

②在攀比时要知己知彼。

"有比较才有鉴别"，比较是人获得自我认识的重要方式，然而比较要得法，即"知己知彼"，知己又知彼才能知道是否具有可比性。例如，相比的两人能力、知识、技能、投入是否一样，否则就无法去比，从而得出

的结论就会是虚假的。有了这一条,人的心理失衡现象就会大大减低,也就不会产生那些心神不宁、无所适从的感觉。

③要有务实精神。

务实就是"实事求是,不自以为是"的精神,是开拓的基础。没有务实精神,开拓只是花拳绣腿,这个道理是人人应弄懂的。

④遇事善于思考。

考虑问题应从现实出发,不能跟着感觉走,看问题要站得高、看得远,切实做一个实在的人。

12. 人比人，真的气死人？

曾有一首打油诗这样写道："世人纷纷说不齐，他骑骏马我骑驴。回头看到推车汉，比上不足下有余。"美国首富比尔·盖茨也说过："人生来是不平等的。"既然不平等，人与人的差距在攀比之间就显而易见了。看看别人，比比自己，往往就这样比出了怨恨，比出了愁闷，失去了自己本应有的一份好心情。

人人都有自尊心，当自尊心受到损害或威胁时，或过分自尊时，就可能产生虚荣心，如珠光宝气招摇过市、哗众取宠等等。

虚荣心不同于功名心。功名心是一种竞争意识与行为，是通过扎实的工作与劳动取得功名的心向，是现代社会提倡的健康的意识与行为。而虚荣心则是通过炫耀、显示、卖弄等不正当的手段来获取荣誉与地位的。

虚荣心很强的人往往是华而不实的浮躁之人。这种人在物质上讲排场、搞攀比；在社交上好出风头；在人格上很自负、嫉妒心重；在学习上不刻苦。

过度攀比是一把刺向自己心灵深处的利剑，对人对己毫无益处，伤害的只是自己的快乐和幸福。

攀比的心理大多数人都会拥有，只是轻重的问题。合理的欲望是需要的，也算不上什么攀比，只有超过人的正常欲望和要求自己无法达到的东西，才是病态的攀比。

女人是一道风景线，如果女人之间没有相互攀比，争奇斗艳，风景可能会黯淡很多。但是，假如不按自身的经济条件，盲目攀比，那就过于虚荣了。这种过分的虚荣往往使那些非"财大气粗"的男人精神紧张，甚至不堪重负，发出"爱攀比的女人太恐怖！"之类的感叹。

财富炼金术

静是个喜欢和别人攀比的女人。看到邻居家的老公给妻子买了钻戒，她就嚷嚷着让丈夫建也给自己买。

考虑到刚结婚手头不宽裕，建说等条件好点了再买。可静不依不饶，建只好悄悄跟同事借了3000元买了钻戒。

邻居家的老公被单位提拔为业务经理，静就埋怨丈夫窝囊，还硬逼着建去报考研究生。建认为过日子没有必要总跟别人比，坚决不同意考研。静就说他胸无大志，没有出息。

最让建受不了的是，邻家的孩子进了一所重点小学，静就要求建把自己的孩子也弄进重点。建用尽一切办法还是没能让孩子进重点小学。于是，在静嘴里，"没出息"三个字就成了建的代名词，还丝毫不避讳孩子。

邻家购买了一套130余平方米的新楼房。静一听说，就逼建跟他的父母和兄弟姊妹借钱买房。可看到多病的父母和下岗的弟弟妹妹，建始终开不了口。对此静竟挖苦说："连个大房子都买不起，还配做男人！"

如果能够以对方为榜样，向别人学习，那自然也是件好事。通过对比，认识到自己的不足，然后加以完善和改正，这样的比例是非常有意义的。但问题是，往往自己看到别人好的地方之后，并不是开始好好学习和努力，而是不断地埋怨自己，甚至认为自己一无是处。

有句俗语说："人比人，气死人。"事实上，人比人并不要紧，比比强于自己的人，可以找差距，激发自己的斗志，但不可盲目攀比——什么都比，这样不但没有意义，还会产生一系列的心理问题。

比上不足，比下有余，保持一种平和的心态，才是正确的人生态度。其实，有时候退一步想，生活中有很多事情原本不需要太在意的，如果太在意的话，除了自我折磨以外，并不会产生任何积极的结果。

人比人并不要紧，看到别人的优点可以去学习，但是这不应该是自卑和烦恼的理由。事实上，人比人而生气的人，往往是因为自身的性格和心理上的问题，使自己产生了自卑的心态，跟心理医生谈谈，才可以更好地了解自己为什么会产生自卑（人比人，气死人）的心态。

不管如何说，人类是有攀比心理的，正是由于人类的攀比心理，才能促使人类物质文明的不断进步，也促进了人类智慧的不断发展。攀比从某种程度上来说，是促进人类社会发展的动力。所以如何认识攀比心理，对于我们正确地认识人类自身具有特殊的意义。

由于人类历史的进步，随着时间的推移，一些原本不容易实现的事情，很快就能够实现了；一些原来不普及的东西，很快就普及了，这就决定了对一件事物的攀比，不可能是长期的，它只是历史阶段中的一段插曲。

如20世纪70年代，由于当时穿皮鞋的人很少，所以当某个人穿上皮鞋后会引来很多人羡慕的眼光，好像这个人很有钱，也很时髦，一时之间很多人都想赚钱买皮鞋，以便风光一下，这样就形成了一种对皮鞋的攀比心理。

可是随着社会的发展，人们的手头钱越来越多了，随便一个人都可以买上皮鞋，这样穿皮鞋已经不能表示自己的身份和地位了，谁也不会因看到一个人穿皮鞋就向这个人投以羡慕的眼光了，所以对皮鞋的攀比心理就被历史彻底淹没了。

再如20世纪80年代，由于改革开放带来了巨大的变化，以前想所未想、闻所未闻的事物渐渐进入千家万户，并且贫富差距也已开始出现，于是能否买得起三大件，折射出了家庭条件的差别，从这时起国人也开始了对物质生活的强烈追求。

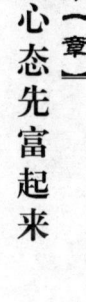

由于当时能买得起彩电，冰箱，洗衣机的人较少，所以谁能够买得起这三大件，是很光彩的，是有钱的象征，所以这个时候对三大件的攀比心理又在全社会形成，就是找对象也要提出对三大件的要求。

可同样随着历史的发展，当这三大件所代表的财富慢慢地不能代表个人身份了，所以对三大件的攀比也就自然地从历史的长河中消失了。

同样像20世纪90年代的BP机和手机，曾几何时这些东西，在一些人的手中闪闪发光，引起了路人的驻足观看，甚至有人一年之内更换几部手机以显示自己。

可同样随着时代的发展，现在不只是BP机已不见了踪影，即使你手中的手机值个万儿八千的，也不会引起别人的攀比心了。相反倒是有些有钱的人手里拿的手机可能还是最便宜的货色，因为在他们看来，手机只是

一种工具，已经早已退出了攀比的舞台，能满足通信要求就行了。

现今有许多人买了汽车，买了房子。房子和汽车又成了现今的攀比目标，又形成了一种新的攀比心理，好像买不上汽车和房子就低人一等。

不过你大可不必对此问题考虑得太多，更不要因此而自卑，因为社会的发展总是有走在前头的人，但走在后面的除极少数被淘汰者以外，只要你努力，一切会有的，这是规律。一切攀比都是暂时现象，是历史舞台上的一段插曲，将来总有一天汽车和房子也会退出攀比的舞台，会有新的攀比目标出现。

攀比心理是人类社会发展的催化剂，人类社会的发展就是在攀比的过程中进行的，如果人人都安于现状，没有进取心，那么这个民族就不可能发展，不发展的民族注定是要灭亡的。但攀比目标必须通过正当渠道来掌握，必须通过自己的努力来获得，否则你可能成为攀比过程中的牺牲品，现在许多贪官的落网就充分说明了这一点。

没有攀比心理的人是不健康的，但过于追求攀比也是不健康的，攀比目标能否掌控，要看自己的能力，要看自己的努力，要为自己定好位。其实很多人之所以失败，其根本原因还是失败在给自己定位上。

天上掉馅饼的事是没有的，就是有天上掉馅饼的事情如果自己不努力，当有一天突然天上开始掉馅饼时你也抓不到。

正确地认识攀比现象，能使我们的心理更健康，也能使我们更好地把握生活，生活中差别无处不在，而攀比之心又是如此难以克服，这往往给人生的快乐打了不少折扣。

但是，假如人们能换一种思维模式，不要专拣自己的弱项、劣势去比人家的强项、优势，比得自己一无是处，把眼光放低一点，学会俯视，多往下比一比，生活想必会多一份快乐，多一份满足。

13. 健康的心态为成功加分

当今人与人之间的竞争，表面上看是知识、能力、职位、业绩、关系的竞争，实质上却是职业心态和人生态度的竞争。

21世纪之初，国外一家杂志社举办了一个以"世纪展望——21世纪我最想要的"为主题的征文大赛，并开出了1万美元的奖金。活动开始后，怀着对新世纪美好生活的憧憬和期盼，世界各地近两万人参与了这次活动，稿件如雪片般纷至沓来。

杂志社对所有的稿件按照文章和标题进行了分类统计，结果发现，最想要金钱的占57%，最想要家庭幸福的占21%，最想要权力职位的占8%，最想要漂亮贤惠妻子的占5%。

经过专家的评审，出人意料的结果是，其中一篇不到300字的文章《我最想要一个积极快乐的心态》赢得了这次竞赛唯一的大奖。

针对这次征文比赛，专家们的评审意见是："无论你是想要金钱还是想要权力，无论你是想要幸福的家庭还是想要香车豪宅，如果你拥有了一颗积极快乐的心态，你什么都可以得到。在未来的人生和世界里，态度是最根本的竞争力。"

其实，每个人都好比一座有待开发的金矿，而决定个人价值含金量高低的则是心态。人活的是一种心情，一种精神，一种心态。

纵使你才华横溢、能力超群，如果没有积极健康的心态，整日消极抱怨，患得患失，又怎么能得到企业和他人的信任？

怎能实现自己辉煌的职业梦想与人生目标？

拥有积极、端正的人生态度，最大的受益者不是企业或老板，而是你自己。

财富炼金术

拥有健康的心态，你才能抵御职场"通货膨胀"的风暴，你的职业价值永远不会贬值；拥有健康的心态，你才能领略"朝辞白帝彩云间，千里江陵一日还"的豪迈气概，才能享受"两岸猿声啼不住，轻舟已过万重山"的快意人生。

《世界是平的》一书中有这样一句话："21世纪的核心竞争力是态度与想象力，而保存我们最好的想象力必须是心怀谦卑。"

作者佛里曼告诉我们，积极的心理态度已经成为比黄金还要珍贵的稀缺资源，是一个人决胜未来最为根本的心理资本，是最核心的竞争力！

如果想成功，就要从"心"开始，注意挖掘心态的能量，改变态度，从而改变自己的命运。

李军在创业初期，由于没有经验也缺乏指导，个人兴趣从最初定位的人力资源业务一下转到不熟悉的互联网行业中。

由于认识和准备上的不足，特别是在新领域内人才和资金的储备缺乏，网站建设到一半技术和资金就出现了问题。项目的进展异常慢，资源的无效损耗非常大，这让李军欲进无果、欲退不能。创业刚刚开始便要倒掉，李军每日愁眉不展、忧心忡忡、饭无味觉无眠。

聘请的技术人员见势不妙，结算了薪水后便扬长而去。迫不得已，李军将项目剩余部分外包给了中国科学院计算机研究所的一位博士，高价的外包费用令他心痛不已。偏偏祸不单行，事隔一月有半，李军正在吃午饭时博士打电话给他，说出了意外，电脑硬盘被烧，包括储备硬盘都未能幸免，一个多月的努力全都白费，需要重新再来！当时，李军不知道是怎样挂的电话，只知道挂了电话后饭是再也吃不下去了，感觉天快要塌下来了！实在没心情工作了，他决定回家休息。

在回家的公交车上，李军的后排坐了一对恋人在唠唠叨叨，让他很心烦。大概是说男士的一个同事，没有什么技术水平，每天都是笑呵呵的，刚刚获得了公司的职位提升；而男士自己，每日工作很辛苦为公司付出了很多，却两年已经没有晋升了。

男士的语气听起来像李军一样苦闷，而女士却开朗活泼，她说："我要是你的上级我也不提升你，你看看你每天那张哭丧脸，把周围同事的心态都影响得很差。心态也是一种竞争力，难道你不懂吗？"

"心态也是一种竞争力！"李军在内心暗暗想着这句话，是呀，很有道理，难道我郁闷不开心事情就会自然好转吗？我为什么不乐观一点来对待当前的逆境呢？

或许是上帝怕我爬得高摔得痛，开局就用如此困境告诉我做事要务实；或许上帝是在用这件事情来培养我的忍耐力，那么只要我坚持下去就一定会有转机。

这时，李军觉得事情也没有自己之前想象的那样糟糕，他突然发觉，现在转过头来再做人力资源业务也不迟啊，只是在中间花费了一点时间和学费学习了一下互联网知识而已。况且网站的建设在博士的努力下每天也都有进展，可以暂时将网站全权委托给博士来打理，自己专注于原本熟悉的人力资源业务，等人力资源业务打开了局面，网站也建设完毕了，这样岂不更好？

让李军万万没有想到的是，原来换一种心态，逆境也可以变为顺境。于是，李军中途下了车，他要马上工作，时间不等人。他打电话告诉另外两个同事，20分钟后大家要开个非常重要的碰头会。

碰头会上，李军头脑异常清晰地圈定了人力资源业务范围，从最初设定的9项缩减到了6项，不熟不做、不精不做，3个人之间也进行了分工。两个伙伴对李军突然的决定感觉不解，却很惊喜，因为他们已经很久没有见到李军这样神采奕奕了！

健康的心态也是一种竞争力，想成功就请修炼好你的心态，积极健康的心态必将会为你的成功加分。

有人曾说过："一种积极的心态，比一百种智慧更有力量。"每个人的潜力都是无限的，有什么样的心态，就会有什么样的工作业绩与生命质量。其实，人与人之间并没有多大不同，之所以有成功者和失败者之分、有卓越人生与平庸人生之异，完全取决于心态。

健康的心态就是竞争力，想要在充满竞争的社会上占有一席之地，保持健康的心态是关键。

第二章　人穷志不穷

没有目标的人像是草木，在春天生发，到秋日枯黄。人生不能没有方向，做人不能没有志向，那种只解决衣食住行等生理需要的志向是低层次的，而追求自我实现则是最高层次的需要。林肯说过："喷泉的高度不会超过它的源头。一个人的事业也是这样，他的成就绝对不会超过自己的信念。"人生的目标不妨定得高远些，所以人穷志别穷，只要不甘人后积极进取，终有一天会踏上富有之途。

1. 你的身后有一只狼

歌德曾说过:"人的潜能就像一种强大的动力,有时候它爆发出来的能量,会让所有的人大吃一惊!"人的成功有时就是逼出来的。

一位名不见经传的年轻人第一次参加马拉松比赛就获得了冠军,并打破了世界纪录。

她冲过终点后,新闻记者蜂拥而至,团团将她围住,不停地问:"你是如何取得这么好成绩的?"

年轻的冠军喘着粗气说:"因为我的身后有一只狼。"

迎着记者们惊讶的探询的目光,她继续说:"三年前,我开始练长跑。训练基地的四周是崇山峻岭,每天凌晨两三点钟,教练就让我起床,在山岭间训练。尽管我尽了自己最大的努力,进步却一直不快。有一天清晨,我在训练的途中,忽然听见身后传来狼的叫声,开始是零星的几声,似乎还很遥远,但很快就急促起来,而且就在我身后。我知道是一只狼盯上了我。我不敢回头,没命地跑着。那天训练,我的成绩好极了。后来教练问我原因,我说我听见狼的叫声。教练意味深长地说,原来不是你不行,而是你身后缺少了一只狼。"

后来她才知道,那天清晨根本就没有狼。她听见的狼叫,是教练装出来的。

从那以后,每次训练时,她都想象着身后有一只狼,成绩从此突飞猛进。每次她参加比赛时,也都想象着身后还有一只狼,所以她成功了。

如果我们仔细回味教练的话,"原来不是你不行,而是你身后缺少了一只狼。"说明她的潜能原本就存在着,只是尚未发挥出来而已,而一只狼的追踪才让她在心底感到巨大的恐惧,这种恐惧又激发出她巨大的潜能。

那么，她的潜能为什么会被狼的号叫激发出来呢？原来，这是因为竞争。如果她的奔跑速度赶不上一只狼的话，她就可能被狼吃掉，只有竭尽全力的奔跑才能取得成功。

因此，如果一个人如果能够找到一个强有力的竞争对手，他的前途将不可限量。

在世界泳坛上，总有日本选手称雄。有人猜测，他们的训练方法可能有什么奥妙。一个到过现场的人亲眼看到，在他们用于训练的游泳馆里养了许多鳄鱼。队员每天到馆训练，跳下水中调整好状态，教练就把几条鳄鱼放到游泳池里。

那些腹中空空的鳄鱼一见到人就兴奋，争相拼命地去追赶运动员，必欲美餐一顿而后快。为了确保安全，鳄鱼嘴都已被绳子套牢，绝不会有半点闪失。

尽管如此，运动员们还是心存畏惧，本能地加快了游动的速度，随之而来的是运动成绩的突飞猛进。

全球第二大软件公司"甲骨文"的总裁艾利森在分析自己成长的动力时说："我每天起床就想，微软又会对网络发动什么攻势呢？"他每天都想如何与微软竞争，就必然更加努力工作，把产品和服务都做得更好。

假如我们要挑战迈克尔·乔丹，自然我们就会做充分的准备，练习得更加科学，更加刻苦，并掌握他全部的优缺点。即使我们挑战不成功，也能在短期内迅速提高自己的篮球成绩。

所以，大凡取得巨大成功的人，都是以国内第一甚至世界第一作为自己竞争对手的。这就启示我们，要想激发自己的学习潜能，就首先要给自己确定一个强大的竞争对手。

有这么一位学生，他在普通班的学习成绩遥遥领先，每次考试总能把第二名甩下好几十分，时间长了就有点"独孤求败"了。不知不觉，他的成绩开始下滑。后来他的校长把他调入了强化班，他的成绩不再名列前茅，几乎强化班上的每个同学都成了他的竞争对手，他不敢有丝毫麻痹大意，于是更加发愤努力，成绩终于有了显著提高。

记住，安逸的环境只能使人懒散，只有竞争的环境才能激发你的斗志，让我们一起"与狼共舞"吧！

2. 决定你是富人还是穷人的 12 条标准

(1) 自我认知

穷人：很少想到如何去赚钱和如何才能赚到钱，认为自己一辈子就该这样，不相信会有什么改变。

富人：骨子里就深信自己生下来不是要做穷人，而是要做富人，他有强烈的赚钱意识，这也是他血液里的东西，他会想尽一切办法使自己致富。

(2) 休闲

穷人：在家看电视，为肥皂剧的剧情感动得痛哭流涕，还要仿照电视里的时尚来武装自己。

富人：在外跑市场，即使打高耳夫球也不忘带着项目合同。

(3) 交际圈子

穷人：喜欢走穷亲戚，穷人的圈子大多是穷人，也排斥与富人交往，久而久之，心态成了穷人的心态，思维成了穷人的思维，做出来的是也就是穷人的模式。大家每天谈论着打折商品，交流着节约技巧，虽然有利于训练生存能力，但你的眼界也就渐渐囿于这样的琐事，而将雄心壮志消磨掉了。

富人：最喜欢交那种对自己有帮助，能提升自己各种能力的朋友，不纯粹放任自己仅以个人喜好交朋友。

(4) 学习

穷人：学手艺。

富人：学管理。

(5) 时间

穷人：一个享受充裕时间的人不可能赚大钱，要想悠闲轻松就会失去更多赚钱的机会。穷人的时间是不值钱的，有时甚至多余，不知道怎么打发，怎么混起来不烦。如果你可以因为买一斤白菜多花了一分钱而气恼不已。却不为虚度一天而心痛，这就是典型的穷人思维。

富人：一个人无论以何种方式赚钱，也无论钱挣得是多还是少，都必须经过时间的积淀。富人的玩也是一种工作方式，是有目的的。

富人的闲，闲在身体，修身养性，以利在战，脑袋一刻也没有闲着；穷人的闲，闲在思想，他手脚都在忙，忙着去麻将桌上多摸几把。

(6) 归属感

穷人：是颗螺丝钉。穷人以为出身卑微，缺少安全感，就迫切地希望自己从属于并依赖于一个团体，于是他们以这个团体的标准为自己的标准，让自己的一切合乎规范，为团体的利益而工作，奔波，甚至迁徙。

对于穷人来说，在一个著名的企业里稳定的工作几十年，有实习生一直干到高级主管，那简直是美得不能再美的理想。

富人：那些团体的领导者通常都是富人，他们总是一方面向穷人灌输：团结就是力量，如果你不从属于自己的团体，你就什么都不是，一名不文。但另一方面，他们却从来没有停止过招兵买马，培养新人，以便随时可以把你替换掉。

(7) 投资及对待财富

穷人：经济观点就是少用等于多赚，比如开一家面馆，收益率是100%，投入2万，一年就净赚2万，对于穷人来说很不错了。

穷人即使有钱，也舍不得拿出来，即使终于下定决心投资，也不愿意冒风险，最终还是走不出那一步。穷人最津津乐道的就是鸡生蛋，蛋生鸡，一本万利……但是建筑在一只母鸡身上的希望毕竟是那样的脆弱。

富人：富人的出发点是万本万利。同样的开面馆，富人们会想，一家面馆承载的资本只有2万，如果有一亿资金，岂不是要开5000家面馆？要一个一个管理好，大老板得操多少心，累白多少根头发呀？还不如投资宾馆。一个宾馆就足以消化全部的资本，哪怕收益率只有20%，一年下来也

有2000万利润啊。

(8) 激情（能不能干成事，首先要看有没有激情）

穷人：没有激情。他总是按部就班，很难出大错，也绝对不会做到最好。没有激情就无法兴奋，就不可能全心全意投入工作。大部分的穷人不能说没有激情，看他的激情总是消耗在太具体的事情上：上司表扬了，他会激动；商店打折，他会激动；电视里破镜重圆了，他的眼泪一传一串往下流，穷人有的只是一种情绪。

富人："燕雀安知鸿鹄之志？王侯将相，宁有种乎"？有这样的激情，穷人终将不是穷人！激情是一种天性，是生命力的象征，有了激情才有了灵感的火花，才有了鲜明的个性，才有了人际关系中的强烈感染力，也才有了解决问题的魄力和方法。

(9) 自信

穷人：穷人的自信要通过武装到牙齿，要通过一身高级名牌的穿戴和豪华的配置才能给他们带来更多的自信，穷人的自信往往不是发自内心和自然天成的。

富人：李嘉诚在谈到他的经营秘诀时说："其实也没什么特别的，光景好时，决不过分乐观；光景不好时，也不过度悲观"。其实就是一种富人特有的自信。自信才能不被外力所左右，自信才可能有正确的决定。

(10) 习惯

穷人：有个故事，一个富人送给穷人一头牛。穷人满怀希望开始奋斗。可牛要吃草，人要吃饭，日子难过。穷人于是把牛卖了，买了几只羊，吃了一只，剩下来的用来生小羊。可小羊迟迟没有生出来，日子更艰难了。穷人把羊卖了，买成了鸡，想让鸡生蛋赚钱为生，但是日子并没有改变，最后穷人把鸡也杀了，穷人的理想彻底崩溃了，这就是穷人的习惯。

富人：根据一个投资专家说，富人成功的秘诀就是：没钱时，不管多困难，也不要动用投资和储蓄，压力会使你找到赚钱的新方法，帮你还清账单。这是个好习惯。性格决定了习惯，习惯决定了成功。

(11) 上网

穷人：去 163、sohu 上网聊天。穷人聊天，一是穷人时间多，二是穷人的嘴天生就不能闲着；富人讲究荣辱不惊，温柔敦厚，那叫涵养，有涵养才能树大根深。穷人就顾不了那么多，成天受着别人的白眼，浑身沾满了鸡毛蒜皮，多少窝囊气啊，说说都不行？聊天有理！

富人：去＊＊＊＊.com 上网找投资机会。富人上网，更多的是利用网络的低成本高效率，寻找更多的投资机会和项目，把便利运用到自己的生意中来。

(12) 消费花钱

穷人：买名牌是为了体验满足感，最喜欢试验刚出来的流行时尚产品，相信贵的必然是好的。

富人：买名牌是为了节省挑选细节的时间，与消费品的售价相比，他更在乎产品的质量，比如会买 15 元的纯棉 t 恤，也不会买昂贵的莱卡制品。

3. 让目标成为前进的指明灯

向一些真正的成功人士询问他们取得成就的原因是什么，你就会经常听到这样的回答：目标！确实，清晰的目标是所有优先次序制定所围绕的支点。设定目标值得你好好地花上一些时间。如果没有目标，你就会变得漫无目的，成功就无从谈起。

1952 年 7 月 4 日清晨，加利福尼亚海岸下起了浓雾。在海岸以西 21 英里的卡塔林纳岛上，一个 43 岁的女人准备从太平洋游向加州海岸。这名妇女叫费罗伦丝·查德威克。

这一次如果成功了，她就是第一个游过这个海峡卡塔林纳海峡的妇女，在此之前，她是从英法两边海岸游过英吉利海峡的第一个妇女。

那天早晨，雾很大，海水冻得她身体发麻，她几乎看不到护送她的船。时间一个小时一个小时的过去，千千万万人在电视上看着。有几次，鲨鱼靠近她了，被人开枪吓跑了。而她继续在游。在以往这类渡海游泳中她的最大问题不是疲劳，而是刺骨的水温。

15 小时之后，她又累，又冻得发麻。她知道自己不能再游了，就叫人拉她上船。她的母亲和教练在另一条船上。他们都告诉她海岸很近了，叫她不要放弃。但她朝加州海岸望去，除了浓雾什么也没看不到。

几十分钟之后——从她出发算起 15 个小时了零 55 分钟之后，人们把她拉上船。又过了几个钟头，她渐渐觉得暖和多了，这时却开始感到失败的打击，她不假思索地对记者说："说实在的，我不是为自己找借口，如果当时我看见陆地，也许我能坚持下来。"

人们拉她上船的地点，离加州海岸只有半英里！后来她说，令她半途而废的不是疲劳，也不是寒冷，而是因为她在浓雾中看不到目标。查德威克小姐一生中就只有这一次没有坚持到底。

两个月之后,她成功地游过同一个海峡。她不但是第一位游过卡塔林纳海峡的女性,而且比男子的记录还快了大约两小时。

没有了目标就没有了方向,就没有了希望。

哈佛大学有一个非常著名的关于目标对人生影响的跟踪调查。对象是一群智力、学历、环境等条件差不多的年轻人,调查结果发现:

27%的人没有目标;60%的人目标模糊;10%的人有清晰但比较短期的目标;3%的人有清晰且长期的目标。

25年的跟踪研究结果,他们的生活状况及分布现象十分有意思。

那些占3%有清晰且长期目标者,25年来几乎都不曾更改过自己的人生目标。25年来他们都朝着同一方向不懈地努力,25年后,他们几乎都成了社会各界的顶尖成功人士,他们中不乏白手创业者、行业领袖、社会精英。

【第二章】人穷志不穷

那些占10%有清晰短期目标者,大都生活在社会的中上层。他们的共同特点是,那些短期目标不断被达成,生活状态稳步上升,成为各行各业的不可缺少的专业人士。如医生、律师、工程师、高级主管等等。

其中占60%的模糊目标者,几乎都生活在社会的中下层面,他们能安稳地生活与工作,但都没有什么特别的成绩。

剩下27%的是那些25年来都没有目标的人群,他们几乎都生活在社会的最底层。他们的生活都过得不如意,常常失业,靠社会救济,并且常常都在抱怨他人,抱怨社会,抱怨世界。

也许你现在与别人差距不大,那是因为你们离起跑线不远,而不是你比别人聪明,或者说上天眷顾你。你是属于那10%、60%还是剩下那部分,只有自己最清楚。不过,我还是要努力帮你成为那10%的目标清晰者。

让我们再来审视一下没有目标到底给你造成了多大的麻烦。

公司要接待一个国外考察团,你却不知道如何着手准备,也没去打听一下:"考察团有多少人?准备在公司待多长时间?公司另外还安排有什么活动没有?"而是让忧虑又折磨了你一天。

你没把要穿的衣服放在床边,第二天早上慌慌张张地东找西找,赶到公司的时候已经9点20了。于是老板恶狠狠地说:"这已经是第三次了,奖金你也别想要了。"

明明跟女朋友约好了9点的电影,乱七八糟的生活程序让你轻轻松松就把这件事忘了,最可气的是连你自己也不记得这是第几次了。

太麻烦了,你是不是简直要被它逼疯了?回过头去看你的生活,居然是如此的混乱不堪!没有目标,没有方法,没有前途,你简直要被憋死在这种浑浑噩噩的生活中了!

因为人生没有目标,导致你的生活混乱无序,越是生活的糟糕,会越茫然。没有目标就像一个通往地狱的旋转楼梯,让你一步步走向深渊,在楼梯上看到那些和你一样缓缓前行的行尸走肉,你没有什么想法吗?你还想与他们继续为伍吗?

一个人有了明确的目标,就会精力集中,每天想的、做的基本上都与之所要实现的目标相吻合,避免做无用功。

为了实现目标,他能始终处于一种主动求发展的竞技状态,能充分发挥主观能动作用,能精神饱满地投入学习和工作,能够脱离低级趣味的影响,而且为达到目标能够有所弃,一心向学,因此,能够尽快地实现优势积累。

这就像登泰山一样,漫无目标者是随便走走,一会儿参观岱庙,一会儿选几个美景摄影留念,东游西逛,还没有走到中天门天就黑了。相反,如果你把目标确定为尽快到达玉皇顶,你就会像参加登山比赛一样,中途无心四处张望、逗留、热闹、美景全不去看,甚至帽子被风刮跑了也不肯花费时间去捡,当然会比较快地到达极顶。

从实践看,往往是奋斗目标越鲜明、越具体,越有益于成功。正如作家高尔基所说:"一个人追求的目标越高,他的才能就发展得越快,对社会就越有益。"

公元前300多年,雅典有个叫台摩斯顿的人,年轻时立志做一个演说家。于是,四处拜师,学习演说术。

为了练好演说,他建造了一间地下室,每天在那里练嗓音;为了迫使自己不能外出郊游，一心训练，他把头发剪一半留一半；为了克服口吃、发音困难的缺陷，他口中衔着石子朗诵长诗；为了矫正身体某些不适当的动作，他坐在利剑下；为了修正自己的面部表情，他对着镜子演讲。经过苦练，他终于成为当时"最伟大的演说家"。

我国东汉时期的思想家、哲学家王充，少年丧父，家里很穷，但他立志要学有所成。首先，他通过优异成绩获得乡里保送，进入了当时的全国最高学府——太学，利用太学里的藏书来丰富自己的头脑。

其次，当太学里的书不能满足他而自己又无钱购买时，便把市上的书铺当书房，整天在里面读书，通过帮人家干零活儿来换取免费读书的资格。就这样，他几乎读遍了洛阳城的所有书铺。由于他积累了丰富的知识，终于成为我国历史上著名的学者，并写出了至今仍有重要价值的《论衡》。

目标会使我们兴奋，目标会使我们发奋，因为走向目标便是走向成功，达到目标便是获得成功！成功是人的高级需要，世界上还有什么能比成功对人有巨大而持久的吸引力呢？

有什么样的目标就有什么样的人生。我们周围有许多人都明白自己在人生中应该做些什么事，可就是迟迟拿不出行动来，根本原因乃是他们欠缺一些能吸引他们的未来目标。

事实上，追求快乐而避开痛苦便是我们人生的目标。所以说，我们是有目标的，只不过要看这个目标是否能促使我们拿出行动，去追求高素质的人生。

4. 你的目标在哪里

大千世界，芸芸众生，各人有各人的"活法"，不能强求每个人都志存高远，都能成为什么杰出人物。但是，你起码不应该做得比别人差，起码应该让你身边的人感到舒服。我们只要把每一小步走好，每一个小目标都能达到，那么终极的成功也会自然到来的。

我们中的大部分人都是由于自身的惰性，懒得去制订平时的目标。我们平时经常用到的目标是中期目标和近期目标。

中期目标就是离现在稍微远一些，但又不像终极目标那么远，比如说，一个月内我要达到电脑操作的中级水平，10周内我要完成这个函授课程。

近期目标就是马上就要去行动的目标，比如说今天我要完成这个稿子的初稿，明天中午前我要见这三个客户。想想看，你是不是经常会有中期目标，但是近期目标却很少去考虑，这就是惰性。

确实，中期目标就像终极目标一样，想想就可以了，又无法立即兑现，也没什么压力。而近期目标就会迫使你关掉电视机，扔掉报纸，推掉朋友的约会，关掉MSN，确实很痛苦。而我们的工作效率怎么来的，就是在这个近期目标的压力下完成的。如果说你不能承受这些压力，无论你读多少成功学的书籍，听多少演讲也是无济于事的。可以说，懒惰的人根本不配谈目标。

有时候，对经验的恐惧也会使你没有目标或者目标过低。你以前制订过一个这个方面的目标，但是由于某种原因失败了。以后当你再制订这方面目标的时候，就会畏首畏尾，你会对自己说：做到多少算多少吧，大幅度地给自己把标准降低。

还有一种情况就是，当你获得暂时的成功之时，会暂时丧失下一步的目标。我的一个朋友，以前很穷，经过几年的努力，做生意做得非常成功。可是忽然有一天他打电话来，说他自己对做生意厌恶了，整天吃吃喝喝，花天酒地，忙忙碌碌，活得一点目标都没有，很显然他丧失了自己前进的方向。

你喜欢随遇而安，当一天和尚撞一天钟，有时连钟都懒得撞。反正生活就这么四平八稳波澜不惊地展开，真的是无所谓了。

你想挤在几十平方米的小房中了此一生？想那些成功在你面前耀武扬威？想开你的二手汽车而不是奔驰或宝马？想让你的子女从小就低别人一头？

你必须知道，上进与追求是种心态，更是种状态，目标是驱动生活的强大引擎，信念是支撑生活的必备武器。目标相助，信念相随，茫然定会消失无踪迹。

任何科学的奋斗目标都是以现实的可能性为依据的，它应该适合自己的实际情况，不能脱离个人的实际。谁都想当足球冠军，当音乐大师，当大科学家……但是，这些奋斗目标并不是每一个人都能实现的，因此奋斗目标要实际一点为好。就拿小目标来说吧，最好是今天付出的努力，明天就能有回报。比如，今天晚上做个很漂亮的企划，明天就能得到经理的赞赏。

连箭靶都没有，你怎么能企图射中目标？解决没有目标的最好办法是重新找到你的人生方向。

以下是国外学者经过反复探讨而得到的一个寻找人生目标的逐步突出法，现在就让我们通过做这个"六步游戏"来找到自己的人生目标。

游戏道具：4~5张小纸片。

环境要求：安静舒适。

情绪状态：精神饱满，情绪激昂，思维活跃。

提醒：在考虑目标时，尽量全面，避免仅从一个方面考虑，如仅考虑事业，还要有家庭、人际、业余生活等方面。

第一步：寻找终生目标

拿出一张纸片，写下第一个问题：我终生的目标是什么？然后用两分钟写下答案，要无拘无束，想的是什么就写下什么。再花两分钟进行必要的修改。

如果你不好直接确立你的人生目标，你可以回想一下你童年、少年时的梦想，或者那些最令你开心的事。以此作为启发，再写下你的答案。

实例扫描：事业成功、家庭幸福、快乐……

也许你写下的目标比较泛，那也没有关系，还有第二步呢。

第二步：思考如何度过今后三年

请在第二张纸片上，写下第二个问题："我该怎样度过今后三年？"用两分钟尽快写下答案，再用两分钟把忽视的项目补充进去。

在第二张纸片上，所写的东西要较之第一张纸片要具体。这里的具体即是指所做的工作要具体。如第一张纸上你若写了过幸福的生活，那么在这一张纸上你就得将之分解为较为具体细致的目标。

实例扫描：拥有一份满意的工作，进入管理阶层；经济收入比刚工作时翻一倍；向女朋友求婚；将母亲接到自己身边；和好朋友经常保持联系……

第三步：半年内最重要的事

请在第三张纸上写下第三问：我在这半年内都应该做哪些事？哪些工作对我是最重要的、最迫切的。这张纸片所罗列的内容，应该比第二张纸更具体、细致、全面，是自己需要也是能够立刻做的。

实例扫描：申请学位，联系实习单位去实习；帮助女友补习功课；经常给母亲打电话；和朋友保持联系……

第四步：浏览前三步

浏览一下前三步答案，你应该发现，第二步的答案就是第一步答案的延伸，第三步的答案则是前两步答案的继续。如果你的三步答案不具备这种逻辑，就需要重新来做，务必使这些答案符合事物的发展逻辑。

第五步：目标分类

请把三张纸片都拿起来，把上面的目标分别归类，如分为事业目标、爱好特长目标、能力目标、婚恋目标、社会友情目标、身心素质目标、读书目标等。

实例扫描：事业目标：功成名就、进入管理层、联系实习单位。

婚姻目标：幸福、向女友求婚、帮女友补习功课。

第六步：确立不同时期的目标

请按类别关系，将三张纸片上的目标按同类关系以及同性质的关系连成一条线，就成了你的短期、中期、长期的目标了。

实例扫描（以事业目标为例）：

短期—中期—长期，联系实习单位—进入管理阶层—功成名就。

然后，结合自己的个人情况，根据短期目标制订切实可行的月计划、周计划、日计划。每一级计划的指定都应该是服务于上一级计划的，比如，制订周计划是为了制成月计划，制订日计划是为了完成周计划。当短期目标实现后再向下一个目标突进。

找到正确的目标就等于找到你的灵魂，所以你要拿出时间确定你的目标把它们写出来。

其实，每个人都有自己的人生目标。如果你的今天和实现它的距离还有很远，不如把它划分成几个阶段，首先为自己确定一个距自己最近的目标。也许，这正是走向成功的一个起点。

5. 清晰你的职业规划

第一步：确定职业目标——价值观和人生定位

自我的人生价值和角色定位、人生主要目标的设定等等，简单地说就是：你准备做一个什么样的人，你的人生准备达成哪些目标。这些看似与具体压力无关的东西其实对我们的影响却总是十分巨大，对很多压力的反思最后往往都要归结到这个方面。

卡耐基说："我非常相信，这是获得心理平静的最大秘密之一——要有正确的价值观念。而我也相信，只要我们能定出一种个人的标准来——就是和我们的生活比起来，什么样的事情才值得的标准，我们的忧虑有50%可以立刻消除。"

第二步：心态调整——以积极乐观的心态拥抱压力

法国作家雨果曾说过："思想可以使天堂变成地狱，也可以使地狱变成天堂。"

我们要认识到危机即是转机，遇到困难，产生压力，一方面可能是自己的能力不足，因此整个问题处理过程，就成为增强自己能力、发展成长重要的机会；另外也可能是环境或他人的因素，则可以理性沟通解决，如果无法解决，也可宽恕一切，尽量以正向乐观的态度去面对每一件事。

如同有人研究所谓乐观系数，也就是说一个人常保持正向乐观的心，处理问题时，他就会比一般人多出20%的机会得到满意的结果。因此正向乐观的态度不仅会平息由压力而带来的紊乱情绪，也较能使问题导向正面的结果。

第三步：理性反思——自我反省和压力日记

对于一个积极进取的人而言，面对压力时可以自问，"如果没做成又如何?"这样的想法并非找借口,而是一种有效疏解压力的方式。但如果本身个性较容易趋向于逃避,则应该要求自己以较积极的态度面对压力,告诉自己,适度的压力能够帮助自我成长。同时,记压力日记也是一种简单有效的理性反思方法。它可以帮助你确定是什么刺激引起了压力,通过检查你的日记,你可以发现你是怎么应对压力的。

第四步:建立平衡——留出休整的空间,不要把工作上的压力带回家

我们要主动管理自己的情绪,注重业余生活,不要把工作上的压力带回家。留出休整的空间:与他人共享时光、交谈、倾诉、阅读、冥想、听音乐、处理家务、参与体力劳动都是获得内心安宁的绝好方式,选择适宜的运动,锻炼忍耐力、灵敏度或体力……持之以恒地交替应用你喜爱的方式并建立理性的习惯,逐渐体会它对你身心的裨益。

第五步:时间管理——不要让你的安排左右你,你要自己安排你的事

工作压力的产生往往与时间的紧张感相生相伴,总是觉得很多事情十分紧迫,时间不够用。解决这种紧迫感的有效方法是时间管理,关键是不要让你的安排左右你,你要自己安排你的事。

在进行时间安排时,应权衡各种事情的优先顺序,要学会"弹钢琴"。对工作要有前瞻能力,把重要但不一定紧急的事放到首位,防患于未然,如果总是在忙于救火,那将使我们的工作永远处于被动之中。

第六步:加强沟通——不要试图一个人就把所有压力承担下来

平时要积极改善人际关系,特别是要加强与上级、同事及下属的沟通,要随时切记,压力过大时要寻求主管的协助,不要试图一个人就把所有压力承担下来。同时在压力到来时,还可采取主动寻求心理援助,如与家人朋友倾诉交流、进行心理咨询等方式来积极应对。

第七步,提升能力——疏解压力最直接有效的方法是设法提升自身的能力

既然压力的来源是自身对事物的不熟悉、不确定感,或是对于目标的达成感到力不从心所致,那么,疏解压力最直接有效的方法,便是去了解、掌握状况,并且设法提升自身的能力。通过自学、参加培训等途径,一旦"会了""熟了""清楚了",压力自然就会减低、消除,可见压力并不是一件可怕的事。逃避之所以不能疏解压力，则是因为本身的能力并未提升，使得既有的压力依旧存在，强度也未减弱。

第八步，活在今天——集中你所有的智慧、热忱，把今天的工作做得尽善尽美

压力，其实都有一个相同的特质，就是突出表现在对明天和将来的焦虑和担心。而要应对压力，我们首要做的事情不是去观望遥远的将来，而是去做手边的清晰之事，因为为明日做好准备的最佳办法就是集中你所有的智慧、热忱，把今天的工作做得尽善尽美。

第九步，生理调节——保持健康，学会放松

另外一个管理压力的方法集中在控制一些生理变化，如，逐步肌肉放松、深呼吸、加强锻炼、充足完整的睡眠、保持健康和营养。通过保持你的健康，你可以增加精力和耐力，帮助你与压力引起的疲劳斗争。

第十步，日常减压

以下是帮助你在日常生活中减轻压力的10种具体方法，简单方便，经常运用可以起到很好的效果。

①早睡早起。在你的家人醒来前一小时起床，做好一天的准备工作。

②同你的家人和同事共同分享工作的快乐。

③一天中要多休息，从而使头脑清醒，呼吸通畅。

④利用空闲时间锻炼身体。

⑤不要急切地、过多地表现自己。

⑥提醒自己任何事不可能都是尽善尽美的。

⑦学会说"不"。

⑧生活中的顾虑不要太多。

⑨听音乐放松自己。

⑩培养豁达的心胸。

6. 为自己升起信念的旗帜

信念到底是什么？在日常生活里我们常常脱口便能说出一长串的话，其中到底有没有什么意义可并不是十分清楚，就像"信念"这个字眼大家都常用，可是不一定人人都知道它的真正面貌。

信念者，乃是对于某件事有把握的一种感觉，譬如说当你相信自己很聪明，这时说起话来的口气便十分有力量："我认为我很聪明。"当你对自己的聪明很有把握时，就能充分发挥脑力，做出好的成绩来。

喜欢 NBA 的朋友，恐怕没有不知道蒂尼·博格斯的。他的身高只有 160 公分，即便在亚洲人的眼里也只能算是"矮子"，更不要说在连两米的身高都算矮的 NBA 赛场了。然而，这位据说是目前 NBA 里最矮的球员，却是 NBA 里表现最为杰出、失误最少的后卫之一，不仅控球一流、远投精准，甚至面对大个子带球上篮也毫无畏惧，为自己赢得了"矮个子强盗"的美誉。

博格斯当然不是天生的篮球好手，他之所以能取得今日之成就，靠的是信念和苦练。在一次接受记者采访时，博格斯袒露了自己步入 NBA 的心路历程。博格斯从小就长得矮小，但却又非常热爱篮球，几乎每天都要与同伴在篮球场上展开一番争斗。

当时他最大的梦想是有一天能去 NBA 打球，因为 NBA 球员不仅待遇高，而且还享有比较风光的社会地位，是所有爱打篮球的美国少年最理想的目标。但每次博格斯告诉自己的同伴，"我长大后要打 NBA"时，几乎所有人都会忍不住哈哈大笑，甚至有人会笑倒在地。因为他们认定一个身高只有 160 公分的矮子，是绝对不可能打 NBA 的。

同伴的嘲笑并没有动摇博格斯的信念。为了实现自己的理想和信念，

他用比一般人多几倍的时间去练球,并最终成为全能性的篮球运动员,成为NBA的最佳控球后卫,成了有名的篮球明星。

博格斯说,从前听我说要进NBA而笑倒在地的同伴,现在会经常炫耀地对人说:"我小时候是和博格斯一起打球的。"想象一下,假如博格斯因为同伴的嘲笑而动摇自己的信念,放弃自己的理想,还会有今天在NBA赛场上叱咤风云的他吗?

有一位年届70的老太太,认为一个人能做什么事不在于年龄的大小,而在于怎么做。于是她在70岁高龄之际开始学习登山,用自己在别人眼里已是老朽的身体去亲近高山险峰,并成功地登上了几座世界有名的高山。就在95岁那年,她还成功登上了日本的富士山,打破了攀登此山年龄最高的纪录。她就是著名的胡达·克鲁斯老太太。

70岁开始学习登山实在是一个了不起的奇迹。所以说影响我们人生命运的绝不是环境,而是我们持有什么样的信念。当信念开始在心中矗立起来时,我们离成功的目标就越来越近了。

勾践卧薪尝胆终报家仇国恨,司马迁惨遭宫刑写成千古巨著,唐三藏历经艰辛险阻终于取得真经。翻开史书,古今中外,大凡仁人志士,明达贤者,无不经过困苦砥砺走向成功。无数事实告诉我们,只要心中有了信念,就没有闯不过的"火焰山",没有战胜不了的艰险。

美国纽约州的第一位黑人州长罗杰·罗尔斯读小学时,校长的一句"我一看你修长俊俏的小拇指就知道,将来你会是纽约州州长",让出生在贫民窟的他坚信自己会成为州长,在以后的日子里,罗杰向着这个目标不断努力。最后,罗杰·罗尔斯终于在51岁时实现了目标。

在罗杰·罗尔斯的就职演说时,说了这样一段话:"信念值多少钱?信念是不值钱的,它有时甚至是一个善意的欺骗。然而你一旦坚持下去,它就会迅速升值。在这个世界上,信念这种东西任何人都可以免费获得,所有成功者最初都是从一个小小的信念开始的。"

对于任何事每个人都有自己的主见,即或不然也能从别人那里问得答案;然而自己若是个优柔寡断的人,亦即没有坚定信念或对自己实在是没有把握,那么就很难充分发挥所拥有的各样能力。要想了解信念并不难,不妨从信念的最初形式——念头——来谈起。

每个人日常中都有许许多多的念头，不过可不都是深信不疑，就以你自己为例来做个解说。也许你认为长得挺吸引人的，当你说："我很吸引人。"这可能只是个突发的念头而已，若要成为一个信念还得看你相信这句话的程度而定。

如果你说："我并不怎么吸引人。"这话意思就有如："我没多大信心自认为长得吸引人。"然而你要怎样才能把念头转化为信念呢？在此可以打个比方，假设你把念头想象成是一个没有桌腿的桌面，当一个桌子没有了桌腿就不足以称之为桌子，同样地，信念若没有支撑就不足以称之为信念，而只能算是个念头而已。

如果你自认为长得吸引人，请问你何以敢如此有自信？难道你是有什么样的"依据"支持你这么说吗？若是有，这就构成你信念的支撑，使你有把握敢这么说。你到底是有什么样的依据呢？是有人告诉你很吸引人吗？或者是你从镜子中所见并跟周围那些也具有吸引力的人比较过？还是走在街上不时有人向你投以羡慕的一瞥？

不管你有多少这类的依据，除非你把它们归之于"你有吸引力"这个念头的名下，那才足以构成这个信念的支撑桌腿。

一旦你明白了这个比方，不妨检视一下自己的信念是如何形成的，同时也想想如何可以改变所不喜欢的信念。从上面所说的可以知道，只要有了足够的支撑——足够的依据或参考——差不多没有什么是不能建立成信念。

信念是创造成功和制造奇迹的源泉。按照现代汉语词典的解释，"信念"是自己认为可以确信的看法。这种说法看上去似乎有些抽象和拗口，但坚定自己的信念，就是向着成功的方向迈进。

反之，如果我们在做任何事情之前，没能树立起一个坚定的信念，只是一味地采取消极的态度，告诉自己这也无法实现那也不可能做到，恐怕我们的人生也只能以失败告终。就像还没有开始打仗，就开始打退堂鼓一样，结果只能是一败涂地。

给自己树一面信念的旗帜，你的人生就有了奋斗的动力和生命的活力！

7. 贫困是个人奋斗的起跑线

贫困的环境是可以打破的。

贫困是个人奋斗的起跑线。

贫困像健身房的机械一样锻炼意志。

一个人如果好逸恶劳、贪图享受，就无法战胜困难，就绝对不会有什么发展。俗话说得好："未经困难的生命是不完整的。"

如果青年人的境遇不迫使他去工作，让他感到满足，他就不再努力奋斗。工作上的努力，一方面固然满足了生活的需要，另一方面又在发展人格、造福社会。

如果习惯依赖他人，从不为自己奋斗，就会白白浪费一生。贫困人都是懒惰造成的。

有很多人想脱离贫困，却不肯付出努力。

投资致富的先决条件是将资产投资于高报酬率的投资标的上。而存放在银行无异于虚耗光阴，浪费资源。

穷人之所以穷，很多时候不是因为没有梦想，而是没有去把梦想变成现实。

有1万元钱，5个人分，每人可得2000元，谁也不穷，谁也不富。要是其中的两个人用自己的2000元去做生意，每人又赚了1万元，那么这个社会的财富总量就达到了3万元。而其中的两个富人拥有2.4万元，占80%，三个穷人拥有6000元，占20%。

在这种情况下，我们能说三个穷人"穷了"是因为两个富人"富了"吗？不能。因为两个富人的"富"来自于社会财富的"增量"，而不是从另三个人手中夺取的"存量"。

不仅如此，两个富人在给自己创造财富的同时，也给三个穷人增加了就业机会和劳动收入。那样，在两个富人每人的财富总额达到1.2万元的时候，三个穷人每人的财富也就可能不再是2000元，而是3000元或者5000元。

有人说，贫穷是一种思想病，许多拥有巨额财富的人都没有令人艳羡的出身、财力雄厚的家庭背景和与生俱来的天才，他们甚至曾经在生存的贫困线下挣扎。但他们具有野心，敢于冒险，这使得他们摆脱贫穷，获得财富。

野心绝不是成就，但没有野心，肯定不会有成就。穷人缺少的不是金钱，而是因为心里的贫穷。

法国富翁巴拉昂去世后，《科西嘉人报》刊登了他一份特别遗嘱。

我曾是穷人，但当我走进天堂时，我却是一个大富翁。在跨入天堂门前，我不想把我的致富秘诀带走。在法兰西中央银行，我有一个私人保险箱，那里面藏有我的秘诀。保险箱的三把钥匙在我的律师和两位代理人手中。

谁若能通过回答"穷人最缺少的是什么"而猜中我的秘诀，他将得到我的祝贺。当然，那时我已不可能从墓穴中伸出双手为其睿智欢呼，但他可以从那只保险箱里拿走100万法郎，那是我给予他的掌声。

遗嘱刊出后，《科西嘉人报》收到大量信件。绝大部分的人认为，穷人最缺少的是金钱。穷人还能缺少什么？当然是钱了。还有一部分人认为，穷人最缺少的是机会，穷人最缺少的是技能，穷人最缺少的是帮助和关爱。总之，答案五花八门。

一年后，也就是巴拉昂逝世周年纪念日，律师和代理人按巴拉昂生前的交代，在公证部门的监督下打开了那只保险箱。

在48561封来信中，一位叫蒂勒的小姑娘猜对了巴拉昂的秘诀。蒂勒和巴拉昂都认为，穷人最缺的是野心，即成为富人的野心。

颁奖之日，主持人问9岁的蒂勒，为什么想到野心，而不是其他。她说："每次，我姐把她的男友带回家时，总是警告我：'不要有野心！不要有野心！'我想，也许野心可让人得到自己想得到的东西。"

财富炼金术

这个谜底震动了欧美，几乎所有的富人都予以认可，说出了自己成为富人的关键所在。这里说的"野心"，准确地说，应该是我们常讲的"雄心壮志"。我们难以设想，一个心志不高的人，一个没有远大目标的人，连一张蓝图都没有的人，能够创造出什么奇迹。

通常对富人之所以能致富，较负面的想法是认为他们运气好或从事不正当的行业；较正面的想法是认为他们更努力或克勤克俭。但万万没想到，真正的原因在于他们的理财习惯不同。投资致富的先决条件是将资产投资于高报酬率的投资标的上。而存放在银行无异于虚耗光阴，浪费资源。

小时候你花5分钱买一支雪糕，现在最便宜的雪糕是一元钱一支，这20年时间"同档次"的雪糕价钱涨了20倍。如果把这笔钱存在银行并要求它保持购买力不变的话，就要求银行的每年单利是100%左右，哪个银行有这样的利息？

穷人的钱不是资本。一个人用100元钱买了50双拖鞋，再拿到地摊上，每双卖3元，一共卖得150元。另一个人很穷，每个月都要从社会福利局领取100元的生活补贴，他全部用来买大米和油盐。

换种方式，每个月给穷人200元，让他可以用余下的100元去做卖拖鞋的生意，一个月下来就有150元；下个月还给他200元，他就可以用250元来买卖拖鞋，又可赚125元；到第三个月，这个穷人手里已经有了375元，除去100元生活费，还有275元资本金，你不用再给他任何救济了……

但实际上，很多穷人不会按你给他安排的道路前进。你给他100元，他会去买米；给他200元，他会去买酒买肉；给他500元，他会去买件好衣服，最后只剩下10元也要买几注彩票。哪怕你给他100万元，他也想立刻把钱变成房子、车子，风风光光地去兜风，好让所有人都知道他已经不是穷人了……穷人不仅是没有资本，更可悲的是没有资本意识。

有个人很穷，一个富人可怜他，想帮他致富。富人送给他一头牛，嘱咐他好好开荒，春天撒下种子，秋天就可以脱离贫穷。穷人满怀希望开始奋斗。可是没过几天，牛要吃草，人要吃饭，日子比过去还难。于是他想，不如把牛卖了，买几只羊，先杀一只吃，剩下的可以生小羊，长大可以卖更多的钱。

穷人的计划如愿以偿。只是吃了一只羊之后，小羊迟迟没有生下来，日子又艰难了，忍不住又吃了一只。穷人想，这样下去不行，不如把羊卖了买些鸡，鸡生蛋的速度要快些，日子立刻能好转。

穷人的计划又如愿以偿，但是日子并没有改变。艰难时，他又忍不住杀鸡，终于杀到只剩一只鸡时，穷人的理想彻底崩溃。心想，致富是无望了，不如把鸡卖了，打壶酒，一醉解千愁。

春天来了，富人兴致勃勃送来种子，发现穷人醉卧在地上，依然一贫如洗。富人转身走了，穷人继续贫穷。

很多穷人都有过梦想，甚至有过机遇，有过行动，但最终没能坚持到底。

【第二章】人穷志不穷

8. 发现自我，秉持本色

世界上的每个人都是独一无二的，也都是与众不同的，你就是你，你不能按照别人的眼光和标准来评判甚至约束自己，更不能效仿别人，应该保持自我的本色，做一个真正的自我，这才是生活中最重要的。

父子俩赶了头驴子到城里去卖，路人见了讥笑道："这两个人真笨，放着驴子不骑，却要走路。"于是父亲让儿子骑在驴背上，继续往前走。又听见旁人批评道："这个儿子实在不孝，自己骑驴让父亲走路。"

儿子羞红了脸，连忙下来，请父亲骑驴，再往前走。又听别人指责道："这个老子真霸道，自己骑驴，叫儿子走路。"做父亲的立觉不安，赶快跳下驴。父子二人面面相对，想了又想，最后决定合力扛抬驴子进城，这样别人该没话讲了吧？于是两人将驴子绑好，抬着走。结果，惹来更多的议论、讥笑，使这对父子窘迫万分，进退两难，完全不知道该怎么办才好，怎么做才对。

在人生中，会有很多的境遇如同故事中的状况一样，不管你怎么做，总不能令所有的人称好，总会有不同的意见，总会出现各种批评，总也免不了受人非议。在这种情形下，一份绝对的自我肯定，便成为稳定自己不可或缺的定力。否则，便如同那对乡下父子一样，不断地改换，不断地遭受否定，直到完全迷失了方向，不知如何是好。

我们每个人的生活面貌都是由自己塑造而成的，如果我们能学会接受自己的短处，看清自己的长处，便能脚踏实地，早日达到目标，也就不至于浪费时间精力，控制苦恼。一个人平安快乐的要诀就是要发现自我，秉持本色。

在美国北卡罗莱州，有一个叫艾莉丝的女孩，从小她的个性就极为敏感、羞怯，且身材略胖，再加上她母亲古板的教育方式，灌输她穿漂亮的衣服是愚蠢的表现，告诉她那样的"洋娃娃"充其量只是这个世界的装饰品。而且衣服太合身容易撑破，不如做得宽大一点。因此在这样的家庭环境下成长的她，从不参加任何聚会，也没有什么事值得她开心。上学后，她也不参加同学们的任何活动，甚至连体育活动也不参与。因为，她总觉得自己与别人"不一样"。

长大后，嫁给了一位年纪比她长几岁的先生，但她还是没有任何的改变。她的丈夫来自一个稳重而自信的家庭。她想要成为丈夫家人那样，但就是做不到。

她努力模仿他们，却总是不能如愿，她丈夫几次尝试帮她突破自己，也都适得其反，她的情绪越来越容易失控，变得紧张易怒，害怕见到任何朋友，甚至一听到门铃声都非常惊慌。后来，她觉得自己就快要崩溃了。

但她仍尽力维持一切安好，不希望丈夫发现真相，所以每次在公共场合，她都尽量装得十分开心，有时会夸张过了头，甚至她竟然产生了自杀的念头。最后，艾莉丝不但没有自杀，还充满自信地活了下来。

到底是什么改变了这位想自杀的妇人呢？归其原因只不过是一句不经意的话。有一天，她的婆婆和她谈起她是如何教育自己的子女，她说："不论遇到什么事，我都坚持让他们保持自我……""保持自我！"这几个字像一道灵光闪过艾莉丝的脑袋，她发现所有的不幸都起源于她把自己套入了一个不属于自己的模式里了。

一夕之间她变了！她开始试着保持自我。她首先研究了自己的个性，认清自己，并找出自己的优点。她开始学习怎样配色与选择衣服样式，以穿出自己的品位。也开始主动结交朋友，并加入一个团体——虽然只是一个小团体。

当他们请她筹办某项活动时，她刚开始很害怕，但是通过每次上台，她获得了更多的勇气。尽管这是一段相当漫长的过程，她花了相当长的时间来培养自信，但现在的她比过去快乐许多。

决策决定行动的方向。那些冲破人生难关的人，都是正确决策的操纵者。

正确的判断是冲破人生难关者一个经常需要训练的素养。

保持冷静的头脑首先要相信自己的头脑,不要由于缺乏必须的力量,就否定一个可能的观念成构想。反之,你要执著于伟大的,值得为之奋斗的构想,一一克服各种难题。

盲目行事,是许多人之所以不能冲破人生难关的根本;而真正能够冲破人生难关的人都有一个良好的习惯:在做事之前,一定要决策正确。没有正确的决策,等于已经走向了失败!

决策决定行动的方向。那些冲破人生难关的人,都是正确决策的操纵者。

很显然,冲破人生难关源自于正确的决策,正确的决策源自于正确的判断。人生中那些看似错误或痛苦的经验,有时却是最可宝贵的财产。在你综观全局,果断决策的那一刻,你的人生便已经注定。

两智相争勇者胜,冲破人生难关者之所以成功,乃在于他决策时的智慧与胆识,能够排除错误之见。正确的判断是冲破人生难关者一个需要经常训练的素养。

一位空军飞行员说:"第二次世界大战期间,我独个儿担任 F6 型战斗机的驾驶。头一次任务是轰炸、扫射东京湾。从航空母舰起飞后,一直保持高空飞行,然后再以俯冲的姿态滑落至目的地 300 英尺上空执行任务。"

"然而,正当我以雷霆万钧的姿态俯冲时,飞机左翼被敌军击中,顿时翻转过来,并急速下坠。"

"我发现海洋竟然在我的头顶。你知道是什么东西救了我一命的吗?"

"我接受训练的期间,教官一再叮咛说,在紧急状况中要沉着应付,切勿轻举妄动。飞机下坠时,我就只记得这么一句话,因此,我什么机器都没有乱动,我只是静静地想,静静地等候把飞机拉起来的最佳时机和位置。最后,我果然幸运地脱险了。假如我当时顺着本能的求生反应,未待最佳时机就胡乱操作了,必定会使飞机更快下坠而葬身大海。"

他一再强调说,"一直到现在,我还记得教官那句话:'不要轻举妄动而自乱脚步;要冷静地判断,抓着最佳的反应时机。'"

保持冷静的头脑首先要相信自己的头脑,不要由于缺乏必须的力量,就否定一个可能的观念成构想。

9. 生命的最终目标

成功意味着许多美好、积极的事物。

成功——成就，就是生命的最终目标。

人人都想要成功，每一个人都想要获得一些最美好的事物。没有人会喜欢过平庸的生活，也没有人喜欢自己被迫进入某种情况。

最实用的成功经验，就是"坚定不移的信心能够移山"。可是真正相信自己能移山的人并不多，真正做到"移山"的人也不多。

有时候，你可能会听到这样的话："光是像阿里巴巴那样喊'芝麻，开门'，就想使山真的移开，那是根本不可能的。"说这话的人把"信心"和"想象"等同起来了。不错，你无法用"想象"来移动一座山，也无法靠"想象"实现你的目标。

但是只要有信心，你就能移动一座山。只要相信你能成功，你就会赢得成功。

关于信心的威力，并没有什么神奇或神秘可言。信心起作用的过程是这样的：相信"我确实能做到"的态度，产生了能力、技巧与精力这些必备条件，每当你相信"我能做到"时，自然就会想出"如何去做"的方法。

全国各地每天都有不少年轻人开始新的工作，他们都"希望"能登上最高阶层，享受随之而来的成功果实。但是他们绝大多数都不具备必要的信心与决心，因此他们无法达到顶点。也因为他们相信自己达不到，以致找不到登上巅峰的途径，他们的作为也一直停留在一般人的标准。

但是还是有少部分人真的相信他们总有一天会成功，他们抱着"我就要登上巅峰"（这并不是不可能的）的积极态度来进行各项工作。这批年

轻人仔细研究高级经理人员的各种作为,学习那些成功者分析问题和作出决定的方式,并且留意他们如何应对进退。最后,他们终于凭着坚强的信心达到了目标。

那些相信他们能"移山"的人定会成功,而那些相信自己不能的人却只能做到他们所相信的程度,这是信心激发了成功的原动力。

事实上,在当今时代,信心所能成就的事要比"移山"大得多。在太空探险中,如果没有"我们必能征服太空"的伟大信念,那些科学家就不会有那么大的勇气、兴趣与热忱继续不断地研究下去。

相信会成功,是所有伟大科学新发现背后的动力。相信会成功,是那些已经成功的人所拥有的一项基本而绝对必备的要素。相信会成功,实实在在地相信,就会使你有能力获得成功。

与许多在各种职业中失败过的人谈话后,你能了解无数失败的理由和借口。比如他们会无意中说:"老实说,我原来就不认为它会行得通。"或"我在开始前就感到不安了。"或"事实上,我对这件事情的失败并不觉得太惊奇。"

他们大多采取"我暂且试试看,但我想不会有什么结果"的态度,结果最终导致了失败。

"不相信"是消极的力量。当你心里不以为然或怀疑时,就会想出各种理由来支持你的不相信。怀疑、不相信、潜意识要失败的倾向以及不是很想成功,都是失败的主要原因。

心存疑惑,便会失败;相信胜利,必定成功。

所以我们应当有高标准,提高自信心,并且执著、认真地相信必能成功。高标准会使你往高处走。

有句话说得很经典:高处有月亮,但是假如你的目标是苹果,那么就不必飞到一万米的高空,否则你既得不到月亮也看不见苹果。所以很多时候,要想把握住看得见的幸福,就要适当降低飞行高度。

有的时候,美好生活就在离你很近的地方,但是由于你把目光投得太远,结果反而错过了机会。所以,如果你打定主意要摘下那个苹果,你就要了解自己,明确自己的身高、臂长以及弹跳能力,同时,重新考虑一下自己的方向。或许，只需稍微调整一下，情况就会好很多。

理想的高度决定人生的高度。

人生因梦想而伟大。要攀登到人生山峰的最高点，当然必须要有实际行动，但首要的是找到自己的方向和目的地。如果没有理想，更高处只是空中楼阁，望不见，更不可及；要成就辉煌的人生，首先要有崇高的理想，理想的高度决定人生的高度。

理想如果定得太高太远，与自身能力不相符，长时间得不到实现，意志力、搏斗力会减退，因为心理得不到一定成功的满足感，遇到挫折时甚至会灰心丧气地放弃，那么就要了解自身的能力然后把自己的梦想定位在恰当、合适的位置上，有梦想固然很重要，其中有一个更为重要的决定因素：选择。"选择比努力更重要，选择不对，努力白费。"问问自己的内心需要——适合自己的就是最合适、最好的。就好比为自己的人生加一件外套，大了显得空洞，小了显得别扭。

要想画好翠竹，先要胸有成竹。

就简单的例子：我们经常去超市购物，有时会有这样的感觉，看到琳琅满目的货架上而忘记了自己要买什么，买了这个想起来了又去买另外的，跑来跑去，回去之后发现该买的东西很多没买到，时间花了不少，结果呢？可想而知了。

假如你有时间观念或做事有条理的人都会这样，购物前写一份购物单，要买什么，所购物大概在哪个地方放的，如果知道就可以直接去拿，不知道的情况下可以去问服务员。这样一来不是节余了很多时间了吗？

再如：万丈高楼起始于一张设计图纸，因为无论你要建造什么，基建于你事前的计划上建造；建造过程当中需要什么材料，甚至要在心中描绘好每一个线条和细节构造，做到胸有成竹。

无论你做什么事情，在你行动之前，你一定要明确地知道你的目标在哪里，清楚你应该朝哪个方向前进，千万不要在没有任何考虑的情况下盲目行动，这样会让你离正确的轨道越来越远。目标好比在大海中将要远航的航班，如果没有明确的前进航标，那么航班就如没头的苍蝇一样，乱飞乱撞，永远到达不到目的地。

财富炼金术

做什么事都要根据实际情况，不能强求，到了水到渠成的那一天，一切都会自然而然。来看两个事例。

一名非常有成就的歌唱家，她年轻的时候经常遇到这样的问题：有的时候，高音唱得很完美很圆润一气呵成，但是有的时候则根本唱不上去。为此她非常苦恼。后来她去请教一位名师，那位老师让她试着唱了唱，然后又听了她的情况介绍，建议她不要急着再去唱高音，而是每天做普通的发声练习。

再后来，战争爆发了，她没有机会唱歌，于是索性不唱。战争结束之后，她再去见她的老师时，发现自己居然能非常轻松地唱出高音。从那以后，高音对她来说再也不是挑战。她认为这是声音得到了完全休息的缘故。

另一个事例讲的是一个女人的恋爱婚姻历程。她条件很好，也很自信，她似乎看到了自己的锦绣前程，可是她一直没有找到合适的男朋友。当然这没有什么，单身也很好。但她并不满意自己的单身状态，她觉得至少应该有男人来爱她——她有那么多的可取之处。她等了很久，以至于后来开始抱怨自己"曲高和寡"。

后来她的知心朋友劝慰她说："既然你觉得高处不胜寒，为什么不下来一点呢？"于是，她稍微降低了一点自己的择偶标准，不再像展翅高飞的雄鹰一般"鸟瞰"男人。之后，她立刻发现自己有好多选择对象，而且这些人也并不像她原先所想的那样缺乏生活情趣。

人类给自己创造出世界，原本是要给自己幸福和快乐，却没想到自己会被这个创造出来的世界所挟持，以至于忘掉人生本来的目的。追求生活的幸福，是人在本质上真正的需要。

我们所追求的幸福应该是经过自身努力能触及的，形象地说就是跳一跳就能够得着的。目标太远，不易实现，非但不会给你带来幸福感，反而会带来心理负担。所以，不要对自己那么刻薄，让自己因无法得到所谓的幸福而苦恼。

在人生的两万多天时间里，没有人自始至终都是幸运儿。

10. 与压力和平共处

你自己发过豆芽菜吗？有没有发现，自己发的豆芽菜都细细长长的。好像营养不良似的。可是市场上卖的豆芽菜，肥肥胖胖的。其实，那是有方法的！

商家在发豆芽的时候。会在豆子上面盖上一层玻璃片之类的重物。当豆子要冒出芽来的时候，首先就会碰到这个压力。为了长出芽来，并有力量举起这层重物。

豆子会默契地一起顶住压力往上长。

关于压力，美国一学院曾经进行了一个很有意思的实验。实验人员用很多铁圈将一个小南瓜整个箍住，以观察南瓜逐渐长大时，对这个铁圈产生的压力有多大。最初他们估计南瓜最大能够承受250公斤的压力。

在实验的第一个月，南瓜承受了250公斤的压力；到第二个月时，这个南瓜承受了750公斤的压力。当它承受到1000公斤的压力时，研究人员必须对铁圈加固，以免南瓜将铁圈撑开。最后，整个南瓜承受了超过2500公斤的压力后，瓜皮才破裂。

研究人员打开南瓜。发现它已经无法再食用了。因为它的中间充满了坚韧牢固的层层纤维。为了吸收充分的养分，以便于突破限制它生长的铁圈，它所有的根往不同的方向全方位地伸展，直到控制了整个花园的土壤。

压力是生命的动力。豆芽因抵抗压力而变得又粗又壮，南瓜为了冲破压力而彻底改变内部结构，由此想到人生。

大自然中小小的生物，面对压力都能做出如此神奇的反应，我们人类面对逆境、面对压力，岂不更应该顽强抵抗吗？果真如此，还有什么困难

能吓倒我们？

李先生今年42岁，在一家广告公司担任行销部主管。他结婚已有20年，育有两子。他常以"半个废人"形容自己，其实他的身体状况还很好的，只是工作压力大了点。

由于他每年夏天都会带家人到乡间度假，因此对那种与世无争的田野生活格外羡慕——尤其是当他快被老板逼疯的时候。他可不是说着玩的，还曾认真地跟他的老婆商量，能否改变目前这种紧张的生活形态。

在获得首肯后，他真的放弃眼前那份高薪工作，跑到乡下当农夫。他买下一块人迹罕至的花圃，准备从头开始学起，反正有的是钱嘛。

结果呢？刚开始几个月，他这个新科花农还做得有模有样。但是好景不长，才经历了第一个寒冬后就发觉，这里真不是人住的地方：荒凉的景象，犹如到了西伯利亚；而他的老婆根本不可能和这里的乡下人打成一片，小孩每天也得换好几趟车才能到学校。

他知道打错算盘了，只是没料到结局会这么惨。当主管确实很累，不过当农民也轻松不到哪里去，搞不好还更累。

在另一方面，他和老婆向来都是社交圈内的人，如今要找邻居抬杠还得跑到几里外的地方；而在这种鸟不拉屎的乡村，也不可能有什么电影院、KTV之类的娱乐。有的只是睡觉，因为他每天都累死了。

在苦撑了一年之后，他们乖乖地搬回城里。他自称"老了10岁"，改行不但没发财，连老本都砸了。更可笑的是，他当了二十几年的上班族也都没事，在乡下窝了一年后反而累出一身病来，这真是他始料未及之事。

你看了这段话一定有某些感想，这是很自然的。每年总有数百万的人们基于退休或其他考虑，不得不改变目前的生活形态，也想趁这个机会让自己"解脱"。

这是好事呀！问题是，一般人往往只想到可以借此摆脱旧的包袱，却没想到该怎么去适应新的压力。你想过吗？当然啦，这对某些人而言不是问题，但并不是每个人的适应力都这么好。

张利是医院的高级主管，到了66岁那年才退休。虽然平日的工作时间非常长，精神压力也很大，但她30余年一直是乐在其中，反而还担心退休后会没事干。所幸她对园艺与绘画相当有兴趣，觉得能在晚年好好享受一番倒也是人生一大乐事。

种花养鱼的生活是悠闲的，但日子一久就觉得太无聊了。没办法，她平时忙惯了，闲不下来。每天一早起床发现不用上班，她就像泄了气的皮球似的瘫倒在床上，连吃饭的力气都没了。

久而久之，她干脆把自己关起来，邻居要见她一面比见总统还难。有一天家里的米缸见底了，她才心不甘情不愿地跨出家门，但还没走到店里就晕倒在街上，被路人送去急救。这下子医师傻眼了，因为实在找不出病因。

说来可笑，张利居然跟医师强调自己是"回光返照"，可以准备后事了。找个心理大夫谈谈吧。

你不难想见她挣扎了很久，拖了几周之后才硬着头皮去拜访一个以前的老同事。这个心理医师断定老友是因为没有做好退休规划，才会进出自闭症，因此建议她去二度就业，还主动帮她推荐医院的工作。

她顺利地回到医院，如今已届70高龄还是老当益壮，其实她的体力跟年轻小伙子哪能相比？然而工作压力所带给她的成就感，却让她全身的细胞动起来，再度成为社交场合的活跃人物。

有些人面对压力都急于摆脱，但所换来的却只是一道道新的考验。更糟的是他们晓得怎么去处理老问题，却不知道该如何面对新局面。

人们普遍有种倾向：要在压力下才能存活，不过必须是所熟悉的压力。当他们被炒鱿鱼时，身心马上就会出现不适的现象；而随着失业率的节节攀升，各大诊所都是人满为患。

医师往往发现，这些人不管是哪里痛，其实都是"心病"所引起的，而且还不是因为经济压力。

国家一份调查报告说，有377个被老板炒鱿鱼的人接受调查，他们在被炒之前身体状况一切正常，被炒鱿鱼还不到两周就浑身疼痛。在日日噩梦之后，有许多人得了慢性病。到了调查接近尾声时，竟然有超过三成的受访者得了心脏病！

这当然不是在吓唬你说应该要"从一而终"，绝不可轻易尝试新的生活形态。以不变应万变的心态并不可取，而且也不是每个人的适应力都这么差。

逃避压力是解决不了问题的，最好的办法就是和压力相处，做一个有心人，抛去旧的压力，想法迎接新的压力，并能克服和解决，创造人生奇迹。

在实际的人生历程当中，压力来自四面八方，无所不在。工作时，本职工作的压力，面对上司的压力；家庭里上有老下有小的压力……压力几乎无处不在，如影随形的跟着人一辈子。

说到底，当你面对压力时，除了抱着平常之心，清净之心和换个角度想问题之外；还要去解决它。寻找压力的根源，进而设法解决它。

上帝很公平，在你想到达的目的地里，有着胜利者的荣誉；同时，他也设计了许多压力在路程之中。就是说，你想做出多大的成就，就必须承受多大的压力。

藐视压力，换个角度去考虑压力，从生活的最大压力中解脱出来，便又向成功的彼岸迈出了一大步。

第三章　给思想洗澡

> **其**实，富人赚钱的根本原因是由于富人的思维模式以及他们对财富的深刻认识和掌控能力。穷人总是被动地思考问题，而富人却是积极主动地看待一切问题。是不是还有一些陈旧、慵懒的思想禁锢着你的行动？清洗一下大脑，让那些桎梏彻底灰飞烟灭，你才能做得更出色。

1. 拿出150%的努力

无论做什么事情，都要拿出150%的努力，这是你唯一的出路。

许多年前，一位很有智慧的老国王召集了他的大臣，要求他们："我要你们编一本《古今智慧录》留传给子孙。"

接受任务的大臣离开后，工作了很长时间，终于完成了一套12卷的巨作。国王看了说："各位先生，我相信这些都可以称得上是古今智慧的结晶，但是太多了，我想没人会愿意把它读完。精简点！"

这些大臣又努力工作了一段时间，几经删减，写成了一卷书。可国王还是认为太长，又命令他们再浓缩。

从一册到一章，从一章到一段，最后一段变成了一句："天下没有免费的午餐。"国王看后终于满意了，也很得意。

"各位先生，"他说，"这的确是古今智慧的结晶，我们全国各地的人只要知道这个真理，大部分的问题就可以解决了。"

你想要高职位、高薪水，可以；你想要体面的生活、别人的尊敬，可以；你想使你的家人、你的爱人幸福，可以……一切都可以，只要你努力。那些不愿意付出的人，必然一无所获，因为天下没有免费的午餐，不劳就没有得，幸福是不会从天而降的。

机遇只会留给有准备的人。看到别人升职加薪，有人也许会有"凭什么是他不是我"的不满。其实，别人凭借的就是在你没有看到的时候所做的努力。这是个讲究愿买愿卖、双向选择的世界，没有人逼你一定要一天工作12个小时，你不愿意当然可以不做。但是，当你做的时候，要时刻记住：带着笑脸去做。

在一家跨国汽车公司，山姆只是技术支持中心一名普通的工程师，但他非常想干好毕业后的这第一份工作。

当时经理考核他的标准是每个月完成了多少任务，解决了多少客户的问题，花了多少时间在客户身上，这些都记录在公司的报表系统每月给他出的"成绩单"上。

每月得到这个"成绩单"时，山姆才会知道自己上个月做得怎么样，在整个队伍里处于什么样的水平。他想，如果可以比较快地得到"成绩单"报表，从数据库内部推进到每天都有一个报表，从经理的角度，岂不是可以更好地调配和督促员工？而从员工的角度，岂不是会更快地得到促进和看到进步？

与此同时，他还了解到现行的月报表系统有另外一些缺陷：当时纽约技术支持中心只有三四十人，如果遇到新产品发布等原因业务量突然增大或者一两个员工请病假，很多工作就会被耽误甚至直接接到客户投诉。

这两方面都让山姆觉得中心要有更快速反应的报表系统，而当时使用的报表系统是从底特律公司照搬过来的，底特律有3000名工程师，即使业务量突然增大或有十来名员工请病假也没什么原则上的大问题。

意识到这些问题后，山姆花了一个周末的时间做出了一个具有他所期望的基础功能的报表小程序，并向分公司的经理展示了一下这个小程序。他的想法和小程序非常有价值，经理鼓励山姆完成并花了很多时间与他探讨希望看到哪些数据。

一个月后，山姆的"业余作品"实际投入了使用。在业余时间里，山姆每个月都不断新增报表系统的功能。这套系统的应用范围不断扩大，后来，这个系统在许多分公司也得到了采用。

由于山姆出色的创新性工作，他获得了一个重要的升迁机会。因为他勇于承担责任，这使公司的高层看到了他的一些潜在品质，认为他可以从更高的管理角度思考问题，便让他组建亚洲现场支持部。

被提升做经理以后，山姆开始更多地从经理角度考虑如何为公司增加价值。

长颈鹿的脖子也不是天生就那么长，人也不是天生就能够直立行走，同样地，如果你希望将自己的右臂锻炼得更强壮唯一的途径就是利用它来

做最艰苦的工作。

相反，如果长期不使用你的右臂，让它养尊处优，其结果就是使它变得更虚弱甚至萎缩。

有一个叫艾伦女职员，在一家律师事务所工作，她的新工作，不仅能够给她带来更多的报酬，更重要的是，她觉得这份工作更适合她，更能发挥自己的积极性。她之所以能够得到这样一份令自己感到满意的工作，完全是得力于一件很小的事情。

一个周六的下午，一位律师，他的办公室和艾伦是在同一层楼，走进来问她，在哪里可以尽快找到一位速记员，手头有些工作必须当天完成。

艾伦告诉他，公司所有的速记员都出去聚餐了，如果晚来五分钟，她也会走。但看到律师失望又着急的样子，她说道："其实这次聚餐也不是多么重要，聚餐随时都可以举行，但是工作必须在当天完成。我可以留下来帮忙，你稍等下，我和同事打个招呼。"

当工作完成后，律师问艾伦应该付她多少钱。艾伦本来就打算是义务帮忙的，于是开玩笑地回答："如果是别人的工作，我是不会收取任何费用的。但是呢，既然是你的工作，你就付给我1000元吧。"律师听完后，笑了笑，向艾伦表示谢意。然后就离开了。

两个之后，当艾伦差不多已经将这件事情忘记的时候，律师找上门来，给她拿来1000元现金。艾伦感到很惊讶，说道：

"我当时只是开玩笑的，能够帮你解决燃眉之急我感到很开心，钱我就不收了，再说，也不可能得到这么多的钱的。"

律师笑着回答说："按时间，也许不能给你这么多的报酬，但是从你完成的工作的效率上，完全应该得到这么多的报酬，当时说好的，你就收下吧。""反正这是公司应该的支出"，这次，律师也顽皮地说。

"我这次来，最主要的目的不是为了还钱，而是邀请你到我们公司上班，薪水是在你原来的基础上增加1000元，工作可以由你自己选择自己最感兴趣的。具体职务到时候再商量。"就这样，艾伦放弃自己的休闲时间去帮助他人，就因为这样一个小小的事情，而得到令自己满意的比以前更重要、收入更高的职务。

机会总是以"问题"姿态出现在我们面前，所以，很多时候，当机会来临时我们一时难以辨认。

当顾客、同事或者老板交给你某个难题时，其实，正是为你创造了一个不可多得的好机会。不要找一些理由去拒绝，只要是自己可以做到的，就积极地伸出援助之手，把自己当成这件事情的责任人，用全部的精力将这些问题解决好。

【第三章】给思想洗澡

2. 让才华成为"先进生产力"

在这个世界上，能够创出伟绩与成就的人，有哪一个不是智商出众而才华横溢的聪明人？那些造出了亿万身家的商界富翁，有谁不是搏击商海纵横人生的高手？

穷人的结局，怎么会与才华相连，与聪明相伴？！

然而，当我们在细致观察静心思索之后，却不得不接受这一个看似矛盾、又大量存在于我们周围而令人惊异不已、却是甚为冷酷的客观事实：在这个世界上，的确到处都是有才华的穷人！

在穷人集堆的下岗者大军之中，我们可以不费力便能发现到一些几年前、十几年前、甚至二三十年前毕业的大学生，不仅他们那常常是厚厚的高度近视眼镜片，能证实他们曾有过的博学知识，而从他们谈吐出来的言语中，更是常常可以显示其学识的不凡与口才的雄风。

而最特别的是，尽管他们人生的进程已到了其生存都有危机之际，但在他们不经意的言谈中，却从来不会有对比尔·盖茨或李嘉诚们表示叹服的美言，更始终不会给柳传志、任正非、刘永行、张朝阳们送以尊敬的口吻，对那些人生的成功者，他们的结论却常常也令人困惑的都是同一个："老子运气不如他们而已！"

仿佛，比尔·盖茨或李嘉诚他们所拥有的那几百亿资产，全是运气的赠物；柳传志、刘永行们创出来的那一个个财富公司，都是天上掉下来落到那些人头上的馅饼；而他们的困境，却是老天爷犯有分配不公错误的结果。

"否则，凭老子这些本事，难道不也就是另一个李嘉诚、柳传志？！否则，老子也就是另一个大富翁，而不会虎落平阳！"

——他们常常会这样的愤世嫉俗，更伴有冲冲的怒气。

但是，他们这坠入穷人行列的理由，实在太牵强。

有些人虽然尚未跌入失业者的队伍，虽然他们还在某一个大公司有着一份光鲜的工作，但是，在他们自己心中，以及同行者的眼光中，他们却也有了穷人的征兆：或是他们工作已长达数年，却没能像其他同辈那样富有，不仅既没有自己赚上多少钱，也没能为后代提供优裕的生活与学习条件，而且，又还全然没有升职加薪的美好前景。或是，那被公司炒鱿鱼的阴影，竟常常落在他们的附近，而在今天这个社会，如果没有了工作职位，也就意味着是向穷人的位置靠拢。

这类尚还在各种公司职位上呆着的打工者，更常常大多是有着种种才华标志的聪明人，其高等学府的文凭亮出来，足可以让那些做着体力劳动的民工们对其仰视钦羡万分，而或能熟练地说出洋文，或可不费力地操作电脑编制程序，或对世界500强大企业情况了如指掌等专业水平，更能使各公司的人力资源主管们连连点头。

然而，工作多年，他们却始终没有能成为企业老总那样的富人，也没有能成为有车有房、以公司白领的舒适生活特征为身份的中产阶级，甚至，摆脱滑向穷人命运的危险，倒经常成为他们不能不认真对待的大问题——虽然，他们总是没能认真对待这个问题。

这也是一批有才华的穷人。

有才华的穷人，虽然经常会炫耀他们的才华，可是，才华却又并未能给他们带来成为富人的美妙现实，相反，他们只能在穷人堆或穷人堆的边缘，或无奈地抬头向月，或一厢情愿地白日做梦。

为什么人的才华这种"先进的生产力"，在很多人的身上，竟没能创造出相应的财富与成就？

也许可以套用政治经济学中的一个名词来解释：他们没能处理好自己面临的"生产关系"，他们对任何工作对任何创造，都缺乏一种本不可少的敬业精神。

人的才华是通向财富之路的必要因素，但，却还不是全部因素。

只有在一个诚心敬业的平台上，人的才华，才能够发挥它巨大的"先

进生产力"作用,从而转化为事业的成功之结果。

然而,相当数量有才华有本领有能力的聪明人,轻视了才华必须赖以立脚的敬业精神之平台,甚至将敬业精神的本质当成愚笨呆板的外化,全然忽视不理,而以为凭他们具有的才华那个独轮,就可以载运自己到达幸运之境地。这样的情况,在急功近利风行的今天,尤为常见。

我们经常可以看到,有些人确有天才的头脑,敏锐的眼光,独到的创造思想,甚至他们还能获得大笔创业的资金,世间一切为进行打造成功的客观条件,他们常常都不缺少。但是,数年过去,他还是他,既没能成为富翁,也没能搞成事业,依然徘徊于其人生的起点。

为什么?因怕吃苦,耐不得奋斗中的寂寞。

我们也常常能够发现,很多公司的员工,讲技术能有一套套,论专业则极具水平,学历够高,见识也不少,而且大多年富力强精力旺盛。然而,经年拼搏,他们却始终没有进入高级白领的行列,在公司位置与整个人生的金字塔结构中,他们仍还处在最大部分的底层,不仅与车与房均无缘,而且还常常面临裁员下岗的危险。

为什么?因其不珍重所处的工作。

敬业精神所包含的要素至少有两条。

欲做创业的英雄公司的老板,你就得能在物质与精神上吃得大苦,能耐得住奋斗中常有的寂寞;而那求能登上舒适白领阶层高级职员位置做做打工皇帝打工大师者,你就得安心职守努力工作摆正自己位置忠于付薪水给你的企业,并始终以此去赢得企业对你敬业态度的回报。

既想做创业英雄公司老板,却又不能像老板那样没日没夜的思虑工作,不能像老板那样在孤独与寂寞中独力支撑事业面临的压力,还不能像老板那样小心翼翼决不意气用事地对待与处理各种人事关系,总之,不能像老板那样尽心敬业,你又怎么能成功?怎么能成就大业进入富翁榜?

而欲追求那种打工皇帝高级白领神仙般舒适生活,却又不能安心职守尽心努力的工作,不能明白自己的位置而对付给自己薪水的企业报以忠诚,并且心底里老是这山望得那山高,常怀见异思迁的跳槽之念,甚至只为贪图一时之利,不惜利用职务之便做损害自己所在企业的事,还自以为是在追求"实惠"。

这等漠视敬业规则的心态，又怎能让你腾跃上打工皇帝舒适白领的天堂？又如何不使你长久呆在人生金字塔的底层?!

才华固然不应成为坠入穷人队伍的理由，但一个没有敬业精神，甚至毫无敬业观念的人，哪怕他是天才，都只会也只配与贫穷为伴！

这不是咒语，不是道德审判，而的的确确是某种人生规律的真实现况。

敬业精神，使这些人或数年十几年在同一个企业中努力工作，"多年的媳妇终于熬成婆"，长期对专业业务的熟练与认真，使打工仔打工妹已变为了白领主管。没有哪一个企业，仅凭老板一人单枪匹马就可打天下的，而必须有一个团队的配合才行。老板固然是队长，但他时时刻刻在心中都少不了要员工的支持，也要挑选能支持他的员工。而能否敬业，永远是天下所有企业老板衡量一切员工的首要标准。

敬业之心，也让这些人中的很多都成为企业巨子。由于敬业，能使任何只赚取微利的小企业小生意，都一步步发展为参天大树。

众所周知，浙江很多民营企业，就是靠做一件只赚几分钱、甚至几毫钱的小商品，而演变为资产数亿的大公司的。

二十多年的尽心尽意的专业经营以及扎扎实实诚心敬业带来的高质量，凭每只一分钱利润的打火机，温州的民营企业今天竟能打败现代化的日本公司，杀入并占据日本市场。而且跟整个欧洲的标准抗衡，以世界最大生产厂家的身份叫板欧洲商人，获得中国打火机的欧洲市场准入份额；凭每支利润的数字在"分"的前面还要加若干位小数点的饮料吸管，浙江一家民企的产品，竟已雄踞天下国际市场的几分之一。

人们常爱说机会，爱说运气。其实，即便没有大机会，没有大运气，只需敬业，此生你就不会做一个穷人。只需敬业，你也能跃上企业大老板的富翁地位。

一切自认为有才华的聪明人，如果你还在做穷人，就请你再聪明一次：捡回你丢失的宝贝——敬业精神。这样，你将很快告贫穷，而搭上致富的时代列车。

3. 穷变富的哲学

你认为自己是一个贫穷的人吗？如果是，你是否想过改变自己的现状，从现在起积累自己的财富，迈向富人的行列？读读以下的这些哲学，或许会对你有所启发。

(1) 将生活费用变成第一资本

一个人用100元买了50双拖鞋，拿到地摊上每双卖3元，一共得到了150元。另一个人很穷，每个月领取100元生活补贴，全部用来买大米和油盐。同样是100元，前一个100元通过经营增值了，成为资本。后一个100元在价值上没有任何改变，只不过是一笔生活费用。

贫穷者的可悲就在于，他的钱很难由生活费用变成资本，更没有资本意识和经营资本的经验与技巧，所以，贫穷者就只能一直穷下去。

财智哲学：渴望是人生最大的动力，只有对财富充满渴望，而且在投资过程中享受到赚钱乐趣的人，才有可能将生活费用变成"第一资本"，同时，积累资本意识与经营资本的经验与技巧，获得最后的成功。

(2) 最初几年困难最大

其实，贫穷者要变成富人，最大的困难是最初几年。财智学中有一则财富定律：对于白手起家的人来说，如果第一个百万花费了10年时间，那么，从100万元到1000万元，也许只需5年，再从1000万元到1亿元，只需要3年就足够了。

这一财富定律告诉我们：因为你已有丰富的经验和启动的资金，就像汽车已经跑起来，速度已经加上去，只需轻轻踩下油门，车就会疾驶如飞。开头的5年可能是最艰苦的日子，接下来会越来越有乐趣，且越来越容易。

财智哲学：贫穷者不仅没有资本，更可悲的是没有资本意识，没有经营资本的经验和技巧。贫穷者的钱如不是资本，也就只能一直穷下去。

(3) 贫穷者的财富只有大脑

人与人之间在智力和体力上的差异并不是想象的那么大，一件事这个人能做，另外的人也能做。只是做出的效果不一样，往往是一些细节的功夫，决定着完成的质量。

假如一个恃才傲物的职员得不到老板的赏识，他只是简单地把原因归结为不会溜须拍马，那就太片面了。

老板固然不喜欢不尊重自己的人，但更重要的是，他能看出你的价值。同样，假如你第一次去办营业执照，就和工作的人吵得不可开交，可以肯定，你开的那个小店永远只能是个小店，做大很难。这样的心态，别说投资，连日常理财都难做好。

很多投资说到底是一种赌博，赌的就是将来的收益大于现在的投入。投资是件风险极大的事，钱一旦投出去就由不得自己。

贫穷者是个弱势群体，从来没把握过局势，很多时候连自己也不能支配，更不要说影响别人。贫穷者投资，缺的不仅仅是钱，而是行动的勇气、思想的智慧与财商的动机。

贫穷者最宝贵的资源是什么？不是有限的那一点点存款，也不是身强力壮，而是大脑。以前总说思想是一笔宝贵的精神财富，其实在我们这个时代，思想不仅是精神财富，还可以是物质化的有形财富。一个思想可能催生一个产业，也可能让一种经营活动产生前所未有的变化。

财智哲学：人与人之间最根本的差别不是高矮胖瘦，而是装着经营知识、理财性格与资本思想的大脑。

(4) 对自身能力的投资

有一位伟人的话，大意是一个人的价值大小，不是看他向社会索取多少，而是看他贡献多少。相比之下，按劳分配并不是按你的劳动量来分配，而是要你生产出更多的价值。只要你愿意，你劳动的能力越强，创造的价值越多，就越可能获得高的收入。多劳多得的根本是质而不是量，贫穷者最根本的投资是对自身能力的投资。

【第三章】给思想洗澡

财智哲学：说到资本家，贫穷者就联想到那些剥削工人剩余劳动价值的人，心中自然有种抵触。实际上，只要你愿意，你也可以当资本家，资本市场是向每一个人开放的，其中也有你的那一份天地。

（5）教育是最大投资

学历只是一般教育的证明，学校里学到的只是一些综合性的基础知识，人一辈子都需要重新学习。

有一篇报道，江苏省 2003 年高学历（本科及以上）者人均年收入超过 11 万元，小学文化程度者只有 3708 元，二者相差近 30 多倍。经济收入的悬殊，已经造成实际上的高低贵贱。在当今社会，要想过上稍稍像样一点的生活，就必须有一个高学历。

财智哲学：教育是最大的投资，对很多贫穷者来说，他们的命运是和受教育程度密切相关的。因为贫困不是一种罪过，但贫困中的人都不得不承受它的恶果。

（6）勿以运气为贫穷开脱

关于资本的故事每个人都听过不少。比如某个美国老太太，买了100股可口可乐股票，压了几十年，成了千万富翁；某位中国老太太，捂了10年深发展原始股，也成了超级富婆。故事的主角都是老太太，笨头笨脑，居然一弯腰就捡了一个金娃娃。

从理论上讲，美国老太和中国老太的投资都是成功的，但对更多的人而言，却很难有什么推广价值。两个老太太凭什么能够坚持捂股？不是理智的分析，也不是坚定的信心，而是什么都不懂，要么是压在箱底忘在脑后了，要么是运气的因素。

贫穷者把很多事情都归于运气。因为只有运气是最好的借口，可以为自己的贫穷开脱。"运气不好"是所有失败者的疗伤良药。

财智哲学：在商品经济时代，人人都会有运气，不劳而获不仅是可耻的，而且是不可能的。一个人之所以有权获得收入，是因为他为社会生产出了产品，社会才给了他的回报。

（7）知本向资本靠拢

有个故事说的是一个国王要感谢一个大臣，就让他提一个条件。大臣说:"我的要求不高,只要在棋盘的第一个格子里装1粒米,第二个格子里装2粒,第三个格子里装4粒,第四个格子里装8粒,以此类推,直到把64个格子装完。"

国王一听,暗暗发笑,要求太低了,照此办理。不久,棋盘就装不下了,改用麻袋,麻袋也不行了,改用小车,小车也不行了,粮仓很快告罄。数米的人累昏无数,那格子却像个无底洞,怎么也填不满……

国王终于发现,他上当了,因为他会变成没有一粒米的穷者。一个东西哪怕基数很小,一旦以几何级倍数增长,最后的结果也会很惊人的。

贫穷者的发展难,起步难,坚持更难。就那么几粒米,你自己都没了胃口。可一件事情的成功,往往就在于最后一步。当基数积累到一定的时候,只需要跳一下格子,你就立地成佛了。

这之前的一切都是铺垫,没有第一粒米,就没有后面的小车大车,这个过程是漫长的,也是艰难的。但是世界上聪明的人很多,有知识的人遍地都是,但真正能发大财的却少,要把知识变为知本,只有和资本联姻才行。

财智哲学:富人靠资本生钱,贫穷者靠知本致富。以知本作为资本,赤手空拳打天下,可能是现代贫穷者们最后也最辉煌的梦想。

但是,一个生活在底层的人,很难有俯瞰的眼光和轩昂的气度,贫穷者内心最缺乏的其实就是这种自信。

4. 大胆地施展自己的专长

据调查，有将近一半的人正是因为找到了自己最擅长的职业，才彻底地掌握了自己的命运。对很多人来说，发现自己擅长做什么事，是一个比较困难的问题，因为他们宁可相信别人，也不相信自己。

其实，不必看轻自己，要相信你的能力是独一无二的。社会上大多数的人，只会羡慕别人，或者模仿别人做的事，很少有人去认清自己的专长，了解自己的能力，然后锁定目标，全力以赴，所以大多数人不能够成就大事。

据调查，有28%的人正是因为找到了自己最擅长的职业，才彻底掌握了自己的命运，并把自己的优势发挥到淋漓尽致的程度。相反的，有72%的人正是因为不知道自己适合的职业，而总是做着自己不擅长的事，因此，工作既得不到成就感，又无法在那行业成为顶尖人才，更谈不上成就大事了。

实际上，世界上大多数人都是平凡人，但大多数平凡人都希望自己有番不平凡的作为，希望自己能够成就大事，以实现梦想，才华获得赏识，能力获得肯定，拥有名誉、地位、财富。但令人遗憾的是，真正能做到的人，似乎总是不多。

如果你用心去观察那些成功人士，会发现他们几乎都有一个共同特征：不论聪明才智高低与否，也不论他们从事哪一种行业、担任何种职务，他们都在做着自己最擅长的事。

从很多例子可以发现，一个人的成就主要来自他对自己擅长工作的专注和投入，无怨无悔地付出努力，才能享受甘美的果实。

一位知名的经济学教授曾经引用三个经济原则做了贴切的比喻。

他指出，第一点是经济学强调的"比较利益"，正如一个国家选择经济发展策略一样，每个人都应该选择自己最擅长的工作，做自己专长的事，才会胜任并感到愉快。换句话说，当你与别人比较时，不必羡慕别人，你自己的专长对你才是最有利的。

第二点是"机会成本"原则。一旦自己做了选择之后，就得放弃其他选择，两者之间的取舍就反映出这一工作的机会成本，于是你了解到自己已作出决定，没有别的路可选了，必须全力以赴，这无疑能增加你对工作的认真程度。

第三点是"效率原则"。工作的成果不在于你工作时间有多长，而是在于成效有多少，附加价值有多高，如此，自己的努力才不会白费，才能得到适当的回报与肯定。

选择职业，不单单是找一个能养活自己的工作，这一过程本身就是一个发现自己、认识自己的过程。因此，在开始就业过程之前，要对自己有一个清醒的认识，认清自己的优点、缺点、长处、短处。

首先要从客观实际出发，估计一下自己能否胜任某项职业的要求，扬长避短，而不是一窝蜂地冲向最热门的行业。

一个人要避免从事自己很不感兴趣、特别不擅长的工作，否则对自己、对别人都会是莫大的损失。把工作当成一件愉快的事情去做，才能专心致志的投入。

另外，还要注意适时调整。职业生涯是漫长的，尤其是在市场经济的现代社会，很多人都不可能在一个岗位上工作一辈子。

正如管理大师彼得·德鲁克所说："对你而言，你所做的工作选择是正确的概率大概只有百万分之一。"

如果你认为你的第一个选择是完全正确的，那可能只能说明你是懒惰的，你不愿意生活有所变化。只有通过大量的、不断的搜寻和转变，才可能发现一条令你满意的职业发展道路。

境遇是自己开创的，成功人士的丰硕成果也是自己造就的。你不必看轻自己，你要相信你的能力是独一无二的，你或许正在完成一件了不起的事，有朝一日，你也会成为大家羡慕的成功人士。

　　一个人做自己擅长的事，脚踏实地是获得成功的一大法宝。每个人在年轻的时候都会立志，有的人想当科学家、发明家或者大文豪，各个看起来志向远大，脸上都洋溢着梦想的光彩。

　　年轻人难免都会崇拜偶像，希望找到学习的模范，但不是每个人都能当科学家、发明家。所以必须培养一技之长，一步一步去累积自己的个人资产，才是迈向成功之路的要素。

　　也就是说，使一个人获得成功的方法在于：该花的心血一定要投入，该有的过程一定要经历。人生充满变数，一个人的成败与否，不单看他天生的资质如何，更多的要看他是否有毅力。

　　人应该要有梦想，否则就失去了奋斗的目标与方向，但成功的条件必须日积月累地做好准备，你可以立志做大老板，做大文学家，但绝对不要躺在原地等待。

　　以下提供你几项建议，以便你在选择自己擅长的工作时作为参考之用。

　　第一，阅读并研究有关选择职业的建议，这些建议必须是由最权威人士提供的。但不要听信那些说他们可以给你做几项测验，然后指出你该选择哪一种职业的人。这种人的做法已经违背了职业辅导员的基本原则，他们没有考虑被辅导人的健康、社会、经济等各种情况，也没有提供就业机会的具体资料，是毫无科学根据的。

　　第二，避免选择那些早已热门得不得了的职业。在美国，谋生的方法共有两万多种。想想看，两万多！但年轻人仿佛都不太了解这一点。结果呢？在一所学校内，三分之二的男孩子选择了五种职业——二万种职业中的五项，而女孩子中更有五分之四是这样。

　　难怪总有少数的职业会人满为患，难怪白领阶层会产生不安全感和忧虑。尤其是，如果你要进入法律、新闻、广播、电影这些光鲜亮丽的职业，这些已人潮汹涌的圈子，你必须要费一番大工夫。

　　第三，避免选择那些工作机会只有十分之一的行业，如推销人寿保险。每年有数以千计的人事先未打听清楚，就贸然从事推销保险的工作。

　　第四，在你决定投入某一项职业之前，先花几个礼拜的时间，对该项工作做个全盘性的了解。如何才能达到这个目的？你可以和那些已在这一行业中从事10年、20年或30年的人士谈谈，这些会谈对你的将来可能有极深的影响。拿破仑·希尔从自己的经验中了解到了这一点。

拿破仑·希尔在二十几岁时，向两位老人家请教过职业上的问题，后来回想起来，他发现那两次谈话其实是他生命中的转折点。事实上，如果没有那两次谈话，他的一生将会变成什么样子，实在是难以想象。

记住，你是要做出你生命中最重要且影响最深远的两项决定（事业与婚姻）中的一项。因此，在你采取行动之前，应该多花点时间探求职业的真面目。如果你不这样做，接下来的时间，你很有可能活在后悔之中。

另外，还得克服"你只适合一项职业"的错误观念！每个正常的人，都可以在多项职业上造就成功，相对地，每个正常的人，也可能在多项职业中成为失败者。

以卡耐基为例，如果以他自己自修并准备从事下述各项职业，他相信，成功的概率一定很高，对于所从事的工作，也一定能深感愉快。这一类工作包括：农艺、果树栽培、农业科学、医药、销售、广告、报纸编辑、教育、林业。

另一方面，他相信下述的工作，他一定不喜欢，而且也会失败：簿记、会计、工程、经营旅馆和工厂、建筑、机械以及其他数百项活动。这是卡耐基自述自己专长与职业关系时的事实，值得我们参考。

在这些选择职业应注意的事项中，不管有怎样的规定，都以选择自己喜欢、擅长的事为基准，美国著名行为学家杰克·豪尔在题为《从自己的专长着手打造成功》的报告中，非常明确地指出："人与人之间的竞争，不是聪明与不聪明的比赛，而是不同专长的比较，或者说各自在专长方面显示的能力如何，成功者都是因为在专长上充分施展了自己的优势。如果一个人能在自己的专长上发挥上86%的能力指数，那么他就可以获取成功了。"

辜负上天赐予你的天赋是一大罪恶。请先认清自己最独特之处，然后加以发挥，不仅自己会得到成就的喜悦，也达到上天"派遣"你服务人群的目的了。

【第三章】给思想洗澡

5. 时刻当心"墨菲定律"

爱德华·墨菲是一名工程师，他曾参加美国空军于1949年进行的MX981实验。这个实验的目的是为了测定人类对加速度的承受极限。

其中有一个实验项目是将16个火箭加速度计悬空装置在受试者上方，当时有两种方法可以将加速度计固定在支架上，而不可思议的是，竟然有人有条不紊地将16个加速度计全部装在错误的位置。于是墨菲做出了这一著名的论断，并被那个受试者在几天后的记者招待会上引用。

几个月后这一"墨菲定律"被广泛引用于与航天机械相关的领域。经过多年，这一"定律"逐渐进入习语范畴，其内涵被赋予无穷的创意，出现了众多的变体，其中最著名的一条也被称为 Finagle's Law（菲纳格定律），具体内容为：If anything can go wrong, it will.（会出错的，终将会出错。）。这一定律被认为是对"墨菲定律"最好的模仿和阐述。

既然要防止墨菲定律的产生，那么什么是墨菲定律呢？这个定律是由美国的一名上尉墨菲流传出来的，他认为他的某位同事是个倒霉蛋，不经意说了句笑话："如果一件事情有可能被弄糟，让他去做就一定会弄糟。"

这句话迅速传了下来，经过多年的传播，产生了很多的变换，同样道理的还有很多"不要以为自己很重要，因为没有你，太阳明天还是一样从东方升上来！""你丢掉东西时，最先去找的地方，往往也是可能找到的最后一个地方。""别试图教猪唱歌，这样不但不会有结果，还会惹猪不高兴！"通常就和我们所说的"屋漏偏逢连夜雨"差不多。

我们都有这样的体会，如果在街上准备拦一辆车去赴一个时间紧迫的约会，你会发现街上所有的出租车不是有客就是根本不搭理你，而当你不需要租车的时候，却发现有很多空车在你周围游弋，只待你的一扬手，车随时就停在你的面前。

如果一个月前在浴室打碎镜子，尽管仔细检查和冲刷，也不敢光着脚走路，等过了一段时间确定没有危险了，不幸的事还是照样发生，你还是被碎玻璃扎了脚。

如果你把一片干面包掉在你的新地毯上，它两面都可能着地。但你把一片一面涂有果酱的面包掉在新地毯上，常常是有果酱的那面朝下。

比如你每天出门都带着雨伞，可总也不下雨。当你这一天不想再带伞出门时，则往往会赶上下雨。

再比如你去排队买东西，窗口前有几条相同长度的队伍。这时，你所加入的队伍往往是最慢的。

根据"墨菲定律"：

任何事都没有表面看起来那么简单；

所有的事都会比你预计的时间长；

会出错的事总会出错；

如果你担心某种情况发生，那么它就更有可能发生。

其实就是说，很多事情不是我们想怎么样就怎么样的，有时候不想发生的事情不管概率多小都会发生，做事的时候不要老存在着侥幸的心理。

人类虽然越来越聪明，但容易犯错误是人类与生俱来的弱点，不论科技有多进步，有些不幸的事故总会发生。而且我们解决问题的手段越高明，面临的麻烦就越严重。同样，我们在安排自己计划的时候要按照实际的情况来安排时间，不能妄自尊大，否则麻烦可能就会找上你了。

对于亘古长存的茫茫宇宙来说，人类的智慧只能是幼稚和肤浅的。世界无比庞大复杂，人类虽很聪明，并且正变得越来越聪明，但永远也不能完全了解世间的万事万物。人类还有个难以避免的弱点，就是容易犯错误，永远不犯错误的人是不存在的。正是因为这两个原因，世界上大大小小的不幸事故、灾难才得以发生。

2003年美国"哥伦比亚"号航天飞机即将返回地面时，在美国得克萨斯州中部地区上空解体，机上6名美国宇航员以及首位进入太空的以色列宇航员拉蒙全部遇难。

财富炼金术

"哥伦比亚"号航天飞机失事也印证了墨菲定律。如此复杂的系统是一定要出事的，不是今天，就是明天，合情合理。

一次事故之后，人们总是要积极寻找事故原因，以防止下一次事故，这是人的一般理性都能够理解的，否则，或者从此放弃航天事业，或者听任下一次事故再次发生，这都不是一个国家能够接受的结果。

这其实是概率在起作用，人算不如天算，如老话说的"上的山多终遇虎"。还有"祸不单行"。如彩票，连着几期没大奖，最后必定滚出一个千万大奖来，灾祸发生的概率虽然也很小，但累积到一定程度，也会从最薄弱环节爆发。

这就告诉我们，不出现错误是不可能的，不管发达到什么程度，总会有想不到的问题产生，妄自菲薄地认为自己的计划完美无缺总会失败。在我们给自己的未来做规划的时候，遇到不能确定的时候，不要有可能可以的心理，通常这时候都过不了。

因此我们不管在做什么的时候都应该考虑全面、周到一些。如果真的发生不幸或者损失，就笑着应对吧，关键在于总结所犯的错误，而不是企图掩盖它，"塞翁失马，焉知非福"呢！所以关键是要平时清扫死角，消除安全隐患，降低事故概率。怕什么来什么，好的状态是只想技术要领，忘掉自己。

其实，归根到底，"错误"与我们一样，都是这个世界的一部分，狂妄自大只会使我们自讨苦吃，我们必须学会如何接受错误，并不断从中学习。我们的计划时间也许永远都是不够用的，不要抱希望在也许够的思想上，我们只有定一个合乎实际的时间才能保证不会发生我们无法解决的问题。

人永远也不可能成为上帝，当你妄自尊大时，"墨菲定律"会叫你知道厉害；相反，如果你承认自己的无知，"墨菲定律"会帮助你做得更严密些。

6. 穷人到底怕什么

穷人也有紧迫感，也很想尽快改变自己的贫穷面貌。他有积极性，但又总是有恐惧感，因为他从来没有独立把握过自己的命运，也没有商业运作的经验，就像一个从来没用过电脑的人，生怕一用力就把键盘敲坏了，或者一上网就会遭遇病毒。事情其实并没有那么可怕，对于恐惧电脑的人来说，最重要的就是插上电源，开机！而对于想要创业的穷人来说，什么也别想，干起来再说！

干任何事都是需要条件的，而使这些条件具备往往会耗费许多精力，拖延漫长时间，有时还没等到条件成熟，周边环境已经变化，旧条件没达到，新问题又冒出来，结果还是下不了手，最终不了了之。

穷人一生都在等待，等所谓的机会，等条件成熟，头发等白了，心也等老了，即使条件成熟了，你也懒得干了。机会不是等出来的，是干出来的，不干永远没有机会。干起来再说，边干边寻找机会，边干边创造条件，边干边修正，边干边完善，你是穷人你怕什么！只要大方向是对的，也许最初看起来没有希望的事，最终就有了好的结果。

(1) 人生一场赌

穷人遇事爱说赌一把，人生一场赌，这是一种态度。

赌是最能看出一个人性格的，面对直接的利害得失，必须做出自己的判断和选择，哪怕你不选择，也是一种态度，也要承受后果，你既然入了局，就必须接受考验。有的人喜欢豪赌，大把下注；有的人比较谨慎，步步为营。前者风险大，机会也大，输起来很惨，赢起来也痛快。后者来得慢，收获未必小，慢慢积累，或许终有所成。

最怕有种人，他看见局中热闹，忍不住心慌，也想博它一把，无奈患得患失，瞻前顾后，在一旁看得手心都冒了汗。

如果始终只冒汗倒也罢了，可他冒汗以后，自以为看出了门道，忽地长出一颗豹子胆，一头扎下水，连头发都不露一撮出来。其结果多半不好，如果输了，旁人想救他也无处下手；如果赢了，以这种状态，不像范进中举，闹个半疯才怪。

没有一份真正的潇洒，输赢都是难以承受的。人生能有几回搏，入局不是什么难事，但自己到底能赌多大？得先想清楚了，然后才是技术问题。赌博看起来是靠运气，但真正的高手绝对要凭智慧以及性格上的过人之处，才能在这个场子里混下去。

其实穷人最应该赌的就是命运：难道我永远就是穷人？

在同样的环境中，为什么有的人穷，有的人却相对富一些呢？人与人之间最根本的差别不是高矮胖瘦，也不是单眼皮和双眼皮的问题，而是知识、性格和思想。

（2）素质创造财富

一般人眼中，拾破烂的一定是穷人，想靠拾破烂成为百万富翁是近乎天方夜谭的事。可是，真就有人做到了。

沈阳有个以拾破烂为生的人，名叫王洪怀。有一天他突发奇想：收一个易拉罐，才赚几分钱。如果将它熔化了，作为金属材料卖，是否可以多卖些钱？他于是把一个空罐剪碎，装进自行车的铃盖里，熔化成一块指甲大小的银灰色金属，然后花了六百元在市有色金属研究所做了化验。

化验结果出来了，这是一种很贵重的铝镁合金！当时市场上的铝锭价格，每吨在一万四千元至一万八千元之间，每个空易拉罐重十八点五克，五万四千个就是一吨，这样算下来，卖熔化后的材料比直接卖易拉罐要多赚六七倍钱。他决定回收易拉罐熔炼。

从拾易拉罐到炼易拉罐，一念之间，不仅改变了他所做的工作的性质，也让他的人生走上另外一条轨迹。

为了多收到易拉罐，他把回收价格从每个几分钱提高到每个一角四分，又将回收价格以及指定收购地点印在卡片上，向所有收破烂的同行散发。一周以后，王洪怀骑着自行车到指定地点一看，只见一大片货车在等待他，车上装的全是空易拉罐。这一天，他回收了13万多个，足足二吨半。

向他提供易拉罐的同行们，卸完货仍然又去拾他们的破烂，而王怀洪却彻底变了。

他立即办了一个金属再生加工厂。一年内，加工厂用空易拉罐炼出了二百四十多吨铝锭，3年内，赚了270万元。他从一个"拾荒者"一跃而为百万富翁。

一个收破烂的人，能够想到不仅是拾，还要改造拾来的东西，这已经不简单了。改造之后能够送到科研机构去化验，就更是具有专业眼光。至于600元的化验费，得拾多少个易拉罐才赚得回来哟，一般的收荒匠是绝对舍不得的，这就是投资者和打工者的区别。虽然是个拾荒匠，却少有穷人的心态，敢想敢做，而且有一套巧妙的办法，这种人，不管他眼下的处境怎样，兴旺发达那只是迟早的事。

（3）穷人的一本万利

穷人即使有钱，也舍不得拿出来，他总怕钱飞了，又回到穷日子去，即使终于下定决心投资，也不愿冒风险，最终还是走不出那一步，还是紧紧抱着自己的钱，少用就等于多赚。

穷人最津津乐道的就是鸡生蛋，蛋生鸡，一本万利……但是建筑在一只母鸡身上的希望，毕竟是那样脆弱。在渐渐成熟的商品社会，利益平均化，经营理性化，一切都趋于平淡，哪有什么一夜暴富的好事。

一切都得渐渐积累，而穷人既没有原始的资本，又没有经营的经验，致富还特别心切，步子慢一点就颇不耐烦。不耐烦就容易冒进，冒进的结果是好人牺牲，敌人高兴，你那点可怜的资本，几下就玩完。结果穷人的一本万利，最终演变成了一本一利，甚至是一本无利，还是好梦一场。

富人的出发点是万本万利，在此基础上，如果做得不好，可能只是万本一利，如果做得好，也有可能万本亿利，总之没有本是不行的。

（4）穷人舍不得鸡肋

很多人想变成富人，他不是不知道该怎么做，而是不敢真的那么做。总是有太多顾虑，面对未来的许多不确定因素，他不去想一万，总去想万

财富炼金术

一，越想越可怕，结果无数的可能性就在这种犹豫和等待中化为乌有。

人在应付生活中的各种危险时，常常凭着经验和本能，不用思考就能做出选择。比如，你不会去站在不稳的石头上，也不会把手伸进火里。之所以这样，就因为你有过痛苦的经历，小时候有很多血的教训。

在同一个地方跌倒的情况是很少的，烫过一次手你就不会再去玩火。失败是一种宝贵的经历，它会让人得到经验，变得聪明。

犯错误不可怕，可怕的是对犯错误的恐惧。

很多人总是担心创业失败，又失去了现有的稳定收入，落得个俗话说的偷鸡不成倒蚀一把米。

所谓的稳定收入是很多人行动的障碍，犹如人生的鸡肋，说到底还是反映出缺乏自信。对绝大多数人来说，靠薪水永远只能满足生活的基本要求。老板之所以雇你，不是要让你发大财的，也不是要和你共同富裕，如果他挖不出剩余价值，雇你等于零。

所以最终，要创造自己的幸福，还得靠你自己。

舍不得孩子打不着狼，舍不得鸡肋也是干不成大事的。当然，孩子舍出去了，也不是就一定打得着狼，失手的事完全可能发生；舍去了鸡肋也许最终并没有干成大事，甚至真的连骨头都没得啃了，这也有可能。不过只要你相信人的能力是在实践中锻炼出来的，多一些经历，无论如何总是好的，至少对提高个人素质有用，那么你就会觉得，你在走着，在向目标接近，总比原地踏步好。

民间有一种捕猴子的办法，在一块木板上挖两个洞，刚好够猴子的手伸进去。木板后面放一些花生，猴子看到花生就伸手去抓。结果，抓了花生的手紧握成拳头，无法从洞里再缩回来，木板成了一块活生生的枷锁。猴子就这样紧紧抓着它的花生，被人轻而易举捉去。可怜的猴子！它之所以这样，是因为它太缺食物，把食物看得太重了。穷人的状况也往往如此。

穷人最缺的是什么？是钱！缺钱给穷人带来深重的苦难，钱就成了生活的重心，成了一个巨大的诱惑，他没法不看重。然而对钱过分关注，就容量忽视钱以外的东西，结果，穷人所得甚少，失去甚多。

7. 用脑思考，用手做事

有这样一篇名为《茶杯上的专业》的文章：

那天我带客人去见老板，办公室的秘书出去办事了，我只好给客人倒水，将客人的水杯放到桌子上时，我看到老板的水杯也该续水了，于是我轻轻地拿过水杯，续上水后也放回了桌子上。

送走客人，老板把我叫到办公室。

"你是为谁服务的？"老板突然问我。

我看了看老板，见他一本正经，便满腹狐疑说："为你……"

"对，现在你是为我服务。为我服务，你就要必须了解我的习惯，必须思考怎样做才能让我更舒服、更满意。我平时是用左手喝茶还是右手？"

"右手！"我肯定地回答。

"那你为什么把茶杯放在了左面？我喝茶时要从椅子上站起身才能拿到杯子，不注意还会把茶洒在文件上……"。

老板端起水杯，走出去了，片刻回来，把空杯子递给了我。

老板是让我再给他倒一杯茶。

打开茶几下面的抽屉，里面有花茶、绿茶、红茶，光绿茶就有好几种。我不知道老板喜欢喝哪种茶。

我问老板，老板说："你跟我在一起不是一天两天了，平时你就应该注意观察。"

平时我怎么没有注意到呢？除了要解决喜欢喝什么茶的问题，还有一个放多少茶叶的问题。少了太淡，多了太浓无法入口。

我双手小心翼翼地把茶杯放在老板的右前方的桌子上，满怀信心地看着老板，以为这次算是完美了。"你应该把茶杯手把靠着我，这样我正好

抓着，不用再转茶杯……"老板还是指出了我的不足，"茶不能倒得太满，太满了茶的温度不能很快降下来，客人不能马上喝，这就失去了给客人倒茶的意义。无意义的服务，既浪费了茶叶，又付出了劳动，客人却没有得到丝毫的好处。"

这是第一次听到印象深刻的关于"倒茶"哲学。

还有一次，是老板在公司中层干部会上讲的话。那是一个炎热的夏天，会议研究解决生产上的一个问题，大家提出了很多客观理由，言外之意解决问题困难很大。

老板听了有些生气："大家都感到现在很热，很热这是老天的事情，我们管不着，也没有办法管。但是我们难道就这样让它热下去吗？不是，我们可以通过自己的努力，去挣钱，挣了钱买了空调，我们就可以不受这份热，这是我们能够改变的事情。人，生来就是解决问题的，如果没有问题，我们今天在这里工作还有什么意义"。

快10年过去了，老板的这两次讲话，我却永远忘记不了。现在我也成了老板，对那些有发展前途的员工，我总是让他们先学会给客人倒水，打扫卫生。我知道，在这个世界上，哪怕最简单的事情，都需要认真思考才能够做好。

这位老板叫向炳伟，陕西伟志集团总裁。只上过三年小学，28岁才解决吃饱饭的问题。1987年贷款5000元创办西服厂，现在已有亿万资产。

成功的人总是用脑思考，而不仅仅是用手做事。

一个笑话说一位父亲想考一考他的儿子，就问："一个加五个，等于几个？"儿子扳着手指头算了一会儿，说："六个。""七个加十五个等于几个呢？"儿子又扳着手指算，手指数不够，加上脚指头，还不够。怎么办呢？父亲生气地说："你不会用脑子吗？"儿子说："脑子只有一个，加上去还是不够用啊！"

当然，这只是一个让我们一笑了之的笑料而已，但是它说明了一个道理，人不可不动脑，只用手做事效率低下，是不讲究方法的蛮做。

用手做事的人勤勤恳恳，任劳任怨，埋头苦干。这就是我们所说的老黄牛。老黄牛的苦干精神是绝对需要肯定的，但是他总是按主人安排的去做，让怎么拉犁就怎么拉犁。这样子多半是事倍功半，甚至徒劳无果，也就很难提高工作效率，促进生产力的发展。

用脑做事的人当然也要动手做事，只是他们不会接到活计，不管三七二十一就动手，通常会想想：为什么要这样做呢？这么做对上游、下游的人有什么影响呢？怎么样做才好呢？有没有更好的办法呢？这事是做完了，可是有没有什么纰漏呢？……他们会把事情弄明白，想头彻，他们会把方方面面的利益关系都考虑到，照顾到。

我国教育家陶行知说得更明白："人生有二宝，双手与大脑；用手不用脑，饭也吃不饱；用脑不用手，快要被打倒；用手又用脑，才是开天辟地的大好佬。"

因此，我们要学会手脑结合的方法，当我们做事陷入困境的时候，是不是该先停下来思考一下呢？

8. 珍惜稍纵即逝的灵感

现实生活中，我们的脑子里会不时出现这样那样的灵感。在这些灵感中有的是那么美好，甚至让人产生无限的遐想；有的只是过眼云烟，好像不曾出现过一样。我们应该发现并运用好这些灵感。有了灵感就要很好地把握，因为灵感稍纵即逝。

灵感不会自己钻出来。柴可夫斯基说：灵感全然不是漂亮地挥着手，而是如犍牛般地竭尽全力工作是的心理状态。牛顿万有引力定律的创立，就是来自一个苹果落到地上所引发的灵感，而此前牛顿对地球引力问题不知苦实验思考了多少个日夜。

灵感具有一系列特点。

其一，灵感的产生具有随机性、偶然性。有心栽花花不开，无意插柳柳成荫。灵感通常是可遇不可求的，至今人们还没有找到随意控制灵感产生的办法。人不能按主观需要和希望产生灵感，也不能按专业分配划分灵感的产生。

其二，灵感产生是世界上最公平的现象，任何能正常思维的人都可能随时产生各种各样的灵感。无论是贫民还是权贵，不论是知识渊博的科学家还是贫困地区的文盲都会产生灵感。

其三，产生灵感几乎不需要投入经济成本，而灵感本身却是可能有价值的。灵感价值的大小也是随机的，不会因为你高贵就让你产生高贵的灵感，也不会因为你低贱就只让你产生低贱的灵感。灵感一旦实现了其价值，则可能使其主人高贵。鉴于灵感价值的特点，可以将灵感看做有价值的产品，这种产品是只有智慧的动物人才能生产的！

其四，灵感具有"采之不尽，用之不竭"的特点。这是灵感最为特殊的特点，越开发灵感产生得越多。

其五，灵感具有稍纵即逝的特点，如果不能及时抓住随机产生的灵感，它可能永不再来。灵感往往像电光火花，一闪而过，转瞬即逝。它是智能中的一颗流星，当人们还来不及认识它的面目，估量它的价值时，往往就消失得无影无踪；那些美的光线，美的色彩，美的形体和美的动态常闪现一下就隐没了，也许一去不复返，因此必须及时加以捕捉。你当时不把它记下来你就会错过它，而再也想不起来，所以我们要随身携带纸笔，随时记下冒出的灵感和点子。

其六，灵感是创造性思维的结果，是新颖的、独特的，人产生灵感时往往具有情绪性，当灵感降临时，人的心情是紧张的、兴奋的，甚至可能陷入迷狂的境地。

古今中外，只有少数人抓住部分灵感，不折不挠地完成了创新，实现了创新的价值，成了发明家、科学家。大多数普通老百姓都把自己的灵感都白白丢弃了，不知有多少科学技术飞跃发展的机会都是这样擦肩而过了，太多本来都可能通过创新发展成为伟人的普通人最后都归于平庸。

创新大多起始于人大脑中产生的灵感，创新是人类想象力的产物，或者说灵感是创新的起点和原始，灵感还是创新的核心和灵魂。20世纪世界上最伟大的科学家爱因斯坦曾经说过："想象力比知识更重要，因为知识是有限的，而想象概括着世界上的一切，推动着进步，并且是知识进化的源泉。严格地说，想象力是科学研究中的实在因素。"当代世界最伟大的科学家霍金说："推动科学前进的是个人的创见"。美国创意顾问集团主席汤姆森说："灵感成了最具决定性的创造力量"。

灵感既不能预测，也无法邀请。当你千言万语呼唤着灵感时，它却不理你。而当你感到失望甚至绝望时，它却突然来拜访你，给你一个惊喜。往往是"终日觅不得，有时还自来。""踏破铁鞋无觅处，得来全不费工夫。"

苏东坡在谈到写诗的灵感时说："作诗火急追亡逋，情景一失后难摹。"诗人臧克家认为，诗人进入创作情景时，诗情澎湃，如钱塘怒潮。大脑中有一条"热线"，如果把这条热线打断就不容易接起来。因此在灵

财富炼金术

感来临时必须及时捕捉,将它记录在案。

爱因斯坦有一次在朋友家吃饭时,突然想到一个重要的公式,他来不及找纸,就在主人的新桌布上写下了那个公式。

牛顿在一次宴请宾客时,去储藏室拿酒,途中忽萌灵感,他忘了拿酒,也忘了同伴,在自己的小书房里紧张地工作起来。

意大利作曲家威尔第有一次正在教堂里做弥撒,忽然灵感来了,他立即从讲坛上冲下来,跑入一间圣器收藏室,写下了一首曲谱的主题,然后再去做弥撒,但教堂的负责人不理解这种创作方式,下令把他逐出了教堂。

灵感仙子既不轻易来临,也不长久逗留,这就使她显得更神秘、更宝贵。当她来拜访你时,你要像画家那样,快捷地速写下她的形象,然后再加工完善,涂上艳丽的色彩,呈在你眼前的将是一幅精美绝伦的图画。

澳大利亚动物病理学家贝弗里奇说:"人们都有这样的体会:新想法常常瞬息即逝,必须集中注意,牢记在心,方能捕获。一个普遍使用的好方法就是养成随身携带纸笔的习惯,记下闪过脑际的有独到之见的念头。"

诺贝尔奖金获得者英国化学家弗朗西斯·阿斯顿对思想上闪的火花决不放过,只要有所领悟立即记录下来。有一次,他突然来了灵感,一时找不到纸,就顺手从妻子的口袋里掏出一方手帕来写。

德国数学家希尔伯特有一次看戏,当他看到第二幕时,突然想到一个难题的答案,他立即退场回家把它记下来。

奥地利作曲家施特劳斯一生写了462首曲子。有一次灵感袭来,但他没有带纸,就脱下衬衫,衣袖上写下了流传百年、蜚声全球的不朽之作《蓝色的多瑙河》圆舞曲。

法国十八世纪启蒙思想家卢梭为写好一篇文章而日思夜想。有一次,当他闭着眼睛思考时,许多极好的命题和漂亮的词句联翩而至,他马上披衣而起,但这些命题和词句却又消失了。他重新睡下,这些命题与词句又跳进脑海,他又起来想写下来,但又消失得无影无踪。如此反复多次。于是他就请求他的岳母坐在床前。他睡在床上,合着双眼,把他想到的内容念出来,让岳母记下。就这样一个早上接着一个早上,终于写成了这篇文章，并在征文中得了奖。

美国科学家坎农经常晚上来灵感，他说："长期以来，我靠无意识的作用过程帮助我，已成习惯。我把纸笔放在手边，以便随时记录闯进来的新想法。"

有了这么多的古今中外人物的经历作为佐证，足以看出灵感的重要性和它的短暂性，当你的头脑有了突然的想法时，一定要把它记录下来。为了不发生遗憾，一定要记得随身带着纸笔，让你的小本成为你重要的智囊袋，让你的灵感不会消失掉。

当然灵感不仅是需要记录的，有时候也需要我们去激发大脑来产生灵感，凡是善于引发灵感，能够形成创造性认识的人，都很会用脑。下面是引发灵感时常用的基本方法。

(1) **观察分析**

在进行科技创新活动的过程中，自始至终都离不开观察分析。观察，不是一般的观看，而是有目的、有计划、有步骤、有选择地去观看和考察所要了解的事物。通过深入观察，可以从平常的现象中发现不平常的东西，可以从表面上貌似无关的东西中发现相似点。在观察的同时必须时行分析，只有在观察的基础上进行分析，才能引发灵感，形成创造性的认识。

(2) **启发联想**

新认识是在已有认识的基础上发展起来的。旧与新或已知与未知的连接是产生新认识的关键。因此，要创新，就需要联想，以便从联想中受到启发，引发灵感，形成创造性的认识。

(3) **实践激发**

实践是创造的阵地，是灵感产生的源泉。在实践激发中，既包括现实实践的激发又包括过去实践体会的升华。各项科技成果的获得，都离不开实践需要的推动。在实践活动的过程中，迫切解决问题的需要，就促使人们去积极地思考问题，废寝忘食地去钻研探索，科学探索的逻辑起点是问题。因此，在实践中思考问题，提出问题，解决问题，是引发灵感的一种好方法。

(4) 激情冲动

积极的激情，能够调动全身心的巨大潜力去创造性地解决问题。在激情冲动的情况下，可以增强注意力，丰富想象力，提高记忆力，加深理解力。从而使人产生出一般强烈的、不可遏止的创造冲动，并且表现为自动地按照客观事物的规律行事。这种自动性，是建立在准备阶段里经过反复探索的基础之上的。这就是说，激情冲动，也可以引发灵感。

(5) 判断推理

判断与推理有着密切的联系，这种联系表现为推理由判断组成，而判断的形成又依赖于推理。推理是从现有判断中获得新判断的过程。因此，在科技创新的活动中，对于新发现或新产生的物质的判断，也是引发灵感，形成创造性认识的过程。所以，判断推理也是引发灵感的一种方法。

上述几种方法，是相互联系、相互影响的。在引发灵感的过程中，不是只用一种方法，有时是以一种方法为主，其他方法交叉运用的。

9. 创业需要学习的十大品质

"你创业了吗？"这句曾是美国硅谷人见面时的问候语，如今已成为部分中国人的常用语。

创业，无疑是近几年红火的词语。据不完全统计，目前中国约有1亿人在创业。

但另一项统计显示，我国68%的中小民营企业，其生命周期不超过5年。

如今虽是创业的年代，但老板并非人人能当，更并非所有的创业者都能获得成功。就如同古时行走江湖的侠客不仅要有随身称意的兵刃，更需具备几手"必杀技"一般，创业，除需具备资金等外部条件外，同样更需要具备一定的心理素质和个性方面的特征，即所谓"创业品质"。

下文所列是创业专家提出的十大"创业品质"。让我们拭目观之，企业家是如何练就纵横创业江湖之"必杀技"的？

（1）诚信——创业立足之本

市场经济已进入诚信时代，作为一种特殊的资本形态，诚信日益成为企业的立足之本与发展源泉。

风险投资界有句名言："风险投资成功的第一要素是人，第二要素是人，第三要素还是人。"此话足以证明风险投资家对创业者个人素质的关注程度。在他们看来，创业项目、商业计划、企业模式等都可适时而变，唯有创业者品质难以在短时间内改变。

创业者品质决定着企业的市场声誉和发展空间。不守"诚信"，或可"赢一时之利"，但必然"失长久之利"。反之，则能以良好口碑带来滚滚财源，使创业渐入佳境。

(2) 自信——创业的动力

日本八佰伴集团创始人和田一夫开始时仅经营一家小水果铺，还被一场大火烧得赤手空拳。但是，在"不摧毁旧的，就不能建设新的"信念支持下，他最终东山再起，成为名噪一时的创业家。

人的意志可以发挥无限力量，可以把梦想变为现实。对创业者来说，信心就是创业的动力。要对自己有信心，对未来有信心，要坚信成败并非命中注定而是全靠自己努力，更要坚信自己能战胜一切困难。

(3) 勇气——视挫败为成功之基石

硅谷有着"创业大本营"的美誉，在这儿，每年都有数以万计的企业倒下，同时也有成千上万的创业者一夜暴富。美国知名创业教练约翰·奈斯汉说："造就硅谷成功神话的秘密，就是失败。失败的结果或许令人难堪，但却是取之不尽的活教材，在失败过程中所累积的努力与经验，都是缔造下一次成功的宝贵基础。"

成功需要经验积累，创业的过程就是在不断的失败中跌打滚爬。只有在失败中不断积累经验财富，不断前行，才有可能到达成功彼岸。美国3M公司有一句关于创业的"至理名言"：为了发现王子，你必须与无数只青蛙接吻。对于创业家来说，必须有勇气直面困境，敢于与困难"接吻"。

(4) 领袖精神——创业的无形资本

一只狮子领着一群羊，胜过一只羊领着一群狮子。这一古老的西方谚语说明了创业者领袖精神的重要性。企业成功离不开团队力量，但更多层面上取决于领导者本人。创业者是企业的一面精神旗帜，其一言一行都将影响企业的荣辱兴衰。

企业文化被称为企业灵魂和精神支柱。而企业文化精髓就是创业者的领袖精神，这是凝聚员工的一笔"不可复制"的财富，更是初创企业生存和发展的关键。

许多优秀的跨国企业中，这种领袖精神随处可见。摩托罗拉公司对高尔文"摩托罗拉大家庭"理念的继承，戴尔公司对戴尔"效率至上"原则的推崇，都证明了企业领袖精神的重要性。

对创业者来说，注重塑造领袖精神，远比积累财富更重要，因为财富可在瞬间赢得或失去，但领袖精神永远是赢得未来的无形资本。

（5）爱心——创业成功的催化剂

在竞争日趋激烈的今天，产品和企业的公众形象定位，对创业成功与否起着关键作用。富有爱心，则是构成诚实、良好商业氛围的重要因素。从某种角度看，爱心是创业成功的"催化剂"。

惠普创始人戴维·帕卡德提出："一个企业对社会的责任远远重要于对股东的责任。"这位亿万富翁住在一栋简朴的房子里，却为许多大学和公益基金会捐了无数款项。

企业通过积极承担社会责任，热情支持公益事业，形成良好的社会口碑，反过来对企业的发展将产生强劲的支持作用。

一位成功人士就曾感叹说，有时候花再多的钱做广告，不如多做一些对社会有益的事情，更能起到事半功倍的效果。

（6）社交能力——借力打力觅捷径

以往人们总是强调自主创业，但如今这种观念正在改变，人际关系在创业中的作用逐渐加大，人脉圈日益成为创业信息、资金、经验的"蓄水池"，有时甚至在商业活动中能起到四两拨千斤的神奇功效。

目前"朋友经济"在招商中的作用日益显现。北京大学中国金融投资家俱乐部的成员就包括投资公司老板、证券商、银行家以及政府部门金融方面官员，他们手中掌控着1200亿元资本和无限商机。

在当今提倡合作双赢的时代，过去那种单枪匹马的创业方式已越来越不适应时代需求。扩大社交圈，通过朋友掌握更多信息、寻求更大发展，日益成为成功创业的捷径。

（7）合作能力——趋时避害形成合力

携程计算机技术（上海）有限公司总裁告诉青年创业者，"携程网"的成功，除了抓住当初互联网快速发展的契机，有一个良好的创业团队是关键。

"携程网"的团队成员来自美国Oracle公司、德意志银行和上海旅行社等，是技术、管理、金融运作、旅游的完美组合。大家在一起创业，分享各自的知识和经验，同时也避免了很多创业"雷区"。

(8) 创新精神——创业成功的维生素

金利来领带的创始人曾宪梓说:"做生意要靠创意而不是靠本钱!"在竞争激烈的市场中,缺乏创新的企业很难站稳脚跟,改革和创新永远是企业活力与竞争力的源泉。

万科集团在1988年发行了大陆第一份《招商通函》,目前该公司已成为全国房地产知名企业和中国最具发展潜力的上市公司;上海复兴高科积极推进与数十家国有企业合资合作,用民营企业机制同国有企业资产实行有效嫁接……这些企业的成功,都离不开创业家挑战成绩、自我加压、勇于创新的精神。

(9) 魄力——该出手时就出手

商海女杰菲奥里纳在面对戴尔、IBM等领先者时对惠普员工说:以前我们要做到95分才推出,现在我要求80分时就推出,然后慢慢改进;以前是瞄准、准备、开火,在网络时代里,瞄准了就要开火,没有时间准备。

在创业界,往往是风险与机会并存。创业者必须善于发现新生事物,并对新生事物有强烈的探求欲;必须敢于冒险,即使没有十足把握,也应果断地尝试。

(10) 敏锐眼光——识时务者终为俊杰

张明正拿到电脑硕士学位后,选择了被时人称为"旁门左道"的防病毒软件作为主攻方向。1999年4月,第一个通过电子邮件传播的"梅丽莎"病毒忽然爆发,正当众多IT企业无计可施时,张明正的"传奇故事"诞生了,他的"解药"被大量使用,他创立的趋势科技公司目前市价已逾100亿美元,张本人也先后两次被美国《商业周刊》推选为"亚洲之星"。

生意场上,眼光起了决定性作用。很多资金不多的小创业者,都是依靠准确抓住某个不起眼的信息而挖到"第一桶金"的。

市场经济刚起步时,机会特别多,好像做什么都能赚钱,只要你有足够胆量和能力。但如今每个行业每个领域都有人做,激烈的市场竞争宣告"暴利时代"已经结束,取而代之的是"微利时代"。因此,创业机会必须靠创业者自己发掘。

10. 接纳人生的"三重门"

老师把两只分别标有甲、乙字样的玻璃瓶放在讲台上。甲瓶中仅有一点水，而乙瓶中的水快要溢出来了。

老师问学生："如果把甲、乙两瓶分别比为甲、乙两人，你们看，谁是穷人？谁是富人？"

"甲是穷人，乙是富人。"学生回答。

"为什么？"

"因为甲瓶水少，说明甲拥有得少，所以是穷人；而乙瓶水多，说明乙拥有得多，所以是富人。"

"是吗？拥有得少就是穷人，拥有得多就是富人吗？"

"是！"

"但你们只看到了事物的一面，而没有看到另一面。"

"另一面？"学生惊奇地问。

"是的。我问你们，现在如果要把甲瓶和乙瓶都装满水，谁需要的水多？谁需要的水少？"

"甲需要的水多，乙已经不需要了。"

"所以，我们可以说，甲之所以是穷人，那是因为他还能装入所需要的；而乙之所以是富人，正是因为他已经无法装入所需要的了，穷富优缺可见一斑。"

从前有一位王子，他问他的老师——释迦牟尼佛："我的生活之路将是什么样的呢？"佛陀回答说："在你的生活之路上，你将遇到三道门，每一道门上都写有一句话，到时候你看了就明白了。"

于是，王子上路了。不久，他就遇到了第一道门，上面写着："改变

世界。"王子想：我要按照我的理想去规划这个世界，将那些我看不惯的事情统统改掉。

于是，他就这样去做了。几年之后，子又遇到了第二道门，上面写着："改变别人。"王子想：我要用美好的思想去教化人们，让他们的性格向着更正确的方向发展。再后来，他又遇到了第三道门，上面写着："改变你自己。"王子想：我要使自己的人格变得更完美。于是，他就这样去做了。

王子见到释迦牟尼佛，王子说："我已经看过生活之路上的三道门了。我懂得，与其改变世界，不如改变这个世界上的人，而与其去改变别人，不如去改变我自己。"佛陀听了，微微一笑，说："也许你现在应该往回走，再回去仔细看看那三道门。"

王子将信将疑地往回走。远远地他就看到了第三道门，可是，和他来的时候不一样，从回来的这个方向上，他看到的是门上写的是"接纳你自己"。

王子这才明白他在改变自己时为什么总是生活在自责和苦恼之中：因为他拒绝承认和接受自己的缺点，所以他总把目光放在他做不到的事情上，忽略了自己的长处，他因此学会了欣赏自己。王子继续往回走，他看到第二道门上写的是"接纳别人"。

他这才明白他为什么总怨声载道：因为他拒绝接受别人和自己存在差别，所以，他总是不去理解和体谅别人的难处。他因此学会了宽容别人。

王子又继续往回走。他看到第一道门上写的是"接纳世界"。王子这才明白他在改变世界时为什么连连失败：因为他拒绝承认世界上有许多事情是人力所不及的，忽略了自己可以做得更好的事情。他因此学会了包容世界。

这时，释迦牟尼佛已经等在那里了，他对王子说："我想，现在你已经懂得什么是和谐与平静了。"

接纳，包括自我接纳和接纳他人和外部环境。

自我接纳是指个体对自身以及自身所具特征所持的一种积极的态度，即能欣然接受自己现实中的状况，不因自身优点而骄傲，也不因自己的缺点而自卑。

此外,自我接纳是人天生就拥有的权利。一个人并非要有突出的优点、成就或做出别人希望的改变才能被接纳。

绝大多数人从小就受到种种有条件的关注,或者严格的管束,致使很多人以为只有具备某种条件,如:漂亮的外表、优秀的学习成绩、过人的专长、出色的业绩等等,才获得被自己和他人接纳的资格。

于是,很多人因此背上了自卑的包袱。由于曾经被挑剔,也就逐渐习惯于用挑剔的目光看待自己,越看越觉得无法接受。所以我们要学习做自己的朋友,站在自己这一边,接受并且关心自己的身体和心理状况,不加任何附加条件地接纳自己的一切。

自我接纳加上能力,这是构成自信的两大基石。有自我接纳,有不断自我完善的动机和行为,总有一天,就会具备能力,并最终具备自信。所以,自我接纳是自信的起点。

仅仅对自己的接纳是不够的。个人和社会要想进入良性循环,就需要与他人合作,而一个不能接纳他人的人,无法与他人友好合作。其实,真正接纳自己的人也会接纳别人,而无法接纳他人的人也不能接纳自己。

一个不接纳自己的人,无法容忍自己的弱点。可是,他内在的生命尊严拒绝接受这一否定。当两者间的冲突导致焦虑后,就会出现了投射,即把自己不能接受的东西说成是别人所有的,就成了别人不能接纳他。

既然别人不能接纳他,他当然就无法接纳别人。这是在人的无意识中发生的,从不接纳自己到不接纳他人的心理过程。我们可以从一个人能否自我接纳,来推断出他能否接纳别人,也可以从一个人能否接纳他人,推断出他是否接纳自己。所以,如果我们能够学会真诚地接纳自己,就会很自然地去接纳别人。

当然,我们也可以从学习接纳别人入手,尝试着接纳自己。如果接纳别人,尊重别人,别人通常也会对我们做出积极的回应。久而久之,我们在别人对我们的接纳里,出会感到自己的价值与生命的尊严,于是,自我接纳便会产生,其结果殊途同归。

使别人感到被接纳的方式有很多,最主要的有以下几种。

倾听。与人交往时能不加评论地、认真而又耐心地倾听别人的述说。

尊重别人。即不论对方怎样，都尊重对方生命的尊严。

假如你想与之交往，一定要主动。让对方首先感受到你的友好与诚意。

能够发现并且表达对别人优点的欣赏。"每个人都喜欢喜欢自己的人"，真诚地表达欣赏从来都是能迅速地进入他人视野的捷径。

11. 找准"瓶颈",及时疏通

所谓"瓶颈效应",反映的是一定社会心理过程中各个因素、环节的相互关系。社会角色扮演者在进行某项创造活动时,在从事某一学习、工作和生活的角色行为时,要求与之相关的各因素、环节配合与协调并进,其中如果某一因素和环节跟不上,就会成为"瓶颈"卡住整个活动和某一行为的正常进行。

瓶颈状态得不到解除,时间一长,心理上松懈并产生一种惰性,那就会使整个活动和某一行为前功尽弃。

其实很多时候,瓶颈环节是可以预先分析出来的,如果我们能够早一点把它分析出来了,预先准备好解决的方法,那么事情的进行就会顺利很多了。

有道是"一物降一物",在这里,"东风效应"可以称得上是治疗"瓶颈效应"的一剂良方。如果你在学习、生活和工作过程中遇到"瓶颈效应"之阻碍的话,那么,就请你及时地去呼唤"东风效应"吧。

《三国演义》中那个《诸葛亮借东风》的故事,想必你是十分熟悉的。周瑜为了赤壁火攻,与曹操一决雌雄,做了不少准备工作。但是,曹营依江北,吴军驻江南,欲用火攻,还缺少一个必要条件:东南风。

如果没有东南风,就会像"瓶颈"一样卡住整个活动的进行,就会使周瑜的计划和准备工作前功尽弃。为了消释这个"瓶颈效应",使眼看就可以成功的计划及活动从 TOT 状态中突围而出,于是,七星坛诸葛祭风,三江口周瑜纵火,火借风威,风助火势,东吴大胜曹操。可见,在赤壁之战中,如果不是诸葛亮"借"来东风,东吴是无法取胜的;东风在这次战役中起到了消释"瓶颈效应"的决定性作用。

财富炼金术

在这次战役的"借东风"事件之前，有蒋干中，孔明借箭，苦打黄盖，阐泽献诈，庞统授计等。所有这些，都可以看成是这次战役中各"要素子系统"，各自发挥其子系统功效，但是，仅仅靠这些尚不能取得这次战役的最后胜利。要取得最后胜利，还缺最后一个最重要的要素系统——东风。

正是因为东风这一要素加入在这一战争系统中，并与其他子系统有机地联系在一起，才产生了新功效，消释了"瓶颈效应"，取得了决战的胜利。

而东风的换来并不是意外的，天上掉不下来，地上冒不出来。虽然从表面上看，诸葛亮所借的东风似乎是向老天爷之神灵祭来的，其实，只要稍作分析，如果诸葛亮没有天文地理方面的知识和实践经验，没有自身大脑的思维活力，那是断断不可能"祭"到东风的。

在这里，倒是"眉头一皱，计上心来"这句话可以给人以启发。那就是说，任何妙计良策的诞生，总是要借助于心之器官，有赖于大脑的思维能力。"眉头一皱"，大脑的机器开动起来了，各种生长在知识和实践经验之事实基础上的联想，就会展开飞翔的翅膀，最终歇脚于最有价值的妙计良策之高山上。

这是一种特殊心理现象。据心理学研究，创造活动往往失败于上千次的试验，却成功于一次的联想或启发。阿基米得从国王那里领受了测量真假皇冠的"课题"，长久想不出好方法来，有时几乎要想出来了，却又给某个"瓶颈"卡住了。后来洗澡的时候，却意外地从浴缸中得到了测量的方法，这个新的要素子系统一找到，就使课题研究活动之系统摆脱了"瓶颈效应"。

显然，这是一种思维活动中的"顿悟"现象，是个体心理在情感方面的一种"移注"现象。如某一构思"障碍"而煞费苦心，仍百思不解，如"得来一个字"，"捻断数根须"还处于瓶颈状态，突然，联想力使头脑中出现了一幅清晰的图像，就像一盏灯把黑暗完全照亮一样，"顿悟"和"移注"就是这样爆发的。借用句古诗来形容，真可谓："众里寻他千百度，蓦然回首，那人却在灯火阑珊处。"

"事实是死东西，是想象力赋予它们生命"，英国物理学家廷德尔说得好。因为，知识是静止的、封闭的和有限的，想象力则是运动的、开放的和无限的。想象力是能动的知识。如果把知识比为"金子"，那么，想象力就是"点金术"。因此，为了消释我们自身学习、生活和工作过程中的某些"瓶颈效应"，当我们在呼唤"东风效应"、寻找"新的要素子系统"时，应当重视思维的想象力。撒开联想之网，启动思维之钻机，"新的要素子系统"才会被你捕捉得到，才会被你开掘出来。

在这个方面，下面这些技法是值得我们去借鉴的。

一是"扩大联系点"。即从时间上、空间上相近，或形式上、内容上相似的事物和现象中进行联想，比如记不清楚某个数学公式了，你不妨先想想与之相近的数学原理、数学符号，数学公式，想想它们在哪一个章节。

又如你一时想不起老同学的姓名了，你就不妨先想想与他（她）相近又与你自己相识的其他老同学的姓名。如此联想往往能激活起深藏于记忆深处的知识和经验。在事物发展变化中，面临着多种可能性集合即事物的可能性空间，我们对可能性空间内互相联系的点认识得越广泛、越深透，对各种条件之间的联系揭示得越充分、越深刻，解决问题的途径和方法就越多，就越能找到"新的要素子系统"，从而准确、全面地把握某种确定的方向，取得有利创造的"东风效应"之效果。

二是拟一份思考角度的"清单"。这是为实现"扩大联系点"、寻找"新的要素子系统"直接服务的。1941年，美国创造学家奥斯本拟定了一份思考角度的"清单"，来提示创造者培训，掌握多角度思考法的本领。他认为，逐一检查、核对这份"清单"，能使创造者在遇到思维障碍时，比较全面地思考某一对象，而不致遗漏重要的思路。

请看他拟定的这份"清单"：

现有的发明有无其他用途？

能否引入其他的创造性设想？

能否改变形状、颜色、音响、味道或制造方法？

能否扩大使用范围，延长使用寿命？

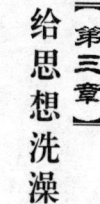

【第三章】给思想洗澡

能否缩小体积、减轻重量，降低高度、减少厚度？

能否找到代用品？

能否更换型号、顺序、布局或模型？

能否上下倒置、里外交换、前后置换使用？

能否将几种发明品组合在一起？

显然，这九个问题是针对技术创造提出的。

但用这种拟清单的办法来逐步培训自己的多角度思考问题的能力，是有普遍意义的。我们在学习，生活和工作中进行创造性活动时，如果碰上"瓶颈"卡住时，先静下心来，用点时间去拟一份思考角度的清单好好琢磨一下那些"能否"的角度，这对填补思考的空白点，寻找"新的要素子系统"，想来是不会没有益处的。

三是学会"积极的休息"。在一个人解决某一问题，从事某项创造活动的过程中，思维要经历四个阶段。

检查和清理问题的"准备期"。这一阶段的状态是高度紧张，全神贯注和努力、深入地对对象进行探讨。

将活动的重点从意识区转移到无意识区的"酝酿期"。在这个"短时休息"的阶段内，有的人养神休息或者睡觉，有的人则通过运动或散步来"散心"。

产生解决问题之办法的"顿悟期"，经过也许是："豁然开朗""啊，原来如此！"

"完善期"，为了精确地阐述问题而全力以赴，苦心孤诣地探索和思维。这四个阶段，是以"紧张→松弛→顿悟→紧张"之循环的节奏呈现的。一方面是努力、紧张和积极性，另一方面是散心，松弛和解决。两者相辅相成，缺一不可。当我们的思维处于TOT状态，被"瓶颈"卡住时，一般正是思维高度紧张之际。

而精神高度地集中考虑一个问题，时间过久可能会造成思想堵塞，就像在竭力回忆一件从记忆中消失的事情时往往出现的情况，因为当自觉的思考在不断活动和十分疲劳时，可能收不到下意识思考传递的信息。这对寻找"新的要素子系统"，呼唤"东风效应"以消释"瓶颈效应"，是无益的。

因此，必须学会"积极的休息"，就是在思维过程中，紧张的思考后，如果发现被"瓶颈"卡住了，那就不妨暂时松弛一下，休息一会儿，使大脑神经中枢在思维的循环性节奏中恢复平衡状态，这往往有助于"顿悟期"的降临。心理研究以及众多事实，已经反复证明了这一点。

诚然，我们还可以找出其他一些方法来。关键的一点是，请你记住，"瓶颈效应"并不可怕。只要我们想方设法去寻找"新的要素子系统"，依靠知识和实践经验激发想象力，那么，办法就会"为有源头活水来"，何愁"东风效应"呼唤不来呢?! 也就说，其实诸葛早就分析过了整个战略了，风就是瓶颈问题他早就知道了，而解决的方法也早就有了，只是卖弄了一下关子而已。

同样的道理，我们在进行一个计划的时候，就要先对整体进行一下分析，掌握整体的环节，看看哪里最容易出现问题，最困难，把一些细节性的问题都考虑清楚。"磨刀不误砍柴工"，把瓶颈问题都先想到了，解决了，再正式做其他的事情，这样才会事半功倍，"东风"才能被借来，不会到关键时刻掉链子了。

总之，事先找到瓶颈问题，针对问题借到"东风"，问题就迎刃而解了。

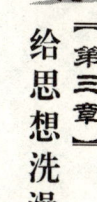

【第三章】给思想洗澡

12. 思维决定行动

教授给学生们出了这样一个问题：一位聋哑人到五金店买钉子。他左手做出钉状，右手朝着左手做锤打状。售货员先拿来一把锤子，聋哑人摇了摇头，用右手指了指做出钉状的左手，售货员恍然大悟，于是把钉子给了聋哑人。

聋哑人刚走，又进来一位盲人顾客，他想买一把剪刀。"那么，盲人用什么方法能最简单快捷地告知售货员呢？"教授问道。"他只需要伸出两个指头做剪刀状就可以了。"一位学生抢先回答，其他同学也点头表示赞同。

可是教授却耸了耸肩，用一种无辜的眼神看着学生们，说道："其实，无需那么麻烦，他只要开口说一声，售货员就会给他剪刀。"

这就是人类的惯性思维。一个人一旦陷入惯性思维之中，智力和思考能力都会下降，甚至会不识常识，这就是我们常说的"思维死角"。在工作中，这种惯性思维很常见，比如我们常常拿过去的经验来指导今天的工作。但是人们忽略了一个问题，或许过去那些成功的经验并不适用于今天，甚至还可能成为今天成功的障碍。

因此，要树立一个正确的思维观念，我们就必须开放思想、活跃思想，避免走入思维的死角。只有这样，才可以让思维始终处于快速反应、正确应对的状态下。

慈悲的上帝看到一位沿街乞讨的乞丐，心里顿时生出同情的念头。于是，他想改变一下这位乞丐的命运，就化作一位老翁来点化他。

他问乞丐："假如我给你1000元钱，你打算怎么用它？"

乞丐回答说："这太好了，我可以买一部手机呀！"

上帝不解，问他为什么。"我可以同城市的各个地区联系，哪里人多我就去哪里乞讨。"乞丐回答说。

上帝很失望，又问："假如我给你10万元钱呢？"

乞丐说："那我可以买一部车。这样我以后再出来乞讨就方便了，再远的地方也可以迅速赶到。"

帝很悲哀，这次他狠了狠心说："假如我给你1000万元呢？"

乞丐听罢，眼里含着泪光说："太好了，我可以把这个最繁华的地区买下来！"

上帝听了这个答案很高兴，他以为乞丐要学做生意。这时乞丐接着补充了一句："到那时，我可以把我领地里的其他乞丐都撵走，看看他们还怎么与我抢饭碗。"

一位身穿名牌服装、手戴贵重手表的犹太商人走进纽约市中心的一家银行。

他对贷款部经理说："我想借些钱。"

经理问："您要借多少？"

犹太商人说："1美元。"

贷款部经理以为自己听错了："您是说1美元吗？"

犹太商人肯定地回答："只需要1美元就可以了。"

贷款部经理非常礼貌地说："1美元也需要担保。"

犹太商人从皮包里取出一大堆股票、国债及贵重物品放在柜台上，说："总共50万美元，你看够了吧？"

贷款部经理被这么多抵押品吓呆了，他将1美元递给这位犹太商人，对他说："年利息6%，只要您付出6%的利息，一年后我们就将这些抵押品还给您。"

原来，犹太商人在此之前曾经走访过几家金库，他们的租金太贵了，于是才想出了这个办法。

从以上两则故事中我们可以得出这样的结论：一个人的思维一旦形成定式，就连上帝也难以挽救他。

有一位著名的学者说："成功等于40%的思想观念加40%的人际关系

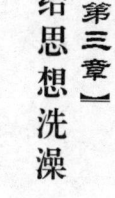

【第三章】给思想洗澡

财富炼金术

加20%的专业知识"。生活在这个世界上，每个人都应该有属于自己的思想，就像电脑不能没有软件内容一样。思想对于人比金钱对于人更为重要。当一个人有了思想的时候，这个思想就像是一盏灯一样引导你走向正确的方向。而且，思想可以让你更加容易地掌控自己的生活、工作乃至整个人生。

日本的经营之神松下幸之助先生，创业之初是由生产电插头起家的。由于插头的性能不好，产品的销路大受影响，没多久他的事业就陷入了困境。

这天，正处于失意之际的他不经意间听到了一对姐弟的谈话。

姐姐正在熨衣服，可是弟弟却想读书，因为电源只有一个插头的缘故，他无法开灯。

于是弟弟吵着说："姐姐，你能不能快点熨衣服，我想赶快开灯看书。"

姐姐不好意思地哄着弟弟说："好了好了，姐姐马上就好。"

"你总是说快好了快好了，可是都已经过去半小时了。"

姐弟俩的争吵被路过的松下幸之助听到了。松下边走边想：只有一根电线，有人熨衣服，就无法开灯看书；反过来，有人看书，就无法熨衣服，这不是太不方便了吗？何不想出同时可以两用的插头呢？于是松下针对这个问题开始了思考。不久，他的脑海里就出现了两用插头的构造图形。

这种两用插头的试用品问世之后，引起了人们的疯狂抢购，订货的人越来越多，供不应求。松下只好增加工人，也扩建了工厂。自此，松下的事业才开始步入轨道。

每一个成功者都是富有想象力的人。成功学家拿破仑·希尔对想象力的定义是：就好像橡树从橡实发展成长，小鸟从卵中沉睡的胚细胞逐渐成长，你的物质成就也将从你在想象中创造的组合计划中成长。首先出现的是思想，然后再把这个思想和观念与计划组织起来。最后就是将这些想象中的事情变成事实。

心理专家告诉我们：想象就是用心灵的眼睛看到你所预期中的美好。

预见性想象对事业、生活成败的影响是不言而喻的。一个错误的决策往往与其预见能力不足有关，而一个正确的预见则可以帮助你对成功捷足先登。曾一度令整个欧洲疯狂的联邦德国电脑大王海因茨·尼克斯多夫，就是以其超前的想象力而取得最终胜利的。

想象力是灵魂的栖息地，也是成功的核反应堆，它可以给你带来一个成功的目标，让世界上许多事物展示出新奇的面目。

有知识的人未必有思想。一个人可以读许多书，记住许多事实材料，却始终形成不了自己的思想体系，甚至也没有自己的思想基石，没有自己判断价值的标准。

如果把知识比喻成珍珠，那么串起这些珠子的线就是思想。少了这根线，哪怕这些珠子再漂亮，终究也变不成艺术品。

【第三章】给思想洗澡

第四章
精明理财，穷人变富翁

> **不**富裕者，若不勤俭持家，终日大手大脚，那只会更穷。然而，事实告诉我们，许多人纵使家境贫寒，但其中一些人通过投资理财，经济状况渐入佳境，终于过上宽裕的日子。不论贫富，理财都是伴随人生的大事。在这段"经营人生"的过程中，越穷的人越输不起，所以更应严谨看待理财之事。有了理财意识，就有了一个良好的开端。

1. 成为有钱人的理财真谛

要成为一个高财商的人,首先要弄明白什么是财富?当然马上就会有人说,财富不就是钱吗?金光闪闪的黄金、厚厚的人民币以及巨额的银行存款。当然,我们不否认这都是财富的一种体现。

而财商的精神要旨在于如何去管理金钱,成为金钱的主人,而不是成为金钱的奴隶!"有钱不是万能的,没有钱是万万不能的",我们不仅要学会用钱赚钱,而且要在财务安全和财务自由中体现人生的快乐,这才是理财的真谛!

一个人要拥有高财商,必须掌握哪些知识呢?

(1) 基本的财务知识

很多优秀的人才,非常懂得利用自己的知识和能力赚钱,但是却不懂如何把赚来的钱管好,利用钱来生钱,这主要是因为他们缺乏基本的财务知识。

因此,理财的第一步就是掌握基本的财务知识,学会如何管理金钱、知道货币的时间价值、读懂简单的财务报表、学会投资成本和收益的基本计算方法。只有学会这些基础的财务知识,才能灵活运用资产,分配各种投资额度,使得自己的财富增长得更快。

(2) 投资知识

除了财务知识以外,我们还要掌握基本的投资之道。现代社会提供了多种投资渠道:银行存款、保险、股票、债券、黄金、外汇、期货、期权、房地产、艺术品等。若要在投资市场有所收获,就必须熟悉各种投资工具。存款的收益虽然低,但是非常安全;股票的收益很高,但是风险较大。各种投资工具都有自己的风险和收益特征。

熟悉了基本投资工具以后，还要结合自己的情况，掌握投资的技巧，学习投资的策略，收集和分析投资的信息。只有平常多积累，才能真正学会投资之道。不仅自己要多看多学，还可以参加各种投资学习班、讲座，阅读报纸杂志，通过电视、网络等媒体多方面获取知识。

(3) 资产负债管理

要理财，首先要弄清楚自己有多少财可理。类似于企业的财务管理，你首先要做的是列出你个人或者家庭的资产负债表。

你的资产有多少？资产是如何分布的？资产的配置是否合理？你借过多少钱？长期还是短期？有没有信用卡？信用是否透支？你打算如何还钱？有没有人借过你的钱，是否还能收回？……

这些问题可能你从来没有想过，但是，如果你想要具备良好的理财能力，必须从现在开始关注它们。

(4) 风险的管理

天有不测风云，人有旦夕祸福，若不做好风险管理与防范，当意外发生时，可能会使自己陷入困境。

一个人不但要了解自己承受风险的能力，即自己能承受多大的风险，而且还要了解自己的风险态度，即是否愿意承受大的风险，这会随着人的年龄等情况的变化而变化。

年轻人可能愿意承担风险但却没有多少财产可以用来冒险，而老年人具备了承受风险的财力却在思想上不愿意冒险。一个人要根据自己的资产负债情况、年龄、家庭负担状况、职业特点等，使自己的风险与收益组合达到最佳，而这个最佳组合也是根据实际情况随时调整的。

【第四章】精明理财，穷人变富翁

2. 低收入理财也可如鱼得水

也许很多人都会说，我的收入刚够开支，家里存款有限，没有什么财去规划的？持这种观点的人并不少，其实，理财与收入无关，更不是富人的专利。即使收入不高，但如果拥有良好的理财规划，同样会获得较高的生活保障，但是，面对纷繁复杂的理财产品（活期存款、基金、银行理财产品、信托、券商级理财产品），很多人也在犯难，该如何选择自己的理财品种、理财方式？

中低收入的工薪家庭，家庭成员普遍月收入在1000~1500元，家庭总体收入在3000元左右，不仅承受着买房或装修的经济压力，同时还将面对上有老下有小的经济窘况，迫切希望能通过合理的理财改善生活。对此，我们给出这样的理财建议。

建议一：精打细算 开源节流

中低收入工薪家庭由于家庭资产较低，无法通过高投资来提高收益，因此，首先应精打细算，尽可能地节省每一分钱，为将来的投资存好本钱。低收入家庭可将家庭每月各项支出列出一个详细账单，逐项仔细分析。在不影响生活的前提下减少浪费，尽量压缩购物、娱乐消费等项目的支出，保证每月能节余一部分钱。

建议二：建立家庭理财计划书

中低收入工薪家庭如何实现生活中的"大项目"，例如结婚、买房、装修等？因为没有足够的资金，因此要具体问题具体分析。首先，家庭应建立一个家庭理财计划书，将这些"大项目"按重要次序排列，安排落实的期限，把钱向重要的、有可能达到的目标倾斜，必要时要下决心舍弃某些目标。

然而，我们要明白，我们的收入是有限的。另外，理财是一个长期规划，需要持之以恒才能有所收获，所以一定要摒弃暴富心理，踏踏实实发挥每分钱的作用。

建议三：适当投资部分理财产品

中低收入工薪家庭的风险承受能力较低，因此不建议投资高风险的理财产品。一般适合中低收入工薪家庭的投资品种有：货币基金、债券型基金、基金定投等。市民可以根据自身情况构建一个稳健的投资组合，譬如：货币基金、债券基金和平衡型基金，按照3：5：2的比例，这是一个比较稳健的组合。

另外，基金定投也是一种非常有效的长期投资手段，不要小看了定投的威力，就算每个月定投300元，10%的收益率，10年后也能存个6万多元，能顶很多作用了，例如，针对子女教育、自身养老等长远目标，中低收入工薪家庭每月可节省200～300元进行基金定投，积少成多，可帮助家庭积累资金，以保障未来的生活质量。

建议四：考虑兼职和自我价值提升

中低收入工薪家庭要彻底改善生活水平，还要试着开创更多收入来源，如果目前自身水平不够，则应该积极参加社会培训，尤其是技能型培训，利用一技之长为家庭增加收入。

低收入家庭薪水不高，但如果平日多注重生活中理财的小细节，开源节流，持之以恒，保持良好的健康的心态，也可以很开心很快乐地生活。

如杨女士的家庭收入不高，大约在3000元左右，但在她的精心打理下，家庭理财也可如鱼得水。以下是她提供的几个理财心得。

心得一：养成记账习惯。对家庭的消费支出进行记账和统计，分析，看看哪些消费是必须的，哪些消费是可以适当压缩点的。对下月的支出进行筹划，明白自己家里每月有多少余额，只能进行怎样的消费。

心得二：勤俭节约。生活中只要你留意，很多事情是可以节省下不少开支的，比如说，自己做饭，有一次，我做了一桌的菜，一碗一碗端上来的，十道菜，朋友赞不绝口，我全是在菜市场买的，只花了70多元，若在饭馆，定要200～300元才能搞定。

【第四章】精明理财，穷人变富翁

另外，像手机费只要你留心也可以省下不少钱，我常留意移动公司各种宣传促销活动，选择最适合我的手机套餐，每月也节约 10 多元，一年就是近 200 元，请别小看这 200 元，对于较低收入的家庭，就是月收入的 1/10，能补上一年的有线电视费。

心得三：兼职增加收入。除了减少开支之外，还必须想办法增加自己每月的收入。可尝试寻找一些兼职，如果文笔好的话，还可以向报纸和杂志投稿，拓展其他收入来源等等。

心得四：实施储蓄计划。目前最为迫切的是为孩子的教育基金做好准备，因此有一个明晰的攒钱计划是很重要的，总是期待着一大笔收入来解决所有的问题，是很不现实的。

从平日积蓄小数目的钱做起，除了预留必要的开支之外，将工资的剩余部分存入银行，月底把节省下来的开销也存进去。积少成多，再定期地投入一些像基金这种"零存整取"的投资项目中，令资产逐渐"丰满"起来。

3. 你需要认真了解的 10 条理财真理

如果你花上几天的时间跟踪一下市场，研究一下投资，再看看财经电视频道，你也许就会发现，自己的身边充满了各种不确定性。股市是涨还是跌？哪只基金会成为闪亮之星？利率下一步将走向何处？然而，当你退后一步时，你又会惊奇地发现，实际上能够确定的东西也有很多。

你永远无法准确知道未来数日、数周的股市走势，但是谈到理财时，有许多真理是你无法辩驳的。

（1）由俭入奢易，由奢入俭难

随着生活水准的提高，外出吃饭的次数增加了，换了更好的车子，甚至还会买更大的房子。这些都是情有可原的。总是压制自己的欲望，也不利于充分享受生活。不过，生活水准的不断提高是要付出代价的。

由于你的生活方式变得越来越费钱，要想退休就会变得没那么容易，因为你需要赚更多的钱来维持高水准的生活方式。当然，为了能够退休，你也可以削减各类开销。不过，一旦你习惯了某种生活标准，要想降低就十分困难了。

（2）欲壑难填

在削减开支和努力提高现有生活水准之间，多数人会选择后者。他们永远都想要更好的车子、更大的房子、更高的薪水。而一旦得偿所愿，他们很快就又变得不满足。

学术界将之称为"享乐适应"或是"快乐水车"。当升职或是新房新车带给我们的兴奋逐渐消退时，又会开始去追求别的东西，如此周而复始。

【第四章】精明理财，穷人变富翁

(3) 欠债还钱

欠债还钱是天经地义的事情。

不过，仍有一些人大量透支信用卡、欠下大笔车贷、房贷。他们究竟打算如何偿还这些欠款？或者说他们是否就打算把债务留给后代，来个父债子偿呢？

(4) 你的家人也许是你最大的财务负担

毫无疑问，你很清楚养育孩子、供他们念书要花多少钱。但家庭开支往往不止于此。如果你的成年孩子或者你退休的父母财务上出现了问题，你可能还要向他们伸出援手。因此，在孩子离开家独自开始生活前，你要教会孩子多存钱、理智地进行投资。同时，也不要害怕和父母讨论他们的财务问题。

(5) 投资者的三大敌人

他们是：通货膨胀、税和投资成本。实际上，如果将这三个因素都考虑进来，你会发现，自己的投资组合根本就不赚钱。

比如，你购买了一个投资债券的共同基金，收益率为5%，如果基金的年费是1%，你的收益率就会降到4%；如果你适用的所得税率为25%，政府还要从这些收益中提走1/4，这样，收益率就降到了3%；要是通货膨胀率恰好又是3%呢？可以这么说，至少税务机关和你的基金经理是赚钱的。

(6) 并非所有的高风险都有高回报

不论是股票基金还是个股，短期内都会出现大幅的下跌。但它们两者的相似之处也就仅限于此。如果你有一只投资极为分散的股票基金，如果它出现了下跌，你几乎可以肯定它总有一天会反弹回来，并在长期内给你带来可观的回报。

但如果你持有的一只个股大幅下跌，无论你等多长时间，都不敢肯定它哪天会出现反弹。

(7) 增加高风险的投资能够降低总体风险水平

只要研究一下投资组合中每项投资的回报情况，你就会知道整个投资组合的总体回报。但是，投资组合的总体风险水平却不能这样简单地累加。

想想黄金类股。是的，它们的走势十分不稳定。但是由于黄金类股在其他投资遭遇重挫时往往会逆市上扬，因此，把该类股加入投资组合中，能够降低投资组合的总体风险。

（8）多元化大杂烩

进行广泛的分散投资，不仅能降低投资风险，还能保证你总能持有一些市场上最热门的投资品种。

然而，如果你进行了分散投资，投资组合中不可避免地会有一些投资达不到市场的平均水平。可别因此讨厌它们，今年表现不好的投资，很有可能会在下一年成为你的大救星。

并非所有的高风险都有高回报不论是股票基金还是个股，短期内都会出现大幅下跌。但它们两者的相似之处也就仅限于此。

如果你有一只投资极为分散的股票基金，如果它出现了下跌，你几乎可以肯定它总有一天会反弹回来，并在长期内给你带来可观的回报。但如果你持有的一只个股大幅下挫，无论你等多长时间，都不敢肯定它哪天会出现反弹。

（9）多数投资者都无法跑赢大盘

这一点不需要统计数据来证明，简单的逻辑分析就能让人一目了然。在计入成本之前，投资者总体的回报率与大盘一致；在计入成本之后，投资者总体的回报率就要逊于大盘了。

（10）改变是要付出代价的

当你卖出一种投资，而买进另一种时，你的回报率不一定就会因此提高。但改变却一定会带来成本。当然，如果你在一个退休账户中买进和卖出免佣金的共同基金，那就另当别论了。而其他多数交易可能都会涉及佣金或是税金，甚至有可能两者都涉及。因此，在你下一次进行交易前，一定要仔细、认真地考虑考虑。

4."一个鸡蛋的家当"

明朝学者江盈科编有一部《雪涛小说》,其中有一个故事说:

一市人,贫甚,朝不保夕。偶一日,拾得一鸡卵,喜而告其妻曰:我有家当矣!

妻问安在?持卵示之,曰:此是,然须十年,家当乃就。

因与妻计曰:我持此卵,借邻人伏鸡乳之,待彼雏成,就中取一雌者,归而生卵,一月可得十五鸡。两年之内,鸡又生鸡,可得鸡三百,堪易十金。我以十金易五牸,牸复生牸,三年得百五十牛,堪易三百金矣。吾持此金以举债,三年间,半千金可得也。

这个故事后面还有许多情节,与家庭理财关系不大,在这里就不再抄录了。不过这个故事是以悲剧结束的,故而不能不提。

当市人谈到他发财后的生活设想时,因说到他还打算娶一个小老婆,这下子引起了妻子的极大不满:"怫然大怒,以手击鸡卵,碎之。"于是,一个鸡蛋的家当全部给毁掉了,他的创业梦就此破灭。

如果从消遣的角度来看待这则故事,完全可以把它当做一个笑料,把该小说中的男女主人公统统奚落一番。如果从理财的角度来分析这篇小说,则道出了许多合乎情理的理财原理和方法,讲出了致富发家所需要的客观条件以及发家致富的创业步骤,同时也告诉了世人家庭理财应吸取的教训。

用一个鸡蛋当本钱做起,经过十年的努力发展,积累"半千金"虽非易事,但不是不可能,关键是能否把如下理财要求发挥到极致。

(1) 明确的目标

穷人需要通过理财来改变财务现状,从而达到提高生活水平和生活质量的目的。市人为什么"拾得一鸡卵"就急急忙忙告诉他的妻子说"我有家当矣"呢？究其原因是"贫甚，朝不保夕。"

穷则思变，改变生活的前提是改变观念，改变观念的前提是确立自己的家庭理财目标。从小说中可以看出，市人的观念的确已经转变了，虽然自己属于贫困家庭，偶"拾得一鸡卵"后，第一个想法并不是立即把鸡蛋消费掉，而是筹划着用它做本钱去创业，而且理财的目标也很明确。

梦想十年后拥有"半千金"，达到"半千金"后如何安排自己的生活也想得很"全面"。

(2) **本钱**

巧妇难为无米之炊，无本难求利。市人因家庭"贫甚，朝不保夕。"只能拿出一个还是拾来的鸡蛋做本钱。

虽然用拾来的本属于别人的鸡蛋来做本钱，不是件光彩的事，但总算有了创业的"第一桶金"。本钱再小也比没有强得多得多，没有投入是无法求得产出的，从小处做起也比不做强，只有投入了，才有产出的可能，空谈是永远都没有产出的。

(3) **借助别人和社会的力量**

市人知道自己的本小，抗风险能力差，所以他选择和别人合作的方式经营，借助别人的经济实力把"自己的鸡蛋"孵化成小鸡，而后从中取一个小母鸡来经营。这样做显然能达到规避风险的目的。

(4) **时间**

命运的改变需要时间，由穷变富、家庭财产增值同样需要时间。市人的小康规划是比较切合自己的实际，用一个鸡蛋起家要"然需十年，家当乃就。"理财最忌的就是浮躁，一口吃个胖子的可能性很小，机会也很少。

(5) **结合实际不断进行投资调整**

理财贵在变通、转换，在自己的风险承受能力范围内，尽可能投资高收益产品，达到缩短致富时间之目的。

当市人本钱很少时，他设想采用的是"养鸡生蛋、蛋孵小鸡"的稳健经营策略，有了一定的积累后，设想再向相对高收益的"养牛业"进军，有了卖牛所得的"三百金"后，才设想"吾持此金以举债"从而进军经

【第四章】精明理财，穷人变富翁

营风险更高但收益也高的金融业。

（6）必须让家庭每一个成员都受益

以上几点显然是技术层面的问题，而一个则是道德层面的要求。市人的设想为什么没有变成现实，最重要的原因是没有充分考虑妻子的利益和感受。家里穷得揭不开锅的时候，妻子并没有弃他而去，当他"发了财后"，却只考虑自己享受，再娶一个小老婆。妻子当然不愿看到这样的结果了，为了维护自己的利益，故而采取了"以手击鸡卵"的极端方式，阻止了他的发财梦。

5. 穷人理财的五大秘诀

如今这社会没什么都可以，千万不能没有钱。理财是现代人必修的一门课程。对于富人来说，理财可能容易一些，因为有雄厚的资金，财大气粗，无论做什么都显得得心应手，游刃有余，即使赔一些也无碍大体，瘦死的骆驼比马大。但对穷人来说理财可就不那么容易了，穷人没什么资金来源，干什么必须精打细算，精确制导；否则将雪上加霜，变得一贫如洗。我们经过实例分析，积极探索到了穷人理财的几大秘诀，供大家参考。

（1）养好身体是理财的基本前提

俗话说身体是革命的本钱，这可以说是永远的真理。特别是在现在看病难看病贵的时代，身体的重要性显得尤为突出。没有钱可以挣，但没有好的身体，纵有万贯家私，只要进了医院短时间内也会消耗殆尽。

穷人挣不了钱，少花钱就等于攒钱。那么，怎么才能养好身体呢？

首先，要有个好的心态。纵观古今中外，大凡长寿身体健康者，无不是保持积极乐观的生活态度的。试想，一个整天忧心忡忡杞人忧天的人怎么会健康得了呢？生活中不如意的事情实在太多，我们不可能什么都不在意，但也不能太在意，有些事情是自己的力量无法左右的。

其次，养成好的生活习惯。人穷志不穷，人穷习惯要好。俗话说得好小富靠勤，大富靠命。虽然不能像朱子治家格言上讲的那样：黎明即起，洒扫庭除，要内外整洁。既昏便息，关锁门户，必亲自检点。但必须养成早睡早起的好习惯，保持勤俭持家的好家风。虽说现在挣钱困难，生活压力大，但是只要我们有一双勤劳的手，就不愁挣不到钱。另外，好的生活习惯也会使人精神抖擞，身心健康，身体好了这就是无形的资产。

【第四章】精明理财，穷人变富翁

(2) 制订符合自己的生涯理财规划

在我们身边,有许多人一辈子工作勤奋努力,辛辛苦苦地存钱,却又不知所为何来,既不知有效运用资金,亦不敢过于消费享受,或有些人图"以小搏大",不看自己能力,把理财目标定得很高,在金钱游戏中打滚,失利后不是颓然收手,放弃从头开始的信心,就是落得后半辈子悔恨抑郁再难振作。

要圆一个美满的人生梦,除了要有一个好的人生目标规划外,也要懂得如何应对各个人生不同阶段的生活所需,而将财务做适当计划及管理就更显其必要。因此,既然理财是一辈子的事,何不及早认清人生各阶段的责任及需求,订定符合自己的生涯理财规划呢?

许多理财专家都认为,一生理财规划应趁早进行,以免年轻时任由"钱财放水流",蹉跎岁月之后老来嗟叹空悲切。

①求学成长期

这一时期以求学、完成学业为阶段目标,此时即应多充实有关投资理财方面的知识,若有零用钱的"收入"应妥为运用,此时也应逐渐建立正确的消费观念,切勿"追赶时尚",为虚荣物质所役。

②入社会青年期

初入社会的第一份薪水是追求经济独立的基础,可开始实务理财操作,因此时年轻,较有事业冲劲,是储备资金的好时机。从开源节流、资金有效运用上双管齐下,切勿冒进急躁。

③成家立业期

结婚十年当中是人生转型调适期,此时的理财目标因条件及需求不同而各异,若是双薪无小孩的"新婚族",较有投资能力,可试着从事高获利性及低风险的组合投资,或购屋或买车,或自行创业争取贷款,而一般有小孩的家庭就得兼顾子女养育支出,理财也宜采取稳健及寻求高获利性的投资策略。

④子女成长中年期

这一阶段里子女的教育费用和生活费用猛增,财务上的负担通常比较繁重。那些理财已取得一定成功、积累了一定财富的家庭,完全有能力应付，可继续发展投资事业，创造更多财富。此时因工作经验丰富，收入相对增加，理财投资宜采取组合方式，贷款亦可在还款方式上弹性调节运用。

而那些理财不顺利、仍未富裕起来的家庭，则应把子女教育费用和生活费用作为理财重点。在保险需求上，人到中年，身体的机能明显下降，对养老、健康、重大疾病的要求较大。

⑤空巢中老年期

这个阶段因子女多半已各自离巢成家，教育费、生活费已然减少，此时的理财目标是包括医疗、保险项目的退休基金。因面临退休阶段，资金亦已累积一定数目，投资可朝安全性高的保守路线逐渐靠拢，有固定收益的投资尚可考虑为退休后的第二事业做准备。

⑥退休老年期

此时应是财务最为宽裕的时期，但休闲、保健费的负担仍大，享受退休生活的同时，若有"收入第二春"，则理财更应采取"守势"，以"保本"为目的，不从事高风险的投资，以免影响健康及生活。退休期有不可规避的"善后"特性，因此财产转移的计划应及早拟订，评估究竟采取赠与还是遗产继承方式符合需要。

上述六个人生阶段的理财目标并非人人可实践，但人生理财计划也绝对不能流于"纸上作业"，毕竟有目标才有动力。若是毫无计划，只是凭一时之间的决定主宰理财生涯，则可能有"大起大落"的极端结果。财富是靠"积少成多""钱滚钱"地逐渐累积，平稳妥当的生涯理财规划应及早拟订，才有助于逐步实现"聚财"的目标，为人生奠下安定、有保障、高品质的基础。

(3) 坚持学习是理财的不竭源泉

在现在的商品经济社会中，你只要活着，就得用钱，所以我们要生存就必须先学会赚钱。在当今重视知识，重视人才的社会中，学习显得比任何东西都重要。学习改变命运，知识成就未来。

古人说学而优则仕，在现在同样适用。虽然不能十年苦读无人问，一朝成名天下知，但凭个人的努力，考取理想的大学，学一技之长，也可以

有源源不断的收入。

我们不能像一些科学家一样搞出什么厉害的科技发明,申请专利,大发其财,但通过学习增长知识,开阔视野,拥有一个精明的头脑,总可以发现商机的。

(4) 教好子女是理财的重中之重

十年树木,百年树人。可见教育子女的重要性。难怪那么多有识之士,为教育奔波劳累,鞠躬尽瘁,毫无怨言。

综观古今中外,有多少富可敌国家财万贯的人家因为没有教育好子女而家道中落。富不过三代,五世而斩指的就是这个意思。当然谁不希望自己的子女成龙成凤,可就是有些人过于溺爱子女,最终没有教育好,子女成了纨绔子弟,浪荡少年,为自己培养了掘墓人,令人扼腕叹息。

所以教育子女应该是我们的重中之重的任务,必须要重视起来,多学习一些教育方法和技巧,言传身教身体力行,使子女成才成器;否则的话,为了子女今后的生活,有花不尽的钱,受不尽的累,你有多少钱才能够呢?因此说教好子女就是理财,而且理的是大财。

(5) 拒绝各种诱惑

每个月领薪日是上班族最期盼的日子,可能要购置家庭用品,或是购买早就看中的一套服饰,或是与朋友约好去上一份"人情"……各种生活花费都在等着每个月的薪水进账。

在我们身边不时地看到这样的人,他们固定而常见的收入不多,花起钱来每个都有"大腕"气势,身穿名牌服饰,皮夹里现金不能少,信用卡也有厚厚一叠,随便一张刷个两下子,获得的虚荣满足胜于消费时的快乐。

月头领薪水时,钱就像过节似的大肆花,月尾时再苦叽叽地一边缩衣节食,一边再盼望下个月的领薪日快点到,这是许多上班族的写照,尤其是初入社会经济刚独立的年轻人,往往最无法抗拒消费商品的诱惑,也有许多人是以金钱(消费能力)来证明自己的能力,或是补偿心理某方面的不足,这就使得自己对金钱的支配力不能完全掌握了。

面对这个消费的社会,要拒绝诱惑当然不是那么容易,要对自己辛苦赚来的每一分钱具有完全的掌控权就要先从改变理财习惯下手。

"先消费再储蓄"是一般人易犯的理财习惯错误，许多人生活常感左入右出、入不敷出，就是因为你的"消费"是在前头，没有储蓄的观念。或是认为"先花了，剩下再说"，往往低估自己的消费欲及零零星星的日常开支。

对许多老百姓来说，要养成"先储蓄再消费"的习惯才是正确的理财法，一方面可控制每月预算，以防超支，另一方面又能逐渐养成节俭的习惯，改变自己的消费观甚至价值观，以追求精神的充实，不再为虚荣浮躁的外表所惑。

这种"强迫储蓄"的方式也是积攒理财资金的起步，生活要有保障就要完全掌握自己的财务状况，不仅要"瞻前"也要"顾后"，让"储蓄"先于"消费"吧！切不可先消费——尽情享受人生——等有了"剩余"再去储蓄。

【第四章】精明理财，穷人变富翁

6. 投资理财前要擦亮眼睛

根据银监会相关统计，截至 2008 年底，银行理财产品的总销售额约为 3.7 万亿元，相比 2007 年的 9000 亿元，一年时间增长了约 4 倍。

与此同时，银行理财成了投诉的集中地。调查结果显示，在金融理财产品的投诉中，对银行的投诉占了一半以上，主要原因是扩大产品收益，而没有充分揭示风险（57%）。而在保险销售中，购买前"故意隐瞒对投保人不利信息"（49%）和购买后"理赔难"（45%）则是投资者投诉最集中的领域。

针对金融理财领域中的这些陷阱，投资者应该怎样更好地维护自身的权益？

(1) "黑嘴"跨省作案玩惨股民

案例

范某是山东股民，原先在股市中投入资金七万余元，经过 2008 年股市调整，股票账户里的资金已所剩无几。一日，在当地综艺频道看到一个股评节目后，范某拨打了节目提供的热线电话，随后便不断收到这家广州机构邀请其加入公司会员的电话"骚扰"。

范某决定先交几千元碰碰运气，结果股票亏得更厉害，这时公司要范某追加 2 万元成为高级会员，并承诺每月收益可超 50%。结果讨价还价缴纳了一万元成为"高级会员"后，并没有让范某改变"一亏再亏"的颓势，他坚持要求退会员费。但公司称要退款必须补缴 6000 元，才能开具发票，结果他借钱缴款后电话再也打不通了。

慧眼"辨金"多参与投资者教育活动

面对重重陷阱，投资者如何保护自身权益？现有四招应对。

①通过合规、专业的信息渠道了解证券市场的信息，不听传言。

②多关注辖区监管部门的打击非法证券活动的报道及公布的相关非法机构名单,提高自己的鉴别能力,不上当受骗。

③主动配合各机构开展的客户风险评估和分类管理信息系统的建设,有效地规避投资风险。

④多参与各机构开展的投资者教育活动,提高自己对证券市场知识的认知能力和投资水平,争取做一个合格投资者。

(2)风险提示不充分,保本产品不保本

案例

48岁的周女士去某外资行购买理财产品,银行理财经理吴小姐大力推荐某股票挂钩型保本产品,称该产品年化最高收益高达14%,不好的情况下也有6%左右,产品期限为2.5年。不懂理财的周女士被高收益吸引,将资金约10万元全部投入购买该产品。

但在合同协议书上签字时,她发现只有一份,而且没有具体涉及产品的内容,很多本该填写的细节也空着,便提出疑问。对方说"产品的具体说明出来后会寄给你,不用担心"。签字后,周女士只拿到一本存折。

不久,周女士先后收到了介绍"金猪宝贝"的文本和交易确认书。但由于全球金融危机的影响,两个月后,该产品挂钩的境外股票已跌得面目全非。周女士当即提出赎回资金。但银行告诉他,现在赎回只能拿到89%,损失约11000元。

实际上,类似周女士的许多投资者,是对海外金融市场发展的风险认识不足而盲目投资,上述案例中,银行显然没有充分提示风险。

慧眼"辨金"充分了解产品结构

如何应对这类问题,专家建议:

①投资者在购买产品前,要仔细询问产品结构,对产品资金投向有比较清晰的认识,并要求理财顾问揭示全部风险。

②购买产品前,要求银行为自己做风险承受能力测试。

③购买产品后,要关注产品的信息披露和阶段性风险,通过比较后考虑是否赎回。

④投资有赚有赔,银行理财产品也不例外,保本产品也要持有到期才能保本,如中途赎回会有一定损失;对于不保本产品,即使理财顾问大肆

强调收益,也要保持清醒的头脑。

(3) 防不胜防的电话保险销售

案例

来自北京的姜女士持有某知名商业银行的信用卡。自5年前开始,在姜女士毫不知情的情况下,某保险公司就开始从姜女士在上述商业银行办理的信用卡中划拨所谓的"保险款",每年扣除1890元,五年合计扣款近万元。据姜女士介绍,她从来都没有从该保险公司处购买保险,也没有签订任何相关合同,要不是今年2月份偶然核对了一下信用卡对账单,姜女士可能还会继续蒙在鼓里。

姜女士与该商业银行和保险公司方面联系。银行方面的解释是,银行方面只负责推荐,并帮助保险公司在持卡人信用卡里扣款,其他概不负责。保险公司指出,当时保险公司采取电话方式销售保险产品,投保人也通过电话进行确认,保单就此生效,保险公司方面有电话录音。后来投保人的地址变化,因此没有联系到投保人。

电话销售保险存在着不少问题,让消费者防不胜防。主要集中在以下几个方面:银行将信用卡客户的资料交给保险公司,客户的隐私得不到保障;银行或者保险公司往往凭客户的口头允诺就让合同生效,让客户购买本不想买或者不适合的保险产品;打电话推销保险往往是开始赠送一年或者半年保险,到期后,保险公司就会默认为该客户会自动投保,然后每年从账户中划钱。

慧眼"辨金" 不要图省麻烦而不签书面合同

律师提醒,保险合同生效的前提,是双方就保险合同的内容达成一致。根据相关法律,电话销售人员在销售过程中应将产品名称、保障范围、保险金额、缴费方式、保单送达方式、犹豫期等内容明确告知投保人;保险公司应对投保人进行电话回访,并录音核查;保险公司应在保单生效时,扣款成功时采取有效方式提示客户。上述案例中,确保合同生效的多个环节保险公司都没有做到,这样的合同显然是不能成立的。

鉴于保险产品的复杂性,对于电话营销的保险产品,可以要求对方面谈,也可以先通过其他渠道了解一下相关产品再决定购买与否。特别需要强调的是,不要图省麻烦而不签书面合同。

7. 穷人理财的四种境界

进入 21 世纪，人们如梦初醒，个个理财，处处理财，理财真如万年灵芝，有之即灵？常阅常听常见了很多理财故事、理财言论，在理财的天地里，同样也有境界之分。

第一重，生计型理财

好比马斯洛层次论的底层，生存是第一需要。从心态的角度看，这一境界的理财体现的本质是为"生计"。

由于初入社会或者学识有限、能力不够、家境贫困抑或机遇不佳者，每月对拿到手的或者将要到手的钱，算计哪些钱必花，什么费用可以节约，哪张电话卡更省钱，怎样的租房和交通组合更合算，这是理财的最低境界，但也是境界，也是一种主动把握生活的状态。

这个境界不仅以钱财为界限，可以是街边卖菜的小贩，可以是月入上千的工薪族，他们共同的特点就是理财的目的是为生存，只不过生存的要求不同罢了，今天为明天的生存，本月为下月的生存。

节流是理财的重中之重，储蓄可能讲一点，但股票、基金、理财产品的关注还提不上历史日程。刚毕业的大学生们或者刚自食其力的年轻人大部分处于这种境界，这也是理财的起始阶段。

第二重，生活型理财

随着工作经历的增加，阅历的增长，生活有了一个基本保障后，在各种理财概念铺天盖地的狂轰滥炸下，开始注意身边的理财了。这个时候学习储蓄、基金、国债的多了，买股票是入门课，问保险是必修课，看房产是选修课，有了五 W 想八 W，有了八 W 想十 W。也有的正安于现状，想想不浪费钱才是正途。这个时期比以往更关注理财，更希望让自己有限的

MONEY生出多多的子来。

开源和节流的理念不停地在脑海中交织,也在生活中不断折磨着自己,生活仍然为钱而转动。其实,这个时候往往有点高不成,低不就。钱说多不多,说少吧还过得去,对生活要求高点呢,钱就不够,降低一点生活标准吧,小日子准保过得舒坦。

只是有高明者,已知道对自己的投资才是最大的投资,开始学习新知识,积累新技能,寻求新机遇。

第三重,享受型理财

这个阶段与所谓的中产阶级生活有一定对应关系。当然,中产的概念争议甚多,多少钱算中产大伙还没争出个结论,在此说的只是这种心态。对自己现在的生活有较高的满意度,在享受生活的同时,用知识打理财物。

这个阶段,把生活质量看得更高,明明知道钱用于投资可以获得更多,但也不会把所有的财都用去发财,而是把自己的生活安排得妥妥帖帖后,再去应对钱生钱的事。

其实到了这个阶段,理财的人本具有较高的素质,自己具有获得足够收入的能力,也能够找到收入不菲的工作方式和工作内容,他们的投资渠道也更多了,一般会有房地产,保险也在专家的指导下或多或少的购买,对更多的理财产品如黄金、基金、外汇、人民币理财等有了极大的兴趣关注和参与。

这个阶段的人,更注意开源,他们深深明白,钱是可以攒的,更是挣的,要靠自己的本事去挣,为自己为家人而挣。

第四重,理财的最高境界,是自我实现型的理财

这个阶段干着自己喜欢的事,理财的重点是找到"开源"之源,挣钱则是为有源头活水来,水到渠自然成的事,挣到让自己和家人生活舒适的钱,而不只是说多多的钱。

这个阶段的心态,早已不把钱看得太重,做的却是能让自己身心愉悦、颇有成就感的事,收入早已过了温饱线,在小富和大富之间徘徊。我欣赏的是这种境界下钱来得自然,花得自然。

这需要前期的积累,包括知识、经验、人气的积累,做着一件认准的坚持事,叫做"术业有专攻",此时的工作可以用"成就"二字,倒不在乎成就的大小。哪怕是擦皮鞋,只要认真快乐地做,那财富也会跟着你。大到李嘉诚手握上亿身,小到做泡菜也能走出国门的。

很多人在追求财富的同时,往往忘记了自己的理想,如果能把你的理想发挥到极致,又何愁财不跟你呢?这个世界为我们提供了很多的工作机会,每一个机会都有致富的可能,关键是看你有没有把它做到最好。

人对财富的把握程度取决于你对自己的认同程度。有多大的能力就去把握多大的财富吧。

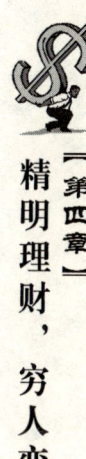

【第四章】精明理财,穷人变富翁

8. 别把鸡蛋全放在一个篮子里

有些保守的人,把钱都放在银行里生利息,认为这种做法最安全且没有风险。也有些人买黄金、珠宝寄存在保险柜里以防不测。

这两种人都是以绝对安全、有保障为第一标准,走极端保守的理财路线,或是说完全没有理财观念;或是也有些人对某种单一的投资工具有偏好,如房地产或股票,遂将所有资金投入,孤注一掷,急于求成,这种人若能获利顺遂也就罢了,但从市面有好有坏波动无常来说,凭靠一种投资工具的风险未免太大。

当一个家庭还没有自己产权的房产,无固定住所时所带来的不安全感是大家都能感受得到。世界首富巴菲特先生在他刚结婚的时候,他妻子看中了一套房子,当时那个房子大概是 5 万美金,那时候巴菲特先生手上有 5 万美金,但是他却对他妻子说:亲爱的,我们可不可以先不买房子,先租套房子,租套跟这一样的,等过了 5 年后再用赚的钱买这个房子。他妻子同意了,巴菲特也是这么做的,几年后用赚的钱买了房子。

理财大师要求的是在生活质量不变的情况下,用赚的钱买房子,尽量推迟大的开支。当然,我们不可能都是理财投资大师,所以拥有自己的第一套住房还是必要的,它会给我们的家庭生活带来愉悦和幸福。

但是,当我们面对花花绿绿的房地产广告,而禁不住买了第二套,第三套并不需要生活居住的房子时,你不仅将背上沉重的按揭利息负担,而且会错失掉许多好的理财投资致富机会,这是房地产开发商压的在普通家庭上的一座大山,也是套在家庭理财上的一道沉重的枷锁

股票市场是一个高风险高收益的市场,普通人在利用股票市场来理财投资时会犯两个极端的错误,一个是认为股票市场的风险太高,不碰它,

于是错过了能给自己家庭资产带来超过其他投资品种的收益的机会。

还有一种极端行为是忽视股票市场的风险性，从而盲目踏入股市，不经过仔细的行业分析和商业分析，基本面等财务分析就买进某个股票，也没有进行风险测算和分散投资。一旦情况有变，就不知所措，盲目在低位割肉，要么成为套牢一族。这样使家庭的财产遭受巨大损失，在很长的时间都缓不过劲来。

所以说，股票市场的投资是压在普通人头上的另一座大山，可能使家庭资产收益率在相当长的一段时间内成为负值，更谈不上从长期超过3%这道门槛了。中国有句古话，用在这里比较恰当，叫做"万劫不复"。

有部分的投资人是走投机路线的，也就是专做热门短期投资，今年或这段时期流行什么，就一窝蜂地把资金投入。这种人有投资观念，但因"赌性坚强"，宁愿冒高风险，也不愿扎实从事较低风险的投资。这类投机客往往希望"一夕致富"，若时机好也许能大赚其钱，但时机坏时亦不乏血本无归、甚至倾家荡产的"活生生"例子。

【第四章】精明理财，穷人变富翁

不管选择哪种投资方式，上述几种人都犯了理财上的大忌：急于求成，"把鸡蛋都放在一个篮子里"，缺乏分散风险观念。

随着投资渠道愈来愈多，单一的投资工具已经不符国情民情，而且风险太大，于是乎有"投资组合"的观念应运而生，目的既为降低风险，同时也能平稳地创造财富。

目前的投资工具十分多样化，最普遍的不外乎有银行存款、股票、房地产、期货、债券、黄金、共同基金、外币存款、海外不动产、国外证券等，不仅种类繁多，名目亦分得很细，每种投资渠道下还有不同的操作方式，若不具备长期投资经验或非专业人士，一般人还真弄不清呢。

因此，一般大众无论如何对基本的投资工具都要稍有了解，并且认清自己的"性格趋向"是倾向保守或具冒险精神，同时衡量自己的财务状况，"量力而为"选择较有兴趣或较专精的几种投资方式，搭配组合"以小搏大"。投资组合的分配比例要依据个人能力、投资工具的特性及环境时局而灵活转换。

个性保守或闲钱不多者，组合不宜过于多样复杂，短期获利的投资比例要少；若个性积极有冲劲且不怕冒险者，可视能力来增加高获利性的投资比例。

各种投资工具的特性，则通常依其获利性、安全性和变现性（流通性）三个原则而定。例如银行存款的安全性最高，变现性也强，但获利性相对地低了；而股票、期货则具有高获利性、变现性也佳但安全性低的特性；而房地产的变现能力低，但安全性高，获利性（投资报酬率）则视地段及经济景气而有弹性。

配合大经济环境和时局变化，一般说来，经济景气不良、通货膨胀明显时，投资专家莫不鼓励投资人增加变现性较高且安全性也不错的投资比例，也就是投资策略宜修正为保守路线，维持固定而安全的投资获利，静观其变，"忍而后动"。

现代经济带来了"理财时代"，五花八门的理财工具书多而庞杂，许多关于理财的课程亦走下专业领域的舞台，深入上班族、家庭主妇、学生的生活学习当中。景气回苏，投资环境活络时，则可适时提高获利性佳的投资比例，也就是冒一点风险以期获得高报酬率的投资。

了解投资工具的特性及运用手法时，搭配投资组合才是降低风险的"保全"作法。目前约有八成的人仍选择银行存款的理财方式，这一方面说明大众仍以保守者为多，另一方面也显示，不管环境如何变化，投资组合中最保险的投资工具仍要占一定比例，我们普遍认为，不要把所有资金都投入高风险的投资里去。

"投资组合"乃是将资金分散至各种投资项目中，而非在同一种投资"篮子"中作组合，有些人在股票里玩组合，或是把各种共同基金组合搭配，仍然是"把所有鸡蛋放在同一个篮子里"的做法，依旧是不智之举。

9. 金钱的五大金科玉律

这则巴比伦最有钱人的故事，看似简单平常，但在八千年前巴比伦人已经懂得理财致富之道，这些原则到现在还是一样可以适用。

根据巴比伦出土的陶砖土记载，巴比伦最有钱的人叫做阿卡德，很多人羡慕他的富有，因此向他请教致富之道。

阿卡德原来是在担任雕刻陶砖的工作，有一天，有一位有钱人欧格尼斯来向他订购一块刻有法律条文的陶砖，阿卡德说，他愿意连夜雕刻，到天亮时就可以完成，但是唯一的条件是欧格尼斯要告诉他致富的秘诀。

欧格尼斯同意这个条件，因此到天亮时，阿卡德完成了陶砖的雕刻工作，欧格尼斯对现了他的诺言，他告诉阿卡德："致富的秘诀是：你赚的钱中有一部分要存下来。"

"财富就像树一样，从一粒微小的种子开始成长，第一笔你存下来的钱就是你财富成长的种子，不管你赚得多么少，你一定要存下十分之一。"

【第四章】精明理财，穷人变富翁

一年后，当欧格尼斯再来的时候，他问阿卡德是否有照他的话去做，把赚来的钱省下十分之一。

阿卡德很骄傲地回答，他确实照他的方法做了，欧格尼斯就问："那存下来的钱，你如何使用呢？"

阿卡德说："我把它给了砖匠阿卢玛，因为他要旅行到远地买回菲利人稀有的珠宝，当他回来的时候，我们将把这些珠宝卖很高的价格，然后平分这些钱。"

欧格尼斯责骂说："只有傻子才会这么做，为什么买珠宝要信任砖匠的话呢？你的存款已经泡汤了！年轻人，你把财富的树连根都拔掉了，下次你买珠宝应该去请教珠宝商，买羊毛去请教羊毛商，别和外行人做

生意!"

就如同欧格尼斯所说,砖匠阿鲁玛被菲利人骗了,买回来的是不值钱的玻璃,看起来像珠宝。阿卡德再次下定决心存下所赚的钱的十分之一,当第二年,欧格尼斯再来的时候,他又询问阿卡德钱存的如何?

阿卡德回答:"我把存下来的钱借给了铁匠去买青铜原料,然后他每四个月付我一次租金。"

欧格尼斯说:"很好,那么你如何使用赚来的租金呢?"

阿卡德说:"我把赚来的租金拿来吃一顿丰富大餐,并买一件漂亮的衣服,我还计划买一头驴子来骑。"

欧格尼斯笑了:"你把存下的钱所衍生的子息吃掉了,你如何期望他们以及他们的子孙能再为你工作,赚更多的钱?当你赚到足够的财富时,你才能尽情享用而无后顾之忧。"

又过了两年,欧格尼斯问阿卡德:"你是否达到梦想中的财富?"

阿卡德说:"还没有,但是我已存下了一些钱,然后钱滚钱,钱又滚钱。"

阿格尼斯又问:"那你是否还向砖匠请教事情?"

阿卡德说:"有关造砖的工作请教他们能得到很好的建议。"

欧格尼斯说:"你已学会了致富的秘诀。首先你学会了从赚来的钱省下钱,其次你学会了向内行的人请教意见,最后你学会了如何让钱为你工作,使钱赚钱。你已学会如何获得财富,保持财富,运用财富。"

早在八千年前的巴比伦人就指出:成功的人都是善于管理、维护、运用创造财富。致富之道在于听取专业的意见,并且终生奉行不渝。

这则古老的智慧当中,蕴含着金钱的五大金科定律

金钱的第一定律:金钱是慢慢流向那些愿意储蓄的人。

每月至少存入十分之一的钱,久而久之可以累积成一笔可观的资产。

金钱的第二定律:金钱愿意为懂得运用它的人工作。

那些愿意打开心胸,听取专业的意见,将金钱放在稳当的生利投资上,让钱滚钱,利滚利,将会源源不断创造财富。

金钱的第三定律:金钱会留在懂得保护它的的人身边。

重视时间报酬的意义，耐心谨慎的维护它的财富，让它持续增值，而不贪图暴利。

金钱的第四定律：金钱会从那些不懂得管理的人身边溜走。

对于拥有金钱而不善经营的人，一眼望去，四处都有投资获利的机会，事实上却处处隐藏陷阱，由于错误的判断，它们常会损失金钱。

金钱的第五定律：金钱会从那些渴望获得暴利的人身边熘走。

金钱的投资报酬有一定的回收，渴望投资获得暴利的人常被愚弄，因而失去金钱。

缺乏经验或外行，是造成投资损失的最主要原因。

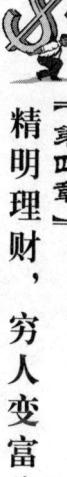

【第四章】精明理财，穷人变富翁

10. 做"小老板"的创富秘籍

社会经济高速发展的今天,越来越的多人不满足于现状,希望自己创业打造出属于自己的一片天地。每个人在创业的过程中都会存在这样那样的问题,如不能对市场进行全面及时有效的调查,导致盲目创业;资金不足、技术条件不成熟;创业环境不够宽松等。

从当今社会经济发展特点来看,人们的工作基本上可以如下三种类型国家公务员、企业雇工人员、自己做老板。他们各有千秋,但是恐怕很多人都想自己做老板,但是谁都知道,老板有老板的难处,并非人人都能做老板,真正做一个赚钱的老板、做一个事业有成的老板是需要勤奋和智慧的。

古人云,万丈高楼,平地起。任何事业都是从小到大,由点滴做起的在不断总结经验、积累资金的过程中,慢慢发展起来的。万事开头难,下面我们在总结前人的经验的基础上,结合当代社会发展特点,总结出了个人创业致富十二大窍门。

(1) 考察市场

根据市场的需求确定一个可行的项目,并制订详细的可行性方案。在创业的过程中,自己的创业方式和项目不一定是最好的、现阶段最流行的,但是一定要是最适合自己的。创业的方式多种多样,创业的项目层出不穷,但要找到真正适合自己的并不简单,这就要求我们在创业的初期做充分的准备,对自身的优劣势要十分清楚,做到"不打无准备之仗",这是创业者成功的前提条件。

(2) 将创业资金数额减到最低

别举债,别投下家庭储蓄,成功机会只有20%至30%的新事业,不值得你这样冒险。你计划的事业要由现有的构想和你个人才华及专长做起，而且只需要少许现金。

（3）不要着急过老板的瘾

有些朋友在生意走上正轨之后，就认为高枕无忧了，就开始雇佣员工，自己当起了"甩手掌柜"。此法不可取，尤其是十万元以下投资的创业者，更应该在自己的事业中发扬艰苦奋斗的作风。

投资创业首先就是实现自我雇佣，通过自己的投资，使自己的人力资源同生产资料相结合，达到人财物三者所有者一元化。雇佣雇员就相当于放弃了自己的人力资本投资收益，这对于资本极小的创业投资者来说，应该是一笔不小的损失。

（4）学习销售自己

身为小企业经营者，人们买的是你，不是你的产品。只要你知道如何销售自己，初期投资并不需要准备大笔资金。开业30天内，你就可以找到客户，现金60天内就会进来，帮助推动业务成长。

（5）对客户要大方

新事业不宜对顾客收费过高。笔者的做法，甚至提供免费服务给顾客，让他们知道我能做什么。就算后来没有签约，他们也会介绍其他付费客户。有时，你得用小鱼钓大鱼。

（6）开始时最好能由家中直接提供产品或服务

有人曾在卧房一角，以一桌、一椅、一台小电脑，开创顾问公司。5年内，公司收入超过50万，有自己的办公室和12位员工。一切从小规模开始，逐渐扩大。

（7）从第一天开始，一切电脑化

打字机及人工作业方式，在目前市场上已无竞争力，书信往返、会计、市场、文书、销售都不例外。从第一天开始营业即要使用电脑。

（8）长时间工作

把会计、书信等行政工作留到夜晚。这些事绝对不能占用朝九晚五的时段。这个黄金时段只能用来建立人际关系，作简报，打电话，或与客户面对面交谈。和客户谈了一天，回家后才从事不能产生收入的工作。

(9) 爱你的顾客

永远有礼貌地和顾客说话,不论他们有时多么令你生气。记住,顾客永远是国王和王后。没有人比小企业经营者更清楚这一点,要尽力使顾客满意。好的做法是介绍上虽指明服务项目,但经常多做,超出顾客期望。经常超越合约项目,提供更多服务,超过顾客期望,这便是小企业主最好的广告方式。

(10) 开始不成功也要继续努力

绝对不要放弃,成功经常就在失败的另一侧。失败代表你已经在正确的道路上,只要失败次数增加,努力的时间够长,途中做出聪明的选择,你终会成功的。

(11) 独自经营

开始创业时,避免邀其他人合伙。合伙就像婚姻,你愿意接受这样的束缚吗?更何况,统计显示婚姻的合伙关系,两对中就有一对以离婚收场。一般来说,如果你想创业,最好自己来。当然,这得由你自己决定。

(12) 安排休闲时间

尽管待办事项堆积如山,也要强迫自己星期六或星期日休息一天。你损失的那一天,会因为下周生产力增加而加倍补回,而且家人和顾客也希望你这样做,因为休假使人愉快和悦。拨出时间运动,和家人出游,或甚至看场电影,让你暂时忘记业务,工作反而更有效率。

11. 日常节流不容忽视

让"选择性的消费"取代随便花钱,并不容易做到,因为我们改变行为时,会觉得生活上不舒适。但不要放弃,如果坚持到最后而看到满意的成果,相信你会很乐意将节省当做一种生活习惯了。

别把钱花在不必要的支出上

(1)尽量减少在昂贵速食方面的花费。你可以在周末的时候自己制作主食,然后存放在冰箱里,以省去买面包和速冻水饺的钱。

(2)到超市购物前制作一个明细单,以避免冲动消费。除非必要,否则肚子正饿或带着小孩的时候不要随便进食品超市。

(3)在超市购物的时候,多看看放在货架子最上层和最下层的东西,那里才可能是你想要的便宜选择。

(4)不要随便花掉购物所得的折价券和赠券,除非你是真的需要什么。

(5)注意保留报纸中平整的各商店优惠信息,在你想买什么东西的时候,那上面打出的价格将是非常好的参照。

(6)如果你不是名牌的崇拜者,不妨为自己买些普通厂商出产的食品,一般情况下它们的味道差不多。

(7)进食品商店的时候先留意那些你需要的,然而也是商店特别推荐的促销品。

(8)路过家附近的食品商店时,看看它门前的广告,最近几天会有什么新的便宜货?

(9)自己动手切肉。越是加工处理好的肉品,包装的成本越高。

(10)不要被物品表面的价格迷惑,要注意看食品的单位价格和单位

重量价格。

（11）朋友聚会的时候重新组织一下，让每位客人都带一道自己做的菜，等大家都养成自己动手的习惯，也没有人非要你去餐馆请客了。

（12）与朋友去熟悉的餐馆吃饭，你可以以熟客的身份为对方点便宜又好吃的菜，否则即使你花了大价钱，对方也不一定吃得满意。

（13）在餐馆吃完饭别忘了直接向老板要打折卡。

（14）依家里成员多少而做适量的饭。

（15）及时查看冰箱里的食物量，避免食品因放久而变质而造成浪费。

（16）自己制作简单的咸菜，比如酱黄瓜、腌海带都是早餐桌上受欢迎的小菜。

（17）减少衣着的开销。

（18）无论是你自己还是家人，都要尽是避免做家务时仍穿着需要干洗的衣服。做饭的时候别记了戴上围裙。

（19）买衣服的时候不要选择过于前卫的式样。这意味着它很快就不能再穿了。

（20）选择能与旧衣服搭配的新衣，一件衣服最好能有两件以上的旧衣服能与之相配。

（21）留意服装上市季节和减价季节。

（22）买品质而不是买数量，期望穿得越久的衣服，品质也应该越好。名牌服饰通常经过了无瑕疵检验，但真正要买的时候，先注意一下哪些是有折扣的。

（23）寻找一两家款式不俗、质量又有保证的小店，作为与名牌服饰搭配的购物场所。

（24）遵照衣物上指示进行洗涤和保养。

（25）不必要拿出去洗的衣物，尽量自己动手洗。

（26）尽量用IP打长途电话，不要在手机里聊大天。

（27）把不用的房间关上，以保持室内的温度，这样可以减少大约10%的空调用电费。

（28）需要用烤箱或微波炉做食物的时候，如果不会串味，可以把几样东西同时放进去。

（29）开抽油烟机时注意将厨房门窗关闭，这样抽风更彻底。

（30）夏天尽量用电风扇代替冷气。

（31）花点钱或时间在低成本或免成本的能源节约上，例如定期给冰箱除霜等。

（32）家里消耗能量最大的莫过于冷暖设备、电热水器和冰箱冰柜，要注意这些物品的更新换代。

（33）每月领到工资后要做的第一件事情，就是及时存款。然后根据这个月的开支做一个大概的估算，将本月该开支的数目从工资中扣出。

（34）压缩人情消费。现代社会人情消费花样很多，但要掌握适当、适量、适度的原则，尽量减少朋友间的支出负担，减少自己的人情债。

（35）掌握小型维修技术。要养成勤动脑、勤动手的习惯，要适当掌握家用电器和机械物品的原理及维修知识，同时配备一套简易的维修工具，如钳子、螺丝刀、钉子等。在日常生活中，如电器、装饰品、木器等发生小故障和小毛病，便可自己动手修理。

12. 动物中的"理财高手"

动物专家把我们常见的动物分为攻击型、勤奋型、狡诈型、依赖型、求知型和简单型六种,这说明动物和人一样,也是有性格的,但要说这些性格各异的动物在理财上各有千秋,许多人肯定会感到诧异。

实际上,各种动物之所以能生存下来,与它们的"理财"能力有着密切关系,很多动物可以称得上是"理财高手",值得我们人类学习。

(1) 狮子:理财分工

狮子在家庭理财上有着严格的分工,公狮负责圈地,看到一块没有被其他狮子发现的土地,先撒几泡尿表明土地所有权,然后由母狮在领地内狩猎。捕到猎物,公狮母狮一起享受。

狮子的这种分工跟现代人的"男主外,女主内"异曲同工,男人应该像公狮一样,积极去发掘新的领地,努力创造财富,女人则应当学习母狮,把男人创造的财富打理好,别让家庭资产流失。

这样,夫妻共同努力,才能分享创造财富和科学理财带给他们的美好生活。

理财提示:

①夫妻双方应当让善于理财的一方担当理财大任,利用好家庭的资源优势。

②夫妻理财可以有具体的分工,也可以实行 AA 制,各理各的财,这样,除了便于分散风险之外,还可以减少家庭财务方面的纠纷。

(2) 兔子:分散风险法

在动物中,兔子是弱者,天上有老鹰,地上有野兽,兔子为了生存,通常要在觅食的区域内挖有多个洞穴。这样,万一遇到敌人,可以就近藏到一个洞穴里，从而确保自身安全。这也就是人们常说的"狡兔三窟"。

理财生活中，可以学学兔子，多选择几个投资渠道，比如说追求稳健可以选择储蓄、国债和人民币理财，追求收益可以投资房产、信托和开放式基金，并且要根据形势及时调整和选择更好的"洞穴"，这样可以最大限度地化解风险，提高理财收益。

理财提示：

①对于普通工薪投资者来说，搭配理财产品要兼顾收益性、稳妥性和灵活性，比如购买开放式基金，可分别购买货币基金、债券基金和股票型基金，从而兼顾以上三点。

②虽然分散投资能减少风险，但不能单纯为了分散而盲目投入自己不熟悉的领域，这样效果往往会适得其反。

(3) 狼：积极进取，出击捕猎

即使在严寒的冬天，狼也能保持正常的体温，外出寻找猎物是狼在冬天的生存方式。

胡先生今年29岁，是一IT业个体经营者。最近，其他人都在为股市暴跌而忧心忡忡，可是胡先生却心中抱喜："这是千载难逢的好机会，是上天给我的抄底的时机。"

他崇拜的偶像就是股神巴菲特，他认为逆势而上是一种很智慧的投资方式，"这样可以在股票最低的时候买入，分摊我之前高额买进的成本，待到股市回涨，我就能获利。"越是在股票低迷、别人都收手的时候，越是胡先生抄底的时机。

不但如此，胡先生还要在现在买房子。"现在是房市低迷的时候，又有好的政策，当然要买房子了。虽然别人说房市有跌的可能，但是我觉得城市住房还是供不应求，尤其是我这样需要买婚房的刚性需求者，更应该在这个时候趁机给自己选个好房子。"

(4) 刺猬：保守稳健，量出为存

小刺猬专注于基本的生存必需，它的体温能下降到9摄氏度，呼吸1~10次/分钟，以最小的消耗换取春天的重生。

赵女士是理财中典型的保守派。提起理财她首先考虑的是稳健，风险

小才是硬道理。运用赵女士的话就是:"宁可少赚钱也不要赔钱。"

因此,金融风暴刮来之后,赵女士就像冬眠中的刺猬一样把其他的理财方法全部摒弃,把所有的闲钱都存入了银行。

赵女士说:"降息之前我本打算买国债,但是频繁降息说明已进入降息通道,买国债也没有以前那么稳妥了,干脆以不变应万变把钱存银行,安全又稳妥。不用天天考虑怎么去以钱赚钱,倒也省了不少精力。"

在存钱上,赵女士精打细算。"我关注报纸和电视上的理财师分析,他们帮我算到底单纯存定期合算还是套存合算,目前我比较倾向于3年定期存款,正好帮我回避金融风暴的影响,收益也相对较高。"

(5) 豹子:会计算成本

人们经常用的一句口头禅叫"吃了豹子胆",其实豹子不但胆大,而且心细,对于一些事情还会"分析"和"思考"。

豹子在捕食猎物时,它们会考虑自己的付出是否值得,比如它对兔子之类的小动物往往会不屑一顾,因为它知道,追一只兔子和追一只羊、一只鹿所消耗的热量成本是相当的,所以在付出同样"成本"的情况下,它会选择物超所值的猎物。

人类理财也应当这样,如果投资期限、风险等要素大体相当,应尽量选择收益高的投资品种。比如,国债和储蓄的风险性相当,但收益却有一定差距,这时应学习豹子,在经过计算分析后,选择回报高的投资品种。

现在银行推出的理财产品越来越多,但受地区、时间等条件限制,很多人购买某一个收益相对较高的理财产品需要费一番周折,这时就应考虑多得的收益与付出的时间成本是否相当。

不能被表面化收益所迷惑。目前银行外币理财产品的预期收益相差很大,有的为4%左右,有的则高达10%,这就需要投资者看清理财产品的投资方向,不能盲目为追求高收益而使本金造成风险。

(6) 松鼠:分散储粮

在快入冬时,松鼠把找好的食物分散挖洞埋起来,到了冬天在树洞里睡大觉,饿了就起来把埋好的食物挖出来吃。

张女士的资产配置是一个稳健的金字塔形:银行储蓄、保险、房产、股票，林林总总，样数颇多。

近期，房价一直徘徊，精明的张女士早在几个月之前就挑中了一套80多平方米的新房，当时每平方米9500元，首付30%，就是要先交25万元首付。

"按照房贷新政策，首付可以只交20%，也就是说只需交16万元，这就大大减轻了资金上的压力，肯定能如愿买到称心的房子。"张女士表示，要是再能有优惠政策，她就准备买房了，"毕竟孩子结婚要用房。"

当然，张女士对近期的金融危机带来的不确定性有着相当的警惕。在股票套牢的情况下，张女士把目光转向了具有一定保值抗风险价值的黄金投资。她在银行开了账户，准备在适当的时候购买点黄金。

"世界上，没有零风险的投资，黄金走势近期也不稳定，但相比其他投资，毕竟风险系数较低，应该是个不错的选择。"

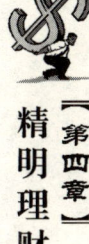

【第四章】精明理财，穷人变富翁

13. 向富人的理财理念看齐

穷人之所以穷,很多时候不是因为没有梦想,而是没有去把梦想变成现实。

很多穷人都有过梦想,甚至有过机遇,有过行动,但最终没能坚持到底。以下是一些富人的理财方式。

(1) 储蓄与投资高效并行

不储蓄,绝对成不了富豪;储蓄不是美德,而是手段;努力工作赚钱不是为了消费而是为了投资;储蓄是守,投资是攻;时间就是金钱;储蓄和投资都要趁早;与其感叹贫穷,不如努力致富。

(2) 负债也属于一种资产

世上有两种人,一种是让钱灵活地滚动起来的人,另一种是被前一种人无形中把钱滚走的人。富人,就是能让钱灵活滚动起来的人。

想买房,贷款吧;只想还债的人成不了富豪;巧用债务创造更多的收益;借债一定是为了投资。

(3) 投资无论如何都要保住本金

投资原则之一,绝对不能把本钱丢了;投资原则之二,一定要坚守原则。观点:能保住本钱就是赚钱;失去了本钱就等于失去了一切;无风险无收益。

(4) 复利投资的秘诀

复利投资是迈向富人的"垫脚石"。观点:时间就是金钱;巧用复利投资;花钱挣"时间";"72"法则成就富豪。

(5) 依靠"常识"炒股票

寻找变化中的不变,这就是能挣大钱的"常识"。观点:"常识的力量"引领成功投资；炒股和炒房地产有异曲同工之妙；将分散投资和集中投资有机结合起来；绩优股要长期持有。

(6) **明明白白炒基金**

热情和时间是直接投资成功的催化剂；追求稳定性的投资者宜做间接投资；不能一味信奉基金代理商推荐给你的商品，仔细看一下基金商品过去的业绩而不是现在的业绩，不要固执地选择收益率超过平均收益率的基金商品，从长期投资来考虑不要选择债券和股票混合型基金而应该选择单纯的股票型基金，不要这山望着那山高。

(7) **不是适者生存，而是强者生存**

有力量的人才是这个世界的支配者；适当的时候以"诈"制胜；用强者理论武装自己。

(8) **追逐成功**

从看得见的地方获得知识，从看不见的地方获得智慧，这样的人才具有成为富人的资格。观点：不断追逐财富；不断学习投资理财；书中自有黄金屋。

(9) **与书为伴**

新生代富豪都是读书狂。不要找借口说自己没有时间读书。

(10) **用心经营婚姻**

婚姻幸福、家庭和睦是成功的基础。

(11) **积累人脉**

不管什么人，光凭自己的力量是成不了富豪的。观点：人脉的力量；人脉需要细心经营。

(12) **"除掉"竞争者**

不是朋友就是敌人；如果正面进攻失败就从侧面进攻。

(13) **言行举止要向富人看齐**

在必要的情况下，不要吝惜钱，但即便如此，也要进行合理消费。观点：不是因为虚荣而是因为需要；该用钱的时候决不吝啬；追求合理消费；节约与吝啬截然不同。

(14) 第一印象决定成败

虽然我们没有权利选择上天赐予我们的容颜,但我们有权利修饰自己的外表。观点:穿戴是打开财富之门的钥匙;如何穿出传统西装的成熟美;如何选择合身的西装;成功人士的衬衫穿着方法;领带的选择与系法;皮鞋能体现出一个人的品位。

(15) 信息就是财富

即使拥有信息,但如果没有运用这些信息的预见力和决断力,你也绝对挣不了大钱。

(16) 活用房地产竞买战略

狮子睁着一双似睡非睡的眼,静静地蹲在草丛里,观察着周围,只要一有猎物目标,便会箭一般地扑上去。投资也要像这样。

(17) 成为投资法律专家

成功投资80%靠的是法律知识。观点:炒商品房不如炒地皮;投资成功与否,关键看掌握的法律知识;"种金蛋"是介于投资与投机之间的一种状态;"变型种金蛋"。

(18) 成为"税务博士"

新生代富豪们倾注大量的心血收集税收信息,目的并不是"逃税",而是合理节税。观点:学会合理节税;一定要学习与税收相关的法律。

(19) 成为"世界人"

善待别人,就是善待自己;放过别人,就是放过自己;与人为善,与己为善;外语是必需;培养国际化视野;国际礼仪很重要。

14. 穷人迈向富翁的十步曲

STEP 1：下定决心开始"自己"理财

一般人的观念中都认为"理财"等同于"不花钱"，进而联想到理财会降低消费所得到的乐趣与生活质量。

对于喜爱享受消费快感的年轻人来说，心理上难免会抗拒"理财"这个观念，"理财"此事，老一点再说吧。

这是事实吗？答案当然是否定的。年轻人不喜欢理财或是不知道理财，最主要的原因就是漠视"人"与"钱"的差别。普天下的人都知道一个道理"钱能生钱"，西谚叫做"Money makes money"，意即"钱"追"钱"总比"人"追"钱"来得快捷有效。

那么如何用钱去追钱呢？首先，当然要拥有"第一桶金"——一笔骁勇善战的母钱，然后用这笔母钱产生钱子钱孙。但是这"第一桶金"应该怎么来呢？

生活中我们常被"清仓大减价""免年费信用卡"等诱因让我们控制不住花钱的欲望，一次又一次地错过储蓄"第一桶金"最好的时机。所以只有先下定决心"自己"理财，才算是迈开成功理财的第一步。

STEP 2：排除恶性负债，控制良性负债

若你已经下定决心自己理财，接下来要做的就是将你自身的财务独立起来。这里所说的"财务独立"是指"排除恶性负债、控制良性负债、学习理财投资"。

恶性负债是指人力不可控制的负债，例如生病、意外伤害、车祸等，这些事件引起的负债都属于恶性。这种情况下，如果买了保险就可以降低因意外所招致的损失，从而排除恶性负债。所以财务独立的第一步就是买

一份适合自己的保险,将意外带来的金钱损失转嫁给保险公司,让你无后顾之忧。

良性负债就是你可以自己控制的负债,如生活费、娱乐费、子女教育费、房屋贷款等。也就是说,你可以决定自己每月的生活费用,可以决定跟父母住或是搬出去住,结婚后要不要买房子、生孩子等。

STEP 3:学习理财投资

之前提过的"财务独立"是指"除恶性负债、控制良性负债及学习理财投资"。其实财务独立只是一个观念的建立,在你实现财务独立之前还有许多准备工作,其中学习理财知识就是最重要的工作。

从事理性的投资

何为理性的投资?简单地说就是"投资者了解所欲投资目标的内涵与其合理报酬后所进行的投资行为"。为什么独立理财要强调理性投资的重要性呢?因为投资不当会导致出现严重负债的情况!理性、正确的投资不但可以将"收入"大于"支出"的差距扩大,使你的财务真正独立,并且能协助你达成人生的目标。

理财要交给专家?

把理财交给专家的观念是正确的,因为专家可以全心投入理财的工作中,而且拥有较多的资源和工具,可以有效提高你的投资收益,这些都是专家理财的优势。但我们自己为什么要学习理财知识呢?因为在你把钱交给专家理财之前,是不是对这个"理财专家"充满信心,而且确定这个"理财专家"会以你最大的利益为最终理财的目的,最后还确定会把你所投资的钱在你指定的时候回到你的口袋中。如果你有十足的把握,那么你自己学习理财知识就是必要的。

STEP 4:设定个人财务目标及实行计划

设定理财目标

理财目标最好是以数字衡量,计算你自己每月可存下多少钱、要选择投资回报率是多少的投资工具和预计多少时间可以达到目标。因此,建议你第一个目标最好不要定得太高,所要达到的时间在 2~3 年左右为宜。

理财目标的达成

个人财务目标设定之后，如何才能在最短时间内达成这个目标呢？在不考虑其他复杂的因素下，一般理财目标的达成与下列几个变数有关。

个人所投入的金额　所投入的金额，可分为一次投入或多次投入。

投资工具的回报率　投资工具可分为定存、基金、股票、期货、债券及黄金等。投资回报率愈高，相对风险也愈高。

投入的时间　金钱是有时间价值的，投入的时间愈长，所获得的报酬也愈大。

因此，最基本的设定方式为先确定个人所能投入的金额，再选择投资工具。此外，投资工具的回报率要超过通货膨胀，最后随着时间的累积，就可达到所设定的财务目标。

STEP 5：**养成良好的理财习惯**

一千元不嫌多，一块钱不嫌少

生活理财起初最常见的方式就是强迫自己每天存一笔钱到存钱筒里，而这个存钱筒最好是透明的，并每天记录下来。透明的存钱筒是为了让你随时查阅理财的成效，记录是让你养成记账的习惯。当你每日的储蓄随着时间的累积，达到一定数量后再转存到存款簿里，如此日积月累，就可以逐渐养成自身存钱理财的习惯。

培养记账的习惯

生活理财的第二步，是培养记账的习惯。记账的好处在于你可以知道每日所花费的钱都用在什么地方，在财务有需要节流时，也知道从何处下手。加上现在许多电脑软件如 Microsoft Money 等，能帮你分析日常记账的资料，所以记账在现代生活中已不像以往那样是件吃力而没有意义的事。

STEP 6：**投资从基金开始**

为什么说投资从买基金开始呢？那不是要交给基金公司的专家理财了吗？其实我们对于投资理财的立场仍然坚定"自己投资理财"，只是许多投资工具是有投资门槛的，所以我们不得不"暂时"牺牲部分投资成本，先借用基金公司专家的投资能力，来累积日后自己理财投资的成本。

举例来说：股票公开市场中最低的投资额是一手 1000 股的股票，但

有很多绩优、市场前景看好的股票则一张面值二、三万元,这使得许多刚理财有成而想要投资股市的人望而却步。

虽然也有一些股票一张市值低于一万元,但这些股票有面临随时变成"毫股"或"仙股"而最后赚不到股息、股价下跌的高风险。

然而,投资基金则可避免"将更多只鸡蛋放进一个篮子"的情况,因基金本身是会做一定程度的分散投资,用以回避风险。

STEP 7:定期检视成果

只要根据事前、事中、事后控制的方法,将你之前所做的理财投资步骤做一整合后,你就可以了解在理财过程中定期检视成果的重要性在哪里了。

事前控制:设定理财目标,拟订达到目标的步骤。

以下的问题可以帮助你:

衡量目标设定是否合理?

有配合你个人人生的阶段目标吗?

达到目标的方法可行吗?

你能操作进行的步骤吗?

事中控制:"记账"就是在事中控制的工作。

你可以从自己的记账记录中得知道你个人日常生活金钱运作的状况,当你发现现金流动有异常的状况时,可以随时知道并做出应变。

事后控制:计划完成时所做的得失检讨结果,也是另一阶段规划所必须要参考的重要资料。

STEP 8:前进股市投资策略

股市的投资要有阶段性的目标

如果你在股市投资上是个新手的话,建议你先将目标放在恒生指数成分的蓝筹股做半年至一年期的投资。由于蓝筹股股本大,股价不容易被炒作、流通量较高、公司财务相关资讯比其他上市公司透明与投资回报率稳定,所以适合股市新手作为将来进阶练功之用。

中长线取现金股息较可取

投资蓝筹股所获得的报酬来源有二:一是公司所配发的现金股息;二

是买卖股票所赚取的差额。以中长期的投资来说，现金股息是最主要的报酬目标，若要设定此报酬目标则可依据往年平均的投资回报率。因此，你所关心的是公司目前营运状况和获利与去年同期相比较的情形，而不是公司股价今天涨跌多少。

STEP 9：与理财的讨论团体

随着网络的兴起，理财网站的不断设立，提供了散户许多可利用的工具，例如线上分析软件、公司财务报表及研究报告等。其实，对散户最有效的工具是论坛及聊天室。经由论坛，你可表达或了解别人对某些股票相关事件的看法，吸收你认为可信度较高的论点。在聊天室里，三五个志同道合的网友也可互换信息，讨论个人的理财心得等。

STEP 10：策略随年改变

个人理财并不是一个固定不变的公式，随着年岁增长，理财目标和策略也有所不同。经济学家 Franco Modigliani 所提出的生命周期假设，对确定个人理财目标和策略有着指导性的作用。

Franco 指出，人生在少年及老年期，由于没有工作能力，支出必然大于收入。至于壮年期，工作能力正旺，并懂得为将来（老年期）做出打算，故收入和储蓄相应增加，所以其投资策略也须做出相应调整。

第五章
自我提升，为智慧"镀金"

> **不**管一个人多么贫困，只要能不断进步，即便缓慢地进步，生活也是健康向上、充满希望的，但是，一旦他不再进步了，不再向更高、更深、更强方向发展，他的生活就会变得死气沉沉，平庸至极。智慧是一种要素，能将人类有限心灵所创造的平凡意识震波，转化为对等的精神力量。智慧也是一种媒介，人类唯有透视它，才能拥有有无边的力量。

1. 没有任何借口

世界上最容易办到的事，就是找个借口。

狐狸吃不着葡萄，它就找出一个美丽的借口：葡萄是酸的。

我们都讥笑狐狸的可怜，但我们却又不自觉地为自己找借口。

"要是我有机会读大学，我早就成了风云人物。"这是找没受到高等教育的借口。

"我要是身体好，早就下海经商，说不定成了百万户。"这是找身体差的借口。

"如果我年轻20年，我会创办自己的公司，也许早就可以横行天下。"这是找年龄的借口。

"要是我运气好一点，哪里还会是一般员工，总经理位置是我的。"这是找运气的借口。

总之，找借口不费力气，而且可以轻描淡写地为自己找到合理理由。

于是，我们可以心安理得，可以安于现状，可以为自己解脱。

然而，借口又不太稳当。

香港亿万富翁李嘉诚的最高学历只是初中，且还有一年没读完。

富兰克林·罗斯福患小儿麻痹症，下肢瘫痪，但他却连任四届美国总统。

盛田昭夫以经营电器做起，经历过无数的挫折和失败，最终把"索尼"推上世界名牌的宝座。

他们不喜欢为自己找借口，不管是失败还是成功，最终他们成了引世人瞩目的风云人物。由此，我们说借口是美丽的谎言，是连自己也骗不过的"掩耳盗铃"。

狐狸的故事一代一代地流传，很多人引以为鉴，但也有人重蹈覆辙。那些警觉者值得称道，重蹈覆辙者只能留下悲哀！

面对机遇和挑战，唯有不找借口的人，才有可能成为事业的成功者。

在美国西点军校，有一个广为传颂的悠久传统，学员遇到军官问话时，只能有四种回答："报告长官，是。""报告长官，不是""报告长官，不知道""报告长官，没有任何借口。"除此之外，不能多说一个字。

"没有任何借口"是美国西点军校两百年来的最重要的行为准则，是西点军校传授给每一位新生的第一个理念。它强化的是每一位学员想尽办法去完成任何一项任务，而不是没有完成任务去寻找借口，哪怕是看似合理的借口。秉承这一理念，无数西点毕业生在人生的各个领域取得成就。

千万别找借口！在现实生活中，我们缺少的正是那种想尽办法去完成任务，而不是去寻找任何借口的人。在他们身上，表现出一种服从、诚实的态度，一种负责、敬业的精神，一种完美的执行能力。

【第五章】自我提升，为智慧"镀金"

在工作中，我们经常能够听到的是各种各样的借口。

"那个客户太挑剔了，我无法满足他。"

"我可以早到的，如果不是下雨。"

"我没学过。""我没有足够的时间。"

"现在是休息时间，半小时后你再来电话。"

"我没有那么多精力。""我没办法这么做。"……其实，在每一个借口的背后，都隐藏着丰富的潜台词，只是我们不好意思说出来，甚至我们根本就不愿说出来。借口让我们暂时逃避了困难和责任，获得了些许心理的慰藉。但是，借口的代价却无比高昂，它给我们带的危害一点也不比其他任何恶习少。

归纳起来，我们经常听到的借口主要有以下五种表现形式。

（1）他们做决定时根本没有征求过我的意见，所以这个不应当是我的责任

许多借口总是把"不""不是""没有"与"我"紧密联系在一起，其潜台词就是"这件事与我无关"，不愿意承担责任，把本应自己承担的责任推卸给别人。一个团队中，是不应该有"我"与"别人"的区别的。

一个没有责任感的员工,不可能获得同事的信任和支持,也不可能获得上司的信赖与尊重。如果人人都寻找借口,无形中会提高沟通成本,削弱团队协调作战的能力。

(2) 这几个星期我很忙,我尽快做

找借口的一个直接后果就是容易让人养成拖延的坏习惯。如果细心观察,我们很容易就会发现在每个公司里都存在着这样的员工:他们每天都看起来忙忙碌碌,似乎尽职尽责了,但是,他们把本应一小时完成的工作变成需要半天的时间甚至更多。因为工作对于他们而言,只是一个接一个的任务,他们寻求各种各样的借口,拖延逃避。这样的员工会让每一个管理者头痛不已。

(3) 我们以前从没那样做过或是这不是我们这里的做事方式

寻求借口的人都是因循守旧的人,他们缺乏一种创新精神和自动自发工作的能力,因此,期许他们在工作中做出创造性的成绩是徒劳的。借口会让他们躺在以前的经验、规则和思维惯性上舒服地睡大觉。

(4) 我从没受过适当的培训来做这项工作

这其实是为自己的能力或经验不足而造成的失误寻找借口,这样做显然非常不明智的。借口只能让人逃避一时,却不可能让人如意一世。没有谁天生就能力非凡,正确的态度是正视现实,以一种积极的心态去努力学习、不断进取。

(5) 我们从没有想过赶上竞争对手,在许多方面人家都超出我们一大截

当人们为不思进取寻找借口时,往往会这样表白。借口给人带来的严重危害是让人消极颓废,如果养成了寻找借口的习惯,当遇到困难和挫折时,不是积极地去想办法克服,而是去找各种各样的借口。其潜台词就是"我不行""我不可能",这样的消极心态剥夺了人成功的机会,最终让人一事无成。

管理大师余世维曾经说过:生活中只有两种行动,要么是努力地表现,要么就是不停地辩解。这正是成功者和失败者的不同写照。失败者永远在找借口,成功者永远在找方法。借口只属于弱者,强者不需要任何借

口，他们是在踏踏实实地做事中成长的。什么是人才？人才就是当遇到问题和困难的时候，他们总是能够主动去找方法解决，而不是找借口回避责任，找理由为失败辩解。

优秀的员工从不在工作中寻找任何借口，他们总是把每一项工作尽力做到超出客户的预期，最大限度地满足客户提出的要求，而不是寻找各种借口推卸；他们总是出色地完成上级安排的任务，替上级解决问题；他们总是尽全力配合同事的工作，对同事提出的帮助要求，从不找借口推托或延迟。

美国成功学家格兰特纳说过这样一段话：如果你有自己系鞋带的能力，你就有上天摘星的机会。让我们改变对借口的态度，把寻找借口的时间和精力用到努力工作中来。因为工作中没有借口，人生中没有借口，失败没有借口，成功也不属于那些寻找借口的人。

"生不逢时"是一种抱怨；"不会处世"是一种悲观；"缺少资金"是一种开脱……

归结为一点，客观原因使自己很难成才。其实困难永远都有，挫折也在所难免，问题是怎样对待。不断向别人学习，不断充实自己，不断总结经验教训，不断地探索实践，才会有成功之日。

2. 每天多做一些"分外事"

努力工作，不只是在工作的 8 小时内要保持良好的工作状态，更要乐意多做一点额外的工作。几乎每一个人都会在每周 40 个小时的上班时间内好好力求表现，很多人都能做好自己分内的事情。然而，超过工作时间，不属于自己分内的事，大部分人就没有兴趣了。

事实上，差别正产生于 8 小时之外，你的竞争力也取决于你是否愿意比别人"多做一点"。只把交付下来的工作做完就算了的人，是很少有大成就的。

如果你想在事业上有所突破，让自己变得更出色，你可以尝试每天多做一些"分外事"。这是一个非常好的习惯，源自积极向上的品格，同时也是责任心的体现。有这么一句话说得好：只有你愿意去承担责任，别人才会给你责任。

国际管理人才征募公司在美国设有 300 处以上的办公点，也是美国最大的经理主管安置机构，他们办公室安置的人之中（不包括第一次就业者），有 95％强的人原本都有工作。他们也发现，那些肯做额外工作的"平凡"工作者，往往有极大的工作保障。引用该公司副董事长罗史考特的话，那就是"好的人才是不会被解雇的"。

波士顿顾问公司总经理比尔之所以由一个助理迅速升上来，便是因为他乐意多做一些额外的工作。他最初是在一个懒惰的部门主管手下做事，那主管总是把事推到手下职员的身上，而他觉得比尔就是一个可以任意驱使的人。某次便叫他替自己编写总裁阿穆尔先生要求的公司月度业绩报告。那个主管的懒惰，使比尔拥有了提升的机会。

不像一般人那样随意简单地罗列出几张纸，比尔将资料分门别类编成一本小小的书，并与以往的业绩做了比较，打印后仔细装订好。完成之后，主管便交给阿穆耳先生。

"这不是你做的吧？"阿穆耳先生问。

"不是……是比尔……"那主管心虚地回答。

"你叫他到我这里来。"

比尔到办公室来了，阿穆耳说："小伙子，你为什么要做成这样呢？"

"我想这样你用起来方便些。"

不久，比尔就得到了第一次提升；一段时间以后，他便替代了以前那个主管。

如果你的上司交给你不属于你分内的事，你应该感到庆幸并尽全力做到最好，因为这是锻炼你更是表现你能力的机会。虽然并不是你做的每一件事情都能得到相应的报酬，也许你的功劳会被记在别人头上，但是不要气馁，你从工作中增长的才干和见识是别人抢不走的。而有能力的人，不管走到哪里，迟早都会出人头地的。

如果你遇到了懒惰的同事，你更可以利用这种多做事的机会。千万不要一心想比别人还要懒一些，或是向别人抱怨，这会让你的机会跑掉。有许多成功的人都是因为除分内工作之外还乐意做许多别的事，并因此得到不少经验；他们做同事的工作，不计报酬，所花的时间在办公之外，又常常是别人或上级不知道的。

多做并不意味着成为无原则的老好人，更不是随便什么杂七杂八的事情你都伸手去管。多做，要做的有价值、有意义，无原则、无鉴别地多做只会浪费自己宝贵的时间。做那些需要人做但还没有人做的事情；解决那些别人不能解决的问题。只有这样，才能体现出你自身的价值。

曾任微软（中国）有限公司总裁的唐骏，最初是以工程师的身份加入微软的。当时，微软正在开发 Windows，做的是英文版，然后再由一个300 多人的大团队开发成其他语言版本，但这也是个艰巨的工程，因为这个过程并不只是翻译菜单那么简单。以中文版为例，许多源代码都得重新改写。需要 50 个人努力不懈地修改大半年，才能改出完善的中文版。

所以最开始的时候，Windows 英文版上市 9 个月后，中文版才能上市；

【第五章】自我提升，为智慧"镀金"

到了Windows3.1，中文版更是滞后了一年多。刚进微软几个月的唐骏觉得这种办法很愚蠢。能不能改一下？下了班，唐骏开动脑筋想办法……半年后，他拿出了几万行代码的东西，反复运行，证明他的程序经得起检验后，才找老板面谈。

微软公司花了3个月时间论证，最终认为他的方法是可行的。于是，原先的300人大团队一下缩减到了50人！由他带领重新对微软操作系统进行全方位的改变，最终使他从一个工程师变成一个部门经理。

进入微软一年半以后，唐骏在职位和薪水上都得到了提升，并在认股权上得到回报。"虽然是做程序员，但是不能只把自己当成程序员，你还可以为你的老板和公司着想。但并不是找到问题就万事大吉，任何公司从来不缺挑刺儿的人。因为你看到的问题，可能已有不少人早就抱怨过了！所以你与其就这么跑去找老板反而于事无补，还不如调查研究后，带着解决方案去找老板，这才是上策。只有指出核心问题又能拿出有效解决方案的员工，才会得到老板的重视和信任。"

唐骏愿意多做一点，更难得的是他知道该做什么。他找到了问题，这只是第一步；他解决了这个问题并且借此为公司节省了大量的人力物力，这才是最重要的。而这样的员工老板怎么会不喜欢，不给他升职加薪呢？

如果你只是一个打字员，但是你却可以将文章中的明显的错误改正过来。

如果你只是一名货运管理员，但是细心的你却可以在发货清单上发现一个与自己的职责无关的未被发现的关乎公司盈亏的错误。

如果你是一个过磅员，也许可以质疑并纠正磅秤的刻度错误，以免公司遭受损失。

如果你是一名邮差，除了保证信件能及时准确到达，你还可以向上司反应信件缺失情况，或者在将信交给收信人时说几句暖心的话……

或者这些只是专业技术人员的职责，或许这些工作是客户自己该处理好的，但是如果你做了，就等于为你的成功打开更宽敞的一扇门。

你的额外工作要出自自愿。当勤奋工作成为你的内在需要，你就会充满热忱地去做，这样才有成效。如果是以埋怨的态度去做，或是专门想引起同事和上司的注意,博取他们的同情或称赞,那么工作就不会有什么成就。

成功的人并不是希望获得称赞,而是因工作本身有趣才这么做的。辛勤工作对他们而言不是一种牺牲,而是一种发自内心的需要。

宇宙间万物都是严格遵守这一自然进化的原则。如果你养成"多做分外事"的好习惯,不仅能彰显自己勤奋的美德,而且能发展一种超凡的技巧与能力,使自己具有更强大的生存力量,从而摆脱困境。这也就意味着你比别人更有机会使你的潜能得到发挥。

因为,在养成"多做分外事"的好习惯之后,与四周那些尚未养成这种品格的人相比,你就已经具备了很大的优势。这种习惯使你无论从事什么行业,都会有更多的人指名道姓地要求你提供服务。让自己成为众多的人所关注的焦点岂不是一件令人高兴的事情?

每天多做一点点,你的初衷也许并不是为了获得更多的报酬,但结果往往是获得的更多。

【第五章】自我提升,为智慧「镀金」

3. 做一个彬彬有礼的人

生在礼仪之邦，做一个彬彬有礼之人。有礼之人会做人，有人缘，多朋友。有礼之人会做事，注重形象，有教养，不树敌，成功路上事事顺。

(1) 礼仪和礼节

礼仪是指人们在社交活动中所共同遵守的礼节、仪式，即必须严格遵守的一种礼貌行为规范和法则。礼仪和礼节既相互联系又相互区别。礼节是待人接物的规矩，表示尊敬、祝颂、哀悼等，属于礼仪行为规范。这些规矩往往是约定俗成、相沿成习的。礼仪和礼节是有区别的，具体表现在以下几个方面。

①礼仪是一种行为规范，而礼节则是这种行为规范的具体表现形式。比如，在举行婚礼仪式时，夫妻互拜、互赠礼物，主婚人、证婚人讲话就属于礼仪的一种具体礼节。

②礼仪具有相对的稳定性，而礼节则随着时代的变迁，人们思想道德观念的改变而有所变化。中国是一个礼仪大国，远在奴隶社会和封建社会时期就非常重视礼节，并把礼节作为约束人们的行为和安邦治国的一个重要手段。统治阶级要人们"非礼勿视，非礼勿听，非礼勿言，非礼勿动"。随着社会的进步，人们思想观念的变化，有很多礼节已被逐步淘汰。但礼仪则变化较小而具有相对的稳定性。

③礼仪一般是在比较正规的场合下运用，而礼节则是人们日常交际也要运用的一些具体规则。很明显，礼仪是针对公关交际活动的整体而言的，礼节不仅在正规交际场合中常用，在非正规交际活动中也常用。例如，公关交际场合中常用的握手、问候就只是一种具体礼节。

（2）交际礼仪的种类

①日常交际礼仪：日常交际礼仪即非正式场合中的仪式和礼节，主要包括：称呼、迎候、介绍、致谢、致歉、告别、握手、拥抱等礼节。

②宴会礼仪：设宴招待来宾，是公关交际活动中常用的一种礼节。公关交际活动中常用的礼仪交际形式有宴会、招待会、茶会、工作进餐等。日常交往常有家宴、便宴等形式。

③晚会礼仪：晚会礼仪是社交活动中诸如为庆祝节日或有重大意义的纪念日而举行娱乐性活动所运用的一种交际形式，对于联络感情，加深友谊，扩大社交范围是很有益的。

④舞会礼仪：舞会礼仪即在种种舞会活动中必须遵循的礼节，也是社交活动的一种形式。它的形式活泼，气氛融洽，格调高雅，宜于在节庆日、周末和生日、婚礼等喜庆礼仪中举行。

⑤开业、剪彩等庆典礼仪：开业典礼是指企业或服务行业开张时举行的仪式。剪彩礼仪是指重大工程竣工或开业典礼，以及其他庆典所动用的仪式。

（3）交际礼仪的特点

交际礼仪行为的规范性

规范性是交际礼仪的本质特点。它告诉人们应该怎样做，而不应该怎样做；怎样做是对的，怎样做是错的。对此，交际礼仪都有明确的规定。

交际礼仪的规定性主要表现在以下几个方面。

①语言的规范性：人们无论谈论什么事都要运用礼貌语言。例如，人们见面时相互问候，告别时说声"再见"，以及在交谈中双方所使用的都是比较规范的礼貌语言。

②行为的规范性：在公关礼仪活动中，人们究竟应该怎样施礼都有一定的规范。例如，人们见面时以握手等行为表示问候，告别时用握手、招手表示再见。关系特别的甚至以拥抱、亲吻表示问候和告别。及至对于怎样握手、拥抱等都有严格的规定。

交际礼仪范围的普遍性

交际礼仪既然是人们交际必须遵守的规范和法则，那么它的形成和发

展就具有一定的历史背景。从古至今，礼仪自始至终地贯穿于人们的一切交际活动中，并且普遍地被人们所接受和确认。

交际礼仪形式的多样性

交际礼仪的种类繁多，表现形式也多种多样。就其日常交际活动中常用的礼仪就有鞠躬礼、握手礼、亲吻礼、拥抱礼等多种形式，正式交际场合中的礼仪更是多种多样，礼仪的要求也就更为严格。

(4) 交际礼仪的作用

①交际礼仪是人们沟通思想的桥梁：实际生活告诉人们，没有现代交通、通讯便没有现代化；没有沟通同样也就没有现代化。可见社会需要礼仪，人类需要沟通。沟通是礼仪的首要功能，也是礼仪的首要目的。

②礼仪是个体与群体的协调器：每个人都是社会舞台上的演员，既要演好自己的戏，又要善于与其他角色协调配合。人们在交往过程中，需要以礼仪这种交际手段来不断调节，按一定的规范协调人际关系。

人在社会中生活，需求是多种多样的，既有包括物质在内的基本需求，也有包括精神在内的内层次需求。而要满足人们的这些需求，作为桥梁和协调器的交际礼仪就起到了显著的作用。

人，既是个体的人，也是社会的人。我中有你，你中有我，这是人类的显著特点，是礼仪调节人际关系的出发点。公共关系的发展，靠个体彼此之间的协调，也靠个体与群体之间的协调。这样才能使你、我、他融合在一起，形成一个社交整体，从而在各自的位置上推动社会前进。交际礼仪能使陌生人相识乃至于相知，能使相识相知的人更进一步地加深情谊。

因此，我们应特别注意交际礼仪的运用，并通过它来促进个人的发展，树立良好的形象。

4. 成功需要"十商"

成功是每一个人都梦想，可成功不是从天上掉下来的，而是通过不断的修炼、积累而获得，只要努力提高"十商"智慧和能力，追求全面、均衡发展，你也一定能够构建成功而幸福的大厦。

（1）智商（IQ）

智商（Intelligence Quotient，缩写成 IQ）是一种表示人的智力高低的数量指标，但也可以表现为一个人对知识的掌握程度，反映人的观察力、记忆力、思维能力、想象力、创造力以及分析问题和解决问题的能力。

确实，智商不是固定不变的，通过学习和训练是可以开发增长的。我们要走向成功，就必须不断学习，积累智商。

我们不仅要从书本、从社会学习，还要从我们的上司那里学习。因为你的上司今天能有资格当你的上司，肯定有比你厉害的地方，有很多地方值得你去学习。很多人都想超越他的上司，这是非常可贵的精神，但要超越你的老板，你不学习他成功的地方，何谈超越？不断地学习，提高智商，这是成功的基本条件。

（2）情商（EQ）

情商（Emotional Intelligence Quotient，简写成 EQ），就是管理自己的情绪和处理人际关系的能力。如今，人们面对的是快节奏的生活，高负荷的工作和复杂的人际关系，没有较高的 EQ 是难以获得成功的。

EQ 高的人，人们都喜欢同他交往，总是能得到众多人的拥护和支持。同时，人际关系也是人生重要资源，良好的人际关系往往能获得更多的成功机会。在职场中，要获得较快的成长，仅仅埋头工作是不够的，良好的人际关系是获得成功的重要因素。

(3) 逆商（AQ）

逆商（Adversity Intelligence Quotient，简写成 AQ），是指面对逆境承受压力的能力，或承受失败和挫折的能力。当今和平年代，应付逆境的能力更能使你立于不败之地。"苦难对于天才是一块垫脚石，对于能干的人是一笔财富，而对于弱者则是一个万丈深渊。""苦难是人生最好的教育。"

伟大的人格只有经历熔炼和磨难，潜力才会激发，视野才会开阔，灵魂才会升华，才会走向成功，正所谓吃得苦中苦，方为人上人。

任何国家和地区的富豪，约八成出身贫寒或学历较低，他们白手起家创大业，赢得了令人羡慕的财富和名誉。他们没有一个是一帆风顺，甚至大起大落，几经沉浮，不经失败和挫折就获得成功的。

逆境不会长久，强者必然胜利。因为人有着惊人的潜力，只要立志发挥它，就一定能渡过难关，成就生命的辉煌。

(4) 德商（MQ）

德商（Moral Intelligence Quotient，缩写成 MQ），是指一个人的德性水平或道德人格品质。德商的内容包括体贴、尊重、容忍、宽恕、诚实、负责、平和、忠心、礼貌、幽默等各种美德。

我们常说的"德智体"中是把德放在首位的；科尔斯说，品格胜于知识。可见，德是最重要的。一个有高德商的人，一定会受到信任和尊敬，自然会有更多成功的机会。

古人云："得道多助，失道寡助""道之以德，德者得也"，就是告诉我们要以道德来规范自己的行为，不断修炼自己，才能获得人生的成功。古今中外，一切真正的成功者，在道德上大都达到了很高的水平。现实中的大量事实说明，很多人的失败，不是能力的失败，而是做人的失败、道德的失败。

(5) 胆商（DQ）

胆商（Daring Intelligence Quotient，缩写成 DQ）是一个人胆量、胆识、胆略的度量，体现了一种冒险精神。胆商高的人能够把握机会，该出手时就出手。无论是什么时代，没有敢于承担风险的胆略，任何时候都成不了气候。而大凡成功的商人、政客，都是具有非凡胆略和魄力的。

（6）财商（FQ）

财商（Financial Intelligence Quotient，简写成FQ），是指理财能力，特别是投资收益能力。没有理财的本领，你有多少钱也会慢慢花光的，所谓"富不过三代"就是指有财商的老子辛辛苦苦积攒下来的钱，最多最后也会败在无财商的子孙手中。财商是一个人最需要的能力，也是最被人们忽略的能力。

我们的父辈都是"穷爸爸"，只教我们好好读书，找好工作，多存钱，少花钱。赚得少一点没关系，关键是稳定。他们从没教过我要有财商，要考虑怎么理财。所以，财商对我们来说是迫切需要培养的一种能力。

会理财的人越来越富有，一个关键的原因就是财商区别。特别是富人，何以能在一生中积累如此巨大的财富？答案是：投资理财的能力。

（7）心商（MQ）

心商（Mental Intelligence Quotient，简写成MQ），就是维持心理健康，调试心理压力，保持良好心理状况和活力的能力。21世纪是"抑郁时代"，人类面临更大的心理压力，提高心商，保持心理健康已成为时代的迫切需要。现代人渴望成功，而成功越来越取决于一个人的心理状态，取决于一个人的心理健康。从某种意义上来讲，心商的高低，直接决定了人生过程的苦乐，主宰人生命运的成败。

世上有很多人，取得了很大的成功，可因承受着生活的各种压力，郁郁寡欢，因不堪重压或经不起生命的一次挫折患上心理障碍，甚至走上不归路，演绎一幕幕人间悲剧。

（8）志商（WQ）

"志商"就是意志智商（Will Intelligence Quotient，简写成WQ），指一个人的意志品质水平，包括坚韧性、目的性、果断性、自制力等方面。如能为学习和工作具有不怕苦和累的顽强拼搏精神，就是高志商。

"志不强者智不达，言不信者行不果""勤能补拙是良训，一分辛劳一分才"。它们说明一个道理：志商对一个人的智慧具有重要的影响。人生是小志小成，大志大成。许多人一生平淡，不是因为没有才干，而是缺乏志向和清晰的发展目标。要成就出色的事业，就得要有远大的志向。

(9) 灵商（SQ）

灵商（Spiritual Intelligence Quotient，简写成 SQ），就是对事物本质的灵感、顿悟能力和直觉思维能力。量子力学之父普朗克认为，富有创造性的科学家必须具有鲜明的直觉想象力。无论是阿基米得从洗澡中获得灵感最终发现了浮力定律，牛顿从掉下的苹果中得到启发发现了万有引力定律，还是凯库勒关于蛇首尾相连的梦而导致苯环结构的发现，都是科学史上灵商飞跃的不朽例证。

成功人生没有定式，单靠成文的理论是解决不了实际问题的，还得需要悟性，需要灵商的闪现。修炼灵商，关键在于不断学习、观察、思考，要敢于大胆的假设，敢于突破传统思维。

(10) 健商（HQ）

健商（Health Intelligence Quotient，简写成 HQ）是指个人所具有的健康意识、健康知识和健康能力的反映。健康是人生最大的财富，就好像健康是 1，事业、爱情、金钱、家庭、友谊、权力等等是 1 后面的零，所以光有 1 的人生是远远不够的，但是失去了 1（健康），后面的 0 再多对你也没有任何意义，正所谓平安是福。

所以幸福的前提是关爱、珍惜自己的生命，并努力地去创造、分享事业、爱情、财富、权力等等人生价值。

5. "慢"之毫厘，失之千里

某天清晨，张三在上班的途中，信誓旦旦地下定决心，一到办公室即着手草拟下年度的部门预算。

他准时于九点整走进办公室。但他并没有立刻开始预算草拟工作，因为他突然想到不如先将办公桌及办公室整理一下，以便在进行重要的工作之前为自己提供一个干净与舒适的环境。他总共花了三十分钟的时间，使办公环境变得有条不紊。

他虽然未能按原定计划在九点钟开始工作，但他丝毫不感到后悔，因为三十分钟的清理工作不但已获得显然可见的成就，而且它还有利于以后工作效率的提高。

【第五章】自我提升，为智慧『镀金』

他面露得意神色随手点了一支香烟，稍作休息。此时，他无意中发现报纸上的彩图照片是自己喜欢的一位明星，于是情不自禁地拿起报纸来。等他把报纸放回报架，时间又过了十分钟。这是他略感不自在，因为他已自食诺言。

不过报纸毕竟是精神食粮，也是重要的沟通媒体，身为企业的部门主管怎能不看报，何况上午不看报，下午或晚上也一样要看。这样一开脱，心也就放宽了。于是他正襟危坐地准备埋头工作。

就在这个时候，电话声响了，那是一位顾客的投诉电话。他连解释带赔罪地花了二十分钟的时间才说服对方平息怒气。挂上了电话，他去了洗手间。在回办公室途中，他闻到咖啡的香味。

原来另一部门的同事正在享受"上午茶"，他们邀他加入。他心里想，刚费心思处理了投诉电话，一时也进入不了状态，而且预算的草拟是一件颇费心思的工作，若头脑不清醒，则难以完成，于是他毫不犹豫地应邀加

财富炼金术

人，便在那前言不搭后语地聊了一阵。

回到办公室后，他果然感到精神奕奕，满以为可以开始"正式工作了"——拟定预算。可是，一看表，已经十点四十五了！距离十一点的部门例会只剩下十五分钟。他想，反正在这么短的时间内也不太适合做比较庞大耗时的工作，干脆把草拟预算的工作留待明天算了。

张三身上有许多拖延时间者的影子，养成这样拖延的恶习，终将一事无成。

很多人都有这样的经历。

清晨，闹钟把你从睡梦中惊醒，想着自己所订的计划，同时却感受着被窝里的温暖，一边不断地对自己说：该起床了，一遍又不断地给自己寻找借口——再等一会儿。

于是，在忐忑不安之中，又躺了5分钟，甚至10分钟……

在工作单位，你也经常能听到诸如"等一下再做也不迟""我忘了"之类的说辞，这些人的习惯性的拖延使他们成了制造借口和托词的专家。他们会找出成千上千上万个理由来辩解为什么事情无法完成，而对事情应该完成的理由却想得少之又少。还有一部分人他们终日无所事事，没有指令就无事可做，甚至只有在催促之下才可以顺利完成任务。这种人在企业往往是最先被辞退掉的。

拖延在我们的生活中屡见不鲜，不妨把每一天的时间记录一下，你会惊讶地发现，可能大部分时间都在睡觉，或者在打牌娱乐消遣时间，或者根本不知道做了什么，而要做的事情呢，却还有一大堆。

我们大体来将这个明细账罗列如下。

做事拖延的时间从青年到老年共耗去了36500个小时，折合1520天。

做事有头无尾、马马虎虎，使得事情不断地要重做，浪费了大约300多天。

因为无所事事，你经常发呆。

你经常埋怨、责怪别人，找借口、找理由、推卸责任。

你利用工作时间和同事侃大山，把工作丢到了一旁毫无顾忌。

工作时间呼呼大睡，你还和无聊的人煲电话粥。

你参加了无数次无所用心、懒散昏睡的会议,这使你睡眠远远超出了20年。

你也组织了许多类似的无聊会议,使更多的人和你一样睡眠超标……

仔细分析原因,拖延耗掉了我们很多的时间。

你到底是不是爱拖延的人呢,偷走你时间的盗贼又是谁?

请你在一张空白画一个大圆圈,用这个圆圈代表一天24小时,然后评估自己在每项生活事情中所花费的时间有多少,比如睡觉、上课、写作业、读书、休闲娱乐、与家人共处等等。

接着,按照所花费时间的比例在圆圈上加以分割,如此你就完成的这一天的"时间馅饼"了。

依此类推,每天做一张时间馅饼,你就可以了解自己一周来的时间是如何地被使用,追查出自己的时间到底跑到哪里了!

研究发现,人们的时间往往是被下述10大"拖延盗贼"给偷走的。

(1) 找东西

据对美国200家大公司职员作的调查,公司职员每年都要把6周时间浪费在寻找乱放的东西上面。这意味着,他们每年要损失10%的时间。

(2) 懒惰

(3) 时断时续

研究发现,造成公司职员浪费时间最多的是干活时断时续的方式。因为重新工作时,这位职员需要花时间调整大脑活动及注意力,才能在停顿的地方接下去干。

(4) 一个人包打天下

提高效率的最大潜力,莫过于其他人的协助。你把工作委托给其他人,授权他们去干好,这样每个人都是赢家。授权给别人,同时也要给他们完成任务所需要的条件。

(5) 偶发延误

这是最浪费时间的情况,要避免这种情况出现,唯一的办法是预先安排工作。事前有准备,利用好偶发的延误,你能把本来会失去的时间化为有用的时间。

(6) 惋惜不已或白日做梦

老是想着过去犯过的错误和失去的机会，欷歔不已，又或者空想未来，这两种心境都是极浪费时间的。

(7) 拖拖拉拉

这种人花许多时间思考要做的事，担心这个担心那个，找借口推迟行动，又为没有完成任务而悔恨。在这段时间里，其实他们本来能完成任务而且应转入下一个工作了。

(8) 对问题缺乏理解就匆忙行动

这种人与拖拉作风正好相反，他们在未获得对一个问题的充分资讯之前就匆忙行动，以致往往需要推倒重来。这种人就必须培养自己的自制力。

(9) 消极情绪

消极情绪使人失去干劲，工作效率下降。对人怀有戒心、妒忌、明争暗斗、愤怒及其他消极情绪使我们难以做到最好。这就必须进行自我心理调适，培养积极心态。

(10) 分不清轻重缓急

即使是避免了上述大多数问题的人，如果不懂得分清轻重缓急，也达不到应有的效率。区分轻重缓急是时间管理中最关键的问题。

就在我们的无所谓的态度下，在一次次地对自己的纵容的行为中，时间就这样从我们手中溜走。拖延的代价实在是太大了。莎士比亚有句名言："放弃时间的人，时间也会放弃他。"若是时间放弃了你，等待你的将是无限制的恶性循环。

拖延使你陷入烦躁的情绪。一件事久办未完，在心里沉沉甸甸地压着，就像勃子里挂着一块石头，又好像陷入了不能自拔的泥坑，这怎么不使你焦虑烦躁，寝食难安呢？

拖延使你一再地遭受心理挫折，它会使你对自己越来越失去信心，你开始怀疑自己的能力，或者迁怒于所处的工作环境，产生怨气，抱怨自己的才能得不到发挥或者老是有这样那样的事来阻碍你的工作。

拖延还会使你前途黯淡，与晋升无缘。一个上司绝不会一而再，再而三地容忍部下办事拖拉，不讲求实效，做不出什么业绩来。上司需要的是强有力的辅助者，而不是优柔寡断的跟随者。

面对挑战就必须行动。拖延会失去机会，浪费宝贵的时光。拖延的严重后果是耗损精力、感情和时间；接着是它会带来惧怕、缺乏自信和坚毅，导致忧心、沮丧、酗酒或吸毒。

面对该做的事，如果不立刻去做，会带来压力；它抑制人的潜能和创意，从而衍生忧郁症。

比尔盖茨曾经说："过去，只有适者能够生存；今天，只有最快处理完事务的人能够生存。"这段话出自风云全球的世界首富的口中，是现代社会快节奏的最好证明。

我们已进入了"慢"之毫厘，失之千里的社会，拖延时间的行为要坚决摒弃，因为拖延是对生命的挥霍。

【第五章】自我提升，为智慧"镀金"

6. 步入成功之门的 15 种能力

所谓能力,除了天赋以外,剩下的往往是一种习惯,如亚里士多德所说,"优秀是一种习惯"。

能力的高低是事业工作顺利成功的最基本保证,你的未来能走多远,也大抵取决于此,畅销书作家拿破仑·希尔说:"能力已成为一种不折不扣的资源,是资本,是财富,更是无价之宝。"而且在事业工作之外,它们同样十分重要。

大多人不会认为自己的能力有问题。但是,困扰人们的问题是:在相关条件差别不大的情况下,为什么有的人能成功,而有的人却不?

凡是成功人士的身上都有独特的个人能力和人格魅力,这是旁人所缺乏的。他们的成功决不能简单地归结为机遇好,这些能力可概括为以下几点。

(1) 解决问题时的逆向思维能力

面对工作中遇到的新问题,一时又找不到解决方法。而且,上司可能也没有什么锦囊妙计时,他们擅长用逆向思维办法去探索解决问题的途径。他们清楚具体业务执行者比上司更容易找出问题的节点,是人为的,还是客观的;是技术问题,还是管理漏洞。采用逆向思维找寻问题的解决方法,会更容易从问题中解脱出来。

(2) 考虑问题时的换位思考能力

在考虑解决问题的方案时,常人通常站在自己职责范围立场上尽快妥善处理。而他们却总会自觉地站在公司或老板的立场去考虑解决问题的方案。

作为公司或老板,解决问题的出发点首先考虑的是如何避免类似问题的重复出现,而不是头疼医头,脚疼医脚的就事论事方案。面对人的惰性和部门之间的扯皮,只有站在公司的角度去考虑解决方案,才是一个比较彻底的解决方案。能始终站在公司或老板的立场上去酝酿解决问题的方案,逐渐地他们便成为可以信赖的人。

(3) **强于他人的总结能力**

他们具备的对问题的分析、归纳、总结能力比常人强。总能找出规律性的东西,并驾驭事物,从而达到事半功倍的效果。人们常说苦干不如巧干。但是如何巧干,不是人人都知道的。否则就不会干同样的事情,常人一天忙到晚都来不及;而他们,却整天很潇洒。

(4) **简洁的文书编写能力**

老板通常都没时间阅读冗长的文书。因此,学会编写简洁的文字报告和编制赏心悦目的表格就显得尤为重要。即便是再复杂的问题,他们也能将其浓缩阐述在一页 A4 纸上。有必要详细说明的问题,再用附件形式附在报告或表格后面。让老板仅仅浏览一页纸或一张表格便可知道事情的概况。如其对此事感兴趣或认为重要,可以通过阅读附件里的资料来了解详情。

(5) **信息资料收集能力**

他们很在意收集各类信息资料,包括各种政策、报告、计划、方案、统计报表、业务流程、管理制度、考核方法等。尤其重视竞争对手的信息。因为任何成熟的业务流程本身就是很多经验和教训的积累,遇到用时,就可以信手拈来。这在任何教科书上是无法找到的,也不是那个老师能够传授的。

(6) **解决问题的方案制订能力**

遇到问题,他们不会让领导做"问答题"而是做"选择题"。常人遇到问题,首先是向领导汇报、请示解决办法。带着耳朵听领导告知具体操作步骤。这就叫让领导做"问答题"。而他们常带着自己拟订好的多个解决问题方案供领导选择、定夺,这就是常说的给领导出"选择题"。领导显然更喜欢做的是"选择题"。

(7) 目标调整能力

当个人目标在一个组织里无法实现,且又暂时不能摆脱这一环境时,他们往往会调整短期目标,并且将该目标与公司的发展目标有机地结合起来。这样,大家的观点就容易接近,或取得一致,就会有共同语言,就会干的欢快。反过来,别人也就会乐于接受他们。

(8) 超强的自我安慰能力

遇到失败、挫折和打击,他们常能自我安慰和解脱。还会迅速总结经验教训,而且坚信情况会发生变化。他们信条是:塞翁失马,焉知非福,或上帝在为你关上一扇门的同时,一定会为你打开一扇窗。

(9) 书面沟通能力

当发现与老板面对面的沟通效果不佳时,他们会采用迂回的办法,如电子邮件,或书面信函、报告的形式尝试沟通一番。因为,书面沟通有时可以达到面对面语言沟通所无法达到的效果。

可以较为全面地阐述想要表达的观点、建议和方法。达到让老板听你把话讲完,而不是打断你的讲话,或被其台上的电话打断你的思路。也可方便地让老板选择一个其认为空闲的时候来"聆听"你的"唠叨"。

(10) 企业文化的适应能力

他们对新组织的企业文化都会有很强的适应能力。换个新企业犹如换个办公地点,照样能如鱼得水般地干得欢畅并被委以重用。

(11) 岗位变化的承受能力

竞争的加剧,经营风险的加大,企业的成败可在一朝一夕之间发生。对他们来讲,岗位的变化,甚至于饭碗的丢失都无所畏惧。因此,他们承受岗位变化的能力也是常人所无法比拟的。在他们看来,这不仅是个人发展的问题,更是一种生存能力的问题。

(12) 客观对待忠诚

从他们身上你会发现对组织的忠诚。他们清楚地意识到忠诚并不仅仅有益于组织和老板,最大的受益者是自己,因为,责任感和对组织的忠诚习惯一旦养成,会使他们成为一个值得信赖的人,可以被委以重任的人。他们更清楚投资忠诚得到的回报率其实是很高的。

（13）积极寻求培训和实践的机会

他们很看重培训的机会，往往在招聘时就会询问公司是否有提供培训的机会。善于抓住任何培训机会。

一个企业，如果它的薪酬福利暂时没有达到满意的程度，但却有许多培训和实践的机会，他们也会一试。毕竟，有些经验不是用钱所能买回来的。

（14）勇于接受分外之事

任何一次锻炼的机会他们都不轻言放弃，而把它看成是难得的锻炼机会。并意识到今天的分外，或许就是明天的分内之事。常看见他们勇于接受别人不愿接受的分外之事，并努力寻求一个圆满的结果。

（15）职业精神

他们身上有一种高效、敬业和忠诚的职业精神。主要表现为：思维方式现代化，拥有先进的管理理念并能将其运用于经营实践中。言行举止无私心，在公司的业务活动中从不掺杂个人私心。这样，就敢于直言不讳，敢于纠正其他员工的错误行为，敢于吹毛求疵般地挑剔供应商的质量缺陷。

因为，只有无私才能无畏。待人接物规范化，这也是行为职业化的一种要求。有了这种职业精神的人，到任何组织都是受欢迎的，而且，迟早会取得成功。

当然，有了上述能力，不能保证一定成功，但是，如果没有这些能力，那肯定是无法获得成功的。

7. 瞬间捕获你所需要的信息

这是一个信息大爆炸的时代，各种信息充斥在我们周遭。常言"过犹不及"，如何能从这些信息中找到真正有价值的部分？比尔·克林顿曾说："就理解和领会能力而言，头脑中塞满东西和头脑中空空如也同样糟糕。"

所谓"过犹不及"就是说的这个事实，越来越多的信息让你个人无所适从。以前信息的匮乏让人总让人觉得没有吃饱一样，但是太多了也难，就像吃饱了还有一大桌子的酒菜摆在你的面前，让你想要呕吐。

每天坐在电脑前边，看完娱乐新闻、浏览完博客、邮件、校友录、qq……不知不觉已经大半的时间或全部的时间被耗尽了。接着是懊悔、自责和怨恨。懊悔和自责的是自己，怨恨的是为什么鸡毛蒜皮的小事、还有虚假的炒作都往网上弄。

这种被信息填满的生活让当代人精神疲惫。日益超载的信息，应接不暇的资讯，构成了物质和精神的双重污染。而且人们每天要付出很多的时间和精力来处理这些日益增多的信息，当然用个简单的除法就知道，对于每一则消息的思考时间却变少了，深度变得越来越不够了。

而且，人们都有怕落后于人的心理，生怕自己错过了什么东西，都愿意花很多的时间来抓取信息，但是很多其实都是没有意义的，等到看完了、发现了，时间已经过去了。常常人就是这样迷失自己的。

在 20 世纪 80 年代，心理学家保罗·安德尔森在麻省理工学院对商业专业的学生做过系列实验，显示的结果是，消息数量更多，并不一定使信息变得更好。他把学生分为两组，第一组只允许了解股价的变动情况。他们可以按照自己意愿买卖股票，但是所能了解的信息仅限于股价的涨跌。第二组不仅可以了解股价，还可以源源不断获知似乎跟股票息息相关的财经新闻。

结果很出人意料，信息少的第一组买卖股票的效果比第二组好得多。安德尔森解释说，其原因是新闻报道总是倾向于过多强化消息的重要性，某只股票的下跌被认为是未来市场低迷的信号，而上涨往往被理解为未来将是湛湛晴天。

从实验结果上说，学生对消息反映过敏，因为他们过多在意每则消息的意义，股票买入与抛售比只了解股价变动的学生更加频繁。

可见，过多的信息会让人少了实际思考的时间，对事情的理解容易跟着别人的脚步去走，没有了自己的想法，这是很危险的。花了时间在无聊的信息上，自己办事的效率怎么会提得高呢？而且，过多的信息摄入容易造成一定的病变。

25岁到40岁拥有高学历的正常成年人会突发一种奇怪的疾病：身体没有任何病理变化，也没有任何器质性改变，但突发性地出现恶心、呕吐、焦躁、神经衰弱、精神疲惫等症状，女性还会并发闭经和痛经等妇科疾病，发病间隔时间不一定，起病时间也不一定。有关专家认定，这是一种身心障碍，未正式公布的名字是：信息焦虑综合征。

信息焦虑综合征，又叫做知识焦虑综合征。最早提出这个概念的是香港中文大学医学部的孙彼得教授。他发现在信息爆炸时代，人们对信息的吸收是成平方数增长的，但人类的思维模式还没有很好地调整到可以接受如此大量信息的阶段，由此造成一系列的自我强迫和紧张，非常接近精神病学中的焦虑症症状。孙教授将其称之为信息焦虑综合征。

由此可见，信息的泛滥其实比信息的缺乏还要严重，有时候对信息的摄入是不经意间的，二者造成的后果是很严重的，我们要防范。要学会信息处理，采取一定的方法让自己取得要的信息，不要太少，也不能太多。

什么是信息处理？信息处理是具体，针对一件具体事情的，你要做某件事情之前，会收集相关的各方面的信息。然后就会把这些信息进行统计分析、分类，选取出有效的信息，放弃那些没有用的。然后再进行总结。可是信息实在是太多，要把一件事的信息处理好，其实并不是一件很容易的事情，要学会筛选，要学会分类总结等等。

【第五章】自我提升，为智慧"镀金"

而每天我们都在处理着大大小小信息，即使你给了同样的信息给不同的人，一段时间之后去看，就会看到不一样的效果。有些人的效率就是高，他能够在很短的时间内把信息处理得完美；而另外一些人就不一样了，花了一样的时间，他还没有把信息的重点整理清楚。主要就是，在整理信息的时候，要采取一定的方法，只有这样才可以达到高效。

小王是刚上任的设计人员，公司给了他一个任务就是设计一个单层的临时厂房，拿出两套方案来，但是在设计之前，先做好调查，把调查出来的东西先给老板看看。

小王由于年轻气盛，有的是精力，于是把设计厂房的相关因素都通通分析了一遍，开始了调查。查找场地周围的建筑、场地的情况等等，接着开始了厂房生产规模，所需要的面积，建厂房的材料，价格，承受能力等等很多东西的搜集。

不能不说，他真的很认真，把什么事情都考虑进去了，连那个场地以前是做什么的都调查清楚了……他自己也挺满意的，拿着厚厚一沓资料去找老板了，可是老板一看，马上就不高兴了。这么多的东西叫老板怎么看，这么杂的资料难道还要老板自己去挑选，什么无关的东西都拿进来了。

本来觉得自己做得挺好的，没想到就这样被否定了。

所以，很好地处理信息是一项技术，需要很多的技巧，要慢慢学的，把一些东西养成习惯之后就可以处理得很快、很好了。

我们在处理信息的时候，要遵守一定的原则，只有按照这些原则来才不会把重要的信息给漏掉了，也不会把一些没有意义的信息还留着，而且处理好的信息肯定很完美。

首先就是，我们要始终记住我们搜集信息的目的，一切的信息都是为了这件事情而产生的，如果获取的信息对这个目的来说，有没有都无所谓，或者没有什么益处的，那么就应该立刻舍弃。

例如我们上网看新闻，这是无可厚非的事情，不可以笼统地说这件事的好坏，就看我们为什么要做这件事情了，如果我们是为了写一篇学术论文而上网的话，这些新闻上的消息恐怕没有什么帮助，只会浪费宝贵的时间；但是如果我们是为了给刚发生的一件事情写一个评论，那么看新闻的价值就大了。同样的东西，对于不同的人来说价值是不一样的，因此对于不同的目的来说也是不一样的。

第二就是，学会分辨信息的真假。如果把一些虚假的信息保留下来了，而把真正想要的东西给删除了，那损失就大了。按照常有的标准看看信息的可行性，多查询一下信息的真实性。

第三就是，搜集的信息是多方面的，要关注你信息处理的重点，给予特殊的关注。把关键的和难的处理好了，那简单的、次要的就好办了。这样能够保证你吧精力旺盛的时间都用来处理重要的信息了，做事的质量得到保证。

不要期待着自己把每一点信息都理解并且记忆，信息是远远超过你所处理的能力之外的。你没有必要记住每一朵花的原产地，类别，名字变迁，记住，必须有重点，而且必须限制重点的数量，全是重点，也就相当于全都不是重点。

第四个就是重复性的信息，立刻丢掉，不要再重复地去看，没有意义，就是在浪费时间。

当然，这只是一些建议，一些行之有效的方法，如果你有更适合的方法那就更好了。重要的是要把这样的原则做成一种良好的习惯，"熟能生巧"嘛，现在或许你的速度不够快，但是要在一段时间后，能够快速地判断重点是什么，哪些是有保留价值的，做到快、准、好。

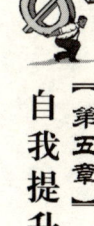

【第五章】自我提升，为智慧"镀金"

8. 盲目仿效徒劳无功

自古以来，有很多人都不能保持自己的本来面目。詹姆士基尔奇博士认为："这是人性丛林中的一种普遍现象。"这也是造成许多精神衰弱症、精神异常或精神错乱的根源。安格罗·派屈曾经说过："当理想中的自我与现实的自我不相一致时，那就是一种不幸。"

戴尔·卡耐基就这一问题请教过一家石油公司的人事主管保罗·波恩顿，他曾对6万多个求职者进行过面试，并且写过一本《求职六决》。

他认为："求职者通常犯下的最大错误，就是不能秉持本色。他们总是揣测对方期望得到什么样的答案，而不是直截了当地讲出自己的想法。"设想一下，谁会要一个货不真、价不实的产品呢？

模范是通往卓越的捷径，也就是说如果看见每个人做出你羡慕的成就，那么只要你愿意付出时间和努力的代价，也就可能做出相同的结果来。如果你想成功，你只要找出一种方式物模仿那些成功者，便能如愿。

但是如果盲目地效仿事情的结果就未必如人所愿了。

有则寓言故事描述在森林里有一只乌鸦，它过得很不快乐，因为它每次飞在天空，看到湖畔的天鹅们穿着漂亮的白衣裳，整天悠闲地戏水、抓鱼时，就好感慨地道："唉！为什么我的毛都是丑陋的黑色呢？"狐狸告诉他："傻瓜，你看看那些天鹅，整天在水边洗澡，羽毛当然又白又亮啦！"

有一天乌鸦离开了它原本生活的森林，搬到了湖边居住，但无论它怎么洗，羽毛还是黑色的；更糟的是，在森林里觅食惯了的它根本不知道要怎样在湖面上捕鱼吃，不久后，这只可怜的乌鸦就饿死了。

而直到闭上眼的那一刹那，它仍然以为天鹅的白羽毛是给湖水"洗"出来的，仍旧不明白自己到底为何怎么漂也漂不白。

这故事告诉我们：人有必要认清自己的恩赐，更有必要了解别人成功的原因和荣耀的条件，千万不要为了"学某某人"，就把自己推向一个全然陌生，对自己毫无发展空间的领域。舍长取短，只会让自己得不偿失。

大自然的语言在向我们昭示着，弃模仿取本真，方能成就自己，辉煌自我。在工作职场上，你会否不知不觉地成了那只"湖畔洗毛的乌鸦"呢？其实不必羡慕别人，更不要一味地仿效，人所拥有的才华、背景本来就不尽相同，唯有珍惜、善用您个人的物质，将之发扬光大，才有可能走出自己的天空！每个人所拥有的才华、背景本来就不尽相同，唯有珍惜、善用您个人的物质，将之发扬光大，才有可能走出自己的天空！

泛舟于人生之江河，个人对自我必须有足够清醒的认识，选择目的决不能盲目。此乃不覆的真理，生存的要诀。

苏子泛舟，在赤壁之下兴叹水月之变。"盈虚者如彼，而卒莫消长也。"是月，终究还会是月。一只小舟，如果总自己当做大船，最终只会遭遇被风浪吞噬的境地。所以，认清自己、坚持自己正是乘风破浪的关键所在。

同样深谙认识自己的还有庄周。《养生主》《逍遥游》，华美深邃的辞藻堆砌了一个圣人，"信·达·雅"的灵魂，就如同在月光下的昙花滑出优雅的舞步。他始终坚信自己的存在价值，从不盲目地效仿他人。的确，每个人本身都有值得骄傲的特质，又何需邯郸学步，贻笑大方呢？

古往今来，时间如丝绸般流过，历史在清河中沉浮。在历史的夹缝中挣扎的人们，一旦忘却了自我，一味地追求不合实际的理想，最终总会在白驹过隙，日月如梭中灰飞烟灭。东施效颦，力士诒馋，失去了自我，使失去了本心。谁也不能在生死的悖论中创造与自己灵魂不符的价值奇迹，所以，请慎重面对自己的心，直面自己的实际和能力所在，做自己应做的事，坚持自己应做的人。

在人生的航船上思索，泰戈尔的歌声逐渐传入心房："在离你最近的地方，距离最远；最简单的音调，需要最艰苦的努力。"坚持自我，认清目的，这看似简单的生命基本哲学，在实践的过程中，却总是那样艰难。而当遇到瓶颈，或许最应该警醒自己的，便是自我。

【第五章】自我提升，为智慧"镀金"

是溪流,就请欢快地在山间潺潺流淌;是江河,就应在波涛如雪中尽情怒吼;是长夜,就应保留住那份夜的璀璨;是人生,就必须在乱迷的江渚之上稳住行舟。

泛舟于人生的法则,源于对自己正确的认知,决对不盲目效仿,决不自卑自怜。

"渺沧海一粟",你会觉得我很渺小,因为我只是汪洋中的一滴,但我却找回了自己,认清了人生。让我继续做这可贵的一滴,无怨也无悔。

世间万物都有自己的位置,不盲目随从别的东西,我们人类也应该找准自己的位置,不要盲目崇拜别人的优点,找准自己的优点,在人生茫茫的大海之中,劲风为号角,扯缆线做琴弦,发挥自己的优势,不盲目随从别人,也会为你的人生画出完美的弧线。

9. 不要成为"时间的穷人"

现代人最常挂在嘴边的就是"忙得找不出时间来了"。每日为工作而庸庸碌碌，常常觉得时间不够用的人，就像常怨叹钱不够用的人一样，是"时间的穷人"，似乎都有恨不得把 24 小时变成 48 小时来过的愿望。但老天公平给予每人一样的时间资源，谁也没有多占便宜。

在相同的"时间资本"下，就看各人运用的巧妙了。

有些人是任时间宰割，毫无管理能力，24 小时的资源似乎比别人短少了许多。

有人却能"无中生有"，有效运用零碎时间。

而有些懂得"搭现代化便车"的人，干脆利用自动化及各种服务业代劳，"用钱买时间"。

"时间即金钱"，尤其对于忙碌的现代人而言更能深切感受，每天时间分分秒秒的流失虽不像金钱损失到"切肤"的程度，但是，钱财失去尚可复得，时间却是"千金唤不回"的。

如果你对老天公平给予每个人 24 小时的资源无法有效管理，不仅可能和理财投资的时机性失之交臂，人生甚至还可能终至一事无成，可见"时间管理"对现代理财人的重要性。想向上帝"偷"时间既然不可能，那么学着自己"管理"时间，把分秒都花在"刀口"上，提高效率，才是根本的途径。

"忙""没有时间"只是借口而并非真实，如果聪明才智相仿，而工作时数比别人长，绩效（薪水、所得、职位、成就）却不比别人好，那就该好好检讨，是不是没有充分发挥时间效率？在心理上必须建立一个观念，力求"聪明"工作，而不是"辛苦"工作。例如别人六个小时可做

到的事，我努力在四个小时之内完成。以追求最高的时间绩效为目标，假以时日，时间自然在你掌握中！

时间管理与理财的原理相同，既要"节流"还要懂得"开源"。

要"赚"时间的第一步，就是全面评估时间的使用状况，找出所谓浪费的零碎时间，第二步就是予以有计划地整合运用。

再来，把每日时间切割成单位的收支表做有计划的安排，切实去达成每日绩效目标。"时间是自己找的"，当你把"省时"养成一种习惯，自然而然就会使每天的24小时达到"收支平衡"的最高境界，而且还可以"游刃有余"的处于"闲暇"的时间，去从事较高精神层次的活动呢！

如果你是开车或乘公交车的上班族，平均一天有两个小时花在交通工具上，一年就有一个月的时间待在车里。如果把这一个月里每天花掉的两个小时集中起来，连续不断地坐一个月的车，或不眠不休地开一个月的车，就能体会其时间数量的可观了。

想要提高学习和工作的效率，就要学会合理高效地安排时间。要占时间的优势，就要积极地"凭空变出"时间来，以下提供一些有效的方法，让你轻松成为"时间的富人"。

（1）首先列出一张时间"收支表"

以小时为单位，把每天的行事记录起来，并且立即找出效率不高的原因，彻底改善。

（2）购买一个笔记本来做规划本

其中包括日、周和月的日程安排表，可以用它来记录时间的安排。

（3）把自己明确的价值观，树立起的目标，已经设计的行动方案抄下来，粘贴在随处可见的地方

用彩色的纸或者墨水来吸引你的注意力。尽量在规划本里、日历和镜子上、办公桌、电脑屏幕上体现出来。

（4）保证你列出每天的目标和日历，能反映出长期、中期、短期目标

如果你希望提高自己的身体素质，每天安排时间去健身中心或者在小区里做运动，进行锻炼。

**（5）对于职场人士来说，工作和与爱人共处是容易发生冲突的，但是

和爱人共度温馨时光又是非常重要的事情，怎么来安排呢？

把和爱人共处这个事情安排在必须做的事情里，如果是以周或者月为单位的活动日程里，你就会发现自己有时间来完成它。

把能够同时做的事情结合在一起，比如看电视的时候也可以熨衣服或者刷碗。把活动按顺序排列可以节省时间，可以把不同的任务和各种精力水平相搭配。

（6）时间浪费最小化

力争削减这样的活动：看电视的垃圾节目，煲电话粥，过度频繁的客人来访，参加无意义的会议，接受没有实权的授权，毫无目的的行动，追求不切实际的目标等等。但是也要给一些意外的打扰留出一定的时间。

（7）学会说"不"，帮助别人也要有限度

学习"拒绝的艺术"，不要浪费时间做别人该做的事，同事间互相帮忙偶尔为之，不要因"能者多劳"而做烂好人。办公室的工作各有分工，家事亦同，家庭成员都该一起分担，上班族家庭主妇不要一肩挑。例如，先生的书房、车子；小孩的房间、玩具要求他们自己清理，家事也要分工负责，把省下的时间用来自我充实，做个"新时代主妇"。

（8）等待的时候把需要做的事情列出来

（9）每天抽出几段短暂的时间来休息，作为私人享受的安静时段

在这些时段里，练习深层次的放松方法。这样能够帮助你弄清什么对你才是最重要的，而不是为了迎合别人的要求而匆忙行事。

（10）做非常重要的事情需要你全神贯注

把经常分散你注意力的事情列出来，并计划如何消除。

我们也需要借助外在环境的支持来完成自己的时间安排，比如你的事情需要集中精力，一定要保证有一个安静的房间或者角落来阅读、写作或者思考。

因为自己在管理时间方面的进步而奖励自己。其实，高效时间管理所带来的积极推动力是对你努力的最大回报。通过规划和区分重要的活动，你可以自由地度过生活的每一天。

(11) 尽量利用零碎时间

坐车或等待的时间拿来阅报、看书、听空中资讯。利用电视广告时间处理洗碗、洗衣服、拖地等家事。不要忽略一点一滴的时间,尽量利用零碎时间处理杂琐事务。

(12) 改变工作顺序

例如做饭时,先洗米煮饭、煮汤、再来洗菜、炒菜,等菜上桌的同时,饭、汤也好了。稍稍改变一下工作习惯,能使时间发挥最大的效益。此种"时间共享"的作业方式可在工作中多方尝试,而"研究"出最省时的顺序。

(13) 批量处理,一次完成

购物前列出清单,一次买齐。拜访客户时,选择地点邻近的一并逐户拜访。较无时效性的事务亦以地点为标准,集中在同一天完成,以节省交通时间。

(14) 善加利用付费的代劳服务

银行的自动转账服务可帮你代缴水电费、煤气费、电话费、信用卡费、租税定存利息转账等,多加利用,可省舟车劳顿与排队等候的时间。

(15) 在一天要结束时,回顾自己的时间管理表,把自己按照计划完成的事情划去,并给自己抚慰

把自己做了却没有事先计划的事情添上,根据高、中、低三个层次的重要程度来把这个事情定位,分析它属于哪一个重要程度。没有完成的重要事情推延到第二天。

准备一天目标的最佳时间在前一天晚上或者在清早起床后不久,无论哪一个时间,你可以从最重要的事情开始计划。

10. 一切源于勤奋

勤奋是"懒惰"的反义词,是成功的基础,是传统的美德。

世界上最宝贵的除了良好的心理素质,还有一个最宝贵的东西,就是勤奋。

最宝贵的勤奋,不光是身体上的勤奋,而是精神上的勤奋,勤奋靠的是毅力,更是永恒。

文学家说,勤奋是打开文学殿堂之门的一把钥匙;科学家说勤奋能使人聪明;而政治家说勤奋是实现理想的基石。

勤奋是保持高效率的前提,只有勤勤恳恳,扎扎实实的工作,才能把自己的才能和潜力全部发挥出来,才能在短时间内创造出更多的价值。缺乏事业至上、勤奋努力的精神,就只有观望他人在事业不断取得成就,而自己却在懒惰中消耗生命,甚至因为工作效率低下失去谋生之本。

其实,我们谁都无法否认,人都是有惰性的,只是每个人"惰"的程度不同而已,关键是我们要去有意识地规避惰性,去激发自己的积极性。

(1) 以勤补拙

一个人在工作中勤奋追求理想的职业生涯非常重要。享受生活固然没错,但怎样成为众人眼中有价值的职业人士,才是最应该考虑的。一位有头脑的、智慧的职业人士绝不会错过任何一个可以让他们的能力得以提高、让他们的才华得以展现的工作。

这些工作可能薪水微薄,可能辛苦而艰巨,但它对我们意志的磨炼,对我们坚韧性格的培养,是我们一生受益的宝贵财富。所以,正确地认识你的工作,勤勤恳恳地努力去做,才是对自己负责的表现。

保险行销之神原一平身高不足1.60米,相貌又长得一般,这些不足

之处影响了他在客户心中的形象,他起初的推销业绩很不理想。

原一平后来想:既然比别人我的确存在一些劣势,那就让勤奋来弥补它们吧。为了实现他争第一的梦想,原一平全力以赴地工作。早晨5点钟睁开眼后,立刻开始一天的活动:6点半钟往客户家中打电话,最后确定访问时间;7点钟吃早饭,与妻子商谈工作;8点钟到公司去上班;9点钟出去行销;下午6点钟下班回家;晚上8点钟开始读书、反省,安排新方案;11点钟准时就寝。这就是他最典型的一天生活,从早到晚一刻不闲地工作,把该做的事及时做完,从而摘取了日本保险史上的销售之王的桂冠。

要想在这个时代脱颖而出,你就必须付出比以往任何时代更多的勤奋和努力,拥有积极进取、奋发向上的心,否则你只能由平凡转为平庸,最后变成一个毫无价值和没有出路的人。

不管你现在所从事的是怎样一种工作,无论你是建筑工地上的一名工人,还是办公室里的一名普通职员,只要你勤勤恳恳地努力工作,你就是成功的,让老板认可的。

(2) 拒绝懒散和萎靡不振

人都会有这样的感觉,无论睡得有多香,食欲有多么旺盛,气色有多么好,只要有人问他感觉怎样,就肯定会得到一个透着压抑与沮丧的回答:"不怎么样""没有什么两样""感觉很不好"等等,这种人似乎整天沉浸在健康不佳、情绪不宁之中。

其实,这种懒散的态度就是他自己的敌人,它会在不知不觉中侵蚀人的意志力,使人萎靡不振,得过且过。假如一个人屈从于这些坏习惯,就不能振作,就无法充分发挥自己的所长,也就不会有所成就。

对自己懒散的态度,很大程度上反映着一个人精神控制力的强弱。

当你有不准备上班,或不准备外出谈业务的想法时,千万不要允许自己闲在家里。如果你给自己放了假,自己就会感觉不好,很可能想:"唉,今天真不舒服,一点儿都不想动,工作的事情随它去好了。"结果是什么呢?你必须承担懒惰带给你的损失——一天的宝贵时间就这样失去了,而且很可能感觉会更不好,天长日久懒散使你自己打败了自己。

一个人如果萎靡不振，那么他脸上必定毫无生气，整个人看起来呆头呆脑、无精打采。那么他做起事来就不可能有朝气、有活力、更不要能出成果。世间最难治也是最普遍的病就是萎靡不振。萎靡不振往往使人陷于完全绝望的境地，永远没有希望。

人要有意识、有意志地让自己拒绝懒散的萎靡不振。方法就是做起事情来，要全身心地投入，即使在很疲惫的时候。

一些勤奋努力、做事敏捷、反应迅速的人，只有充满热忱、血气如潮、富有思想的人，才能把自己的事业带入成功的轨道。

（3）比别人多付出

人获得的任何东西都是他原先付出的东西的回报。你在付出时越是慷慨，你得到的回报就越丰厚，这是公平的游戏规则。

从种植小麦的农夫那里，你也许能明白：如果种植一株小麦只能收成一粒麦子，那根本就是在浪费时间。但实际上从一株小麦上可收成许许多多的麦子。尽管有些小麦不会发芽，但无论农夫面临什么样的困难，他的收成必定多出他所种植的好几倍。

当然了，在你的工作中到底能回收多少，还要看你是否有正确的心态了。如果你是以不心甘情愿的心态付出，那你可能得不到任何回报，如果你只是从为自己谋取利益的角度，则可能连你希望得到的利益也得不到。

你只要记住一点，在职场中的付出，就是在累积你的财富，而你的付出终将会帮你赢得你想要的一切。

松下幸之助说："当年创业的时候，我对自己说：要好好努力喔，多比别人付出一些。只是埋怨辛苦是不会出人头地的，现在拼命努力和忍耐，将来一定有出息。因此，在冬季结冰的天气下做抹布清洁工作，虽然很辛苦，转念一想，这就是忍耐，努力干吧，将辛苦化为希望。"松下本人正是靠这种多吃苦多付出的精神才创出一番事业的，所以在当上老板之后，他告诫他的员工要得到晋升就要有吃苦耐劳勤付出的精神。

身为下属，工作量大，任务繁重，要给上司留下比较良好的印象，干工作就要兢兢业业、一丝不苟。要舍得多下工夫，辛勤工作，让自己所在的企业或部门，多出成绩，出大成绩，多出能在上司那儿受到称赞的成

【第五章】自我提升，为智慧"镀金"

绩。有些员工通常只会说话不做实事，同那些"少说多做"的实干家相比，在竞争中更容易失败。

"艰苦"和"创业"往往是连在一起的，艰苦创业是必须做到的。创业伊始，资金短缺，规模过小，没有知名度，大卖家排挤等会困扰小生意。台湾的经营之神王永庆是在世界上华人中数一数二的人物，勤奋也是他的成功秘诀。

王永庆最早的生意是开米店。他的米店在社区中有口皆啤，因为王永庆可以做到对社区居民了如指掌。当某一户居民即将吃完家中的米时，王永庆就会送上门，而且当时并不收钱，只是到了居民发薪的日子，王永庆才登门上访。就这样艰苦细致的工作，才成就了今天的大企业家王永庆。

如果我们在每天抽时间将咨询后没有产生购买行为的顾客沟通内容再重新查看一下，找出没有购买的原因，再重新找顾客联系，就会增加企业的交易量。

合抱之木，生于毫末；九层之台，起于垒土；千里之行，始于足下。所有人的成功没有一蹴而就的，没有了勤奋，何来的积累，又哪里来的成功。量变决定质变，没有量的积累，永远都无法达到质变的高度，成功就更无从谈起。

11. 不能吃苦，吃一辈子苦

很多人看到别人发财了，就眼红得不行，也跃跃欲试。可一想到从此要起早贪黑地操心忙碌，早晨再也睡不成懒觉了，再也不能像过去那样舒心地打麻将和玩牌了，他就泄了气。"我就是这样的人"，表面上看来，说这话的人好像很了解自己，其实是在安慰自己。这也是典型的不能吃苦的表现。

人常说：创业者伟，为什么呢？这个"伟"字不仅体现在有胆量，敢去创业上，更体现在吃苦耐劳、无惧风雨上。创业不是一件轻松的事情，尤其是在一穷二白的基础上，那一点点钱无不浸透着辛苦的汗水。

历览富豪榜上的富人，大都经历过苦难，但他们面对苦难表现出的是忍耐、接受和坦然面对，坚持下来的都成了富人。而面对辛苦退缩的人，至今仍碌碌无为。

【第五章】自我提升，为智慧"镀金"

金钱是有灵性的，喜爱有志气、有骨气、能吃苦的人，也愿意待在这些人的身边。反观那些通过不正当求富的人，过不了多久财富就会离他们而去。所以，为了金钱吃些苦是正常的，不通过吃苦就想获得财富，在这个社会是行不通的。

世界上的事，从来都是一分耕耘，一分收获，怕吃苦、图安逸是成不了大事的。请想想，哪位杰出人物不是吃尽人间许多苦才奋斗出来的？看看你周围那些有成就的人，有几个不是先"吃得苦中苦"，现在才成为"人上人"的？

俗话说：小老板靠勤奋吃苦赚钱，中老板靠经营管理赚钱，大老板靠投资决策赚钱，可中老板、大老板哪个不是从小老板发展而来的，又有几个没经过吃尽甘苦的过程？自古英雄多磨难，从来纨绔少伟男。

财富炼金术

你要记住：能吃苦，吃半辈子苦；不能吃苦，吃一辈子苦。

许多人都这样评价温州商人：世界上的人都知道温州人会做生意，沿海靠山赋予他们这种开放和冒险的精神，而最主要的是温州人能吃苦。

现在温州人富了，人们便认为他们不再吃苦，但他们想错了。温州人的创业基因使他们仍甘愿放弃舒适的生活，不断地吃苦，使自己在困难中得到磨炼，在吃苦中获得成长。

2005年5月6日，温家宝总理在意大利对罗马华侨会长及40多位温州籍华侨说："意大利人说，他们九个人中就有一家企业。我说，我们温州人一个人也能办一家企业，其实温州人的精神就是一种创业精神。我知道出来的中国人都很艰辛，今天大家穿得整整齐齐，但当年出来时不知道吃了多少苦，到今天这一步相当不易。温州人能吃苦，而且吃苦不叫苦，这就是中国人的力量所在。"

惰性是穷人的大敌。穷人一旦染上懒散的毛病，不仅会耽误眼前的事情，而且必将贻误终生。无论是对个人还是对一个民族而言，懒惰都是一种堕落的、具有毁灭性的东西。懒惰是一种精神腐蚀剂，因为懒惰，人们不愿意爬过一个小山岗；因为懒惰，人们不愿意去占胜那些完全可以战胜的困难。

因此，那些生性懒惰的人不可能在社会生活中成为一个成功者，他们永远是失败者。成功只会光顾那些辛勤劳动的人们。懒惰是一种恶劣而卑鄙的精神重负。农田人一旦背上了懒惰这个包袱，就只会整天怨天尤人、精神沮丧、无所事事。

亚历山大征服波斯人之后，他有幸目睹了这个民族的生活方式。亚历山大注意到，波斯人的生活十分腐化，他们厌恶辛苦的劳动，却只想舒适地享受一切。亚历山大不禁感慨道：没有什么比懒惰和贪图享受更容易使一个民族奴颜婢膝的了，也没有什么比辛勤劳动的人们更高尚的了。

有一位外国人周游世界各地，见识十分丰富。他对生活在不同地位、不同国家的人有相当深刻的了解，当有人问他不同民族的最大的共同性是什么，或者说最大的特点是什么时，这位外国人回答道："好逸恶劳乃是人类最大的特点。"

懒惰这个恶魔总是在黑夜中出现，它直视那些头脑中长满了这些"思想杂草"的穷人，并时时折磨他们、戏弄他们。"正义之神正是派遣这些恶魔来折磨那些懒惰、无所事事的人。"

马歇尔·霍尔博士认为："没有什么比无所事事、空虚无聊更为有害的了。"一位大主教认为："一个人的身心就像磨盘一样，如果把麦子放进去，它会把麦子磨成面粉，如果你不把麦子放进去，磨盘虽然也在照常运转，却不可能磨出面粉来。"

那些游手好闲、不肯吃苦耐劳的穷人总是有各种漂亮的借口，他们不愿意好好地工作、劳动，却常常会想出各种主意和理由来为自己辩解。

确实，一心想拥有某种东西，却害怕或不敢或不愿意付出相应的劳动，这是懦夫的表现。无论多么美好的东西，穷人只有付出相应的劳动和汗水，才能懂得这美好的东西是多么来之不易，因而更加珍惜它，穷人才能从这种"拥有"中享受到快乐和幸福，这是一条亘古不变的真理。

即使是一份悠闲，如果不是通过自己的努力而得来的，这份悠闲也并不甜美。不是用自己劳动和汗水换来的东西，你就没有为它付出代价，你就不配享用它。

只有行动，才是穷人成功的起点，才能使穷人的幻想、穷人的计划、穷人的目标，成为一股活动的力量。行动，才是滋润穷人成功的食物和水。

【第五章】自我提升，为智慧「镀金」

12. 不能改变世界就改变自己

很多时候我们都喜欢为自己的失败找各种理由，为自己的不恰当行为找各种借口，总是想要让别人对自己肯定，想挽回点所谓的面子，其实完全没有必要，人总是要犯错的，人生也不是完美的，有时有点缺憾也不会影响到我们人生的幸福。

人，要对自己狠一点。别人对你狠，那是一种折磨，一种摧残，很可能激起你强烈的反抗；自己对自己狠，那是一种追求，一种奋发，这就可能激起你强烈的斗志。

当过兵的人都清楚地记得自己在进行体能训练时的场景吧？劳累、无助，痛苦和无奈，都融到了对组织者的憎恨中。但是你坚持下来后，酸痛的肌肉，疲惫的身躯，淋漓的大汗，发软的双腿，给你带来的却是另类的享受，让你深切地体会到那种"衣带渐宽终不悔，为伊消得人憔悴"的苦尽甘来。

如果你当时偷了懒，打了折扣，那训练完毕后你会很后悔，很懊恼，你也许会暗暗地骂自己为什么那么不争气，吃不了苦，这时你不仅要受到身体上的痛苦，还要受到灵魂的煎熬和拷问。

这不是让我们死撑面子，充大尾巴狼，这是两个不同的概念。这就是挑战，这就是超越。如果没有了挑战，那一个人的人生是不完美的。

也许你会说：我只想平平常常地过，我不愿也不想去挑战和超越。你这样想难道不觉得遗憾吗？给自己留点回忆的东西吧！

当你牙齿掉光、走不动路的时候，你有东西可以很快乐的想起，想起当时的痛苦、无奈抑或是其他的内容，正如当过兵的人可以回忆当年的种种一样。

当然，不可能每一个人都会有机会去当兵，所以我们要挑战自己，超越自己，哪怕没有成功，我们也不会后悔，因为我们曾经对自己人生的制高点发起过激烈的冲击。引用一句广告词：人要对自己狠一点，既然不能改变世界，就要改变自己。

改变你的心态也就改变了你看世界的角度，而当你改变看问题的角度时，即使遇到世界上最倒霉、最不幸的事，也不会成为世界上最倒霉、最不幸的人。

司马迁被无端剥夺了做男人的权利，但他却用《史记》证明了他是一个非凡的男人。

爱迪生没有因念不起书而指天怨地，而是刻苦钻研，终成大器。

邓小平没有因三起三落而消沉失落，而是在苦中作乐，等待时机，终成一代伟业。

那位写《五体不满足》的作者，丧失的比一无所有还一无所有，却有资格向那些四肢健全的人施舍同情和怜悯。

……

【第五章】自我提升，为智慧「镀金」

如果我们经常意识到生活中遭遇的倒霉事远远不足以阻碍梦想的实现，心情将会开朗得多，快乐得多。

乐观的人总是看到生活中好的一面，从不消极埋怨。他们拥有"大难不死，必有后福"的心态，从容面对一切问题。

有一些事当我们无法解决和处理时，不妨坦然接受现实，不要反抗那些不可更改的事实，用节省下来的时间去做一些别的事情。

有比较才能更清楚地看到自己所处的境地。

相对于战火纷争的国度，下岗失业也算不上是最倒霉的事了，起码一家人平平安安地在一起生活着。

处在痛苦和困难中的人，不妨采用此种方法化苦为乐，这会减轻你的烦恼和压力。

改变自己就是改变自己看世界的一贯角度和心态。有一些事当我们无法解决和处理时，不妨坦然接受现实。不要反抗那些不可更改的事实，用节省下来的时间去做一些别的事情。

(1) **相信自己**

相信自己并不是一句空喊的口号，它是对自我生命的承诺，是对自己生命的敬畏。很多人就是这样，一开始有远大、宏伟的目标，并为之开始努力、奋斗。可往往遇到挫折便放弃了，或者遇到有旁人说三到四，便收手不干。这样永远都无法达到成功的彼岸。他一辈子都在找寻自己的目标，却又常常抛弃目标。

但是有一点要说明一下，自信不等同于固执，不要盲目的自信，自信不排斥他人的善意提醒。世事往往是这样的，当局者迷，旁观者清。

不听老人言，吃亏在眼前。对于那些前人的经验不加分析，而在"自信"的名义下全部封杀的人最后倒霉的是自己。因而，在考虑他人意见时，加以理性分析，取精去粗，知己知彼，才能最大限度地趋利避害，为自己的成功找到捷径。

(2) **品格就是财富**

品格是最宝贵的财富。它是人类的良好意愿和个人的尊严方面的财富。在这个方面进行投资的人们，虽然不能在世俗的物质方面变得富有，但是，他们可以从赢得的尊重和荣誉中得到汇报。

天才生来便是受人崇拜的，他的聪明是独一无二的，无人可以企及。而品格高尚的往往被人视为楷模，加以仿效。

天才与生俱来比他人的智商高，似乎有点"踏不破铁鞋无觅处、得来全不费工夫"的意味，而高尚品格则不是天生的，它是人在生命的实践中锤炼出来的，有可以让人学习的弹性空间，在生活中，有着它独特的魅力。

(3) **学会尊重每一个人**

人不是万能的，因而，即使从功利的角度来思量，也应该去尊重他人。何况我们生在礼仪之邦，尊重他人更是体现一种美好品德的一个重要方面。

就是说，礼貌尊重就像一面镜子，你对他笑，他也便对你笑，你对他怒吼，他也对你怒吼。

在如今这个纷繁复杂的世界里生活，人们始终处于错综复杂的环境当中。在处理人际关系时,尊重他人尤为重要。

人不是万能的,你总会有你不能的地方,你无法面面俱到,具备任何一项才能。当你有求他人时,要尊重他人,礼貌待人;在没有求他人时,同样得保持谦逊之心,防止"平时不烧香,临时抱佛脚"。

(4)逆境成才

尽管挫折与失意使人受到打击,但它又包含着智慧和哲理,它是到达智慧彼岸的桥梁和渡船。

在我们经历的人生里程当中,顺境的背后等待我们的是更多的逆境险阻。人的一生是顺境和逆境并存的世界,当你向着自己的目标而努力的时候逆境就会在这个时候产生。

人越是有一个抱负和理想,要去建立别人未曾建立的功勋,那么你就要承担更多的责任和苦难。当别人在享受生活乐趣的时候,而你却在忍受苦难的煎熬;当别人在呼朋唤友,高谈阔论的时候,你却在忍受孤独。上帝是很公平的,你要成大事就必须比别人承受更多的苦难。

当你不能改变外部世界和现状时,唯一能改变的是你自己。

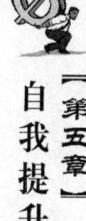

13. 给挫折一个微笑

当幸福、快乐、得意的日子来临时，人人都会微笑。可是要一个人在逆境中也学会微笑，却是相当的不易。当你被苦难的炽热所煎炙、被苦难的大雨所浸洗之后，你就会变得更坚强。要知道，哪怕是沙漠，在经过狂风暴雨的洗礼后，也能开出动人的花朵。

挫折就像是生命中出现的滂沱大雨，它令你刺骨冰寒，又饱受冷落；但雨季过后，百合和玫瑰会绽放，枣子和石榴会结果实。

最初使用"承受力"这一概念的是美国心理测验专家罗森茨威格。他给挫折承受力下的定义是"抵抗挫折而没有不良反应的能力"。即个体适应挫折、抗御和对付挫折的能力。1977年就任世界卫生组织精神卫生部主任的萨托拉斯提出三条精神健康标准其中一条就是能够经受生活的挫折及时地调适自己的情绪。不仅适应环境，而且能有效地改造环境。由此可见培养挫折承受力对精神健康的意义之大。

所谓挫折承受力，是指个体在遭遇挫折情境时，能否经得起打击和压力，有无摆脱和排解困境而使自己避免心理与行为失常的一种耐受能力。亦即个体适应挫折、抵抗和应付挫折的一种能力。

一般来说，挫折承受力较强的人，往往挫折反应小，挫折时间短，挫折的消极影响少；而挫折承受力较弱的人，则容易在挫折面前不知所措，挫折的不良影响大而易受伤害，甚至导致心理和行为的失常。

因此，挫折承受能力的大小反映了一个人的心理素质相健康水平。许多人的心理问题就是由于遭受挫折而又不能很好地排解和调适造成的。增强挫折承受能力，是获得对挫折的良好适应和保持心理健康的重要途径。

影响挫折承受力的因素有以下几种。

(1) 生理条件

一个身体健康、发育正常的人,一般对挫折的承受力比一个疾病缠身、有生理缺陷的人高。比如,前者不怕偶尔的饥寒交迫,可以熬夜,也可以长时间工作而不感到疲劳。因而可以经受更大的挫折。

这是因为挫折会引起人的情绪及生理反应,给人的心理带来压力及紧张感,对体弱多病者这会加重身体虚弱和病情,甚至发生意外。国外有人研究发现体弱多病者与身体健康者在丧偶后一年内,前者比后者发病率高78%,死亡率高三倍多。看来,健康者更应珍惜"健康"这一宝贵财富。

(2) 过去经验

国外曾有人做过一个动物实验。他们对一组幼小的白鼠给予电击及其他挫折情境,使其产生紧张状态,然后让它们正常发育。长大以后,这组白鼠就能很好地应付挫折引起的紧张状态。而另一组没有受到这类挫折刺激的白鼠,长大后遭受电击等痛苦刺激时就显得怯懦和行为异常。

对人来说也是如此。在婴幼儿期所受的刺激,可使成年期的行为更富于适应性和多变性。相反,极少受到挫折、一贯顺利、总受赞扬的人,就没有足够的机会学习和积累对待挫折的经验,他们的自尊心往往过于强烈,对挫折的承受力很低。

当然,任何事情都应有个"度"。如果青少年期遭遇的挫折太多、太大,也会影响以后的发展,可能形成自卑、怯懦等特征,缺乏克服挫折的勇气。

(3) 挫折频率

如果是"屋漏偏逢连夜雨,船破又遇顶头风"。刚刚失恋不久,考试又未通过,没几天又心不在焉地把计算器丢了。接连遭受挫折,频率过高。挫折承受力必大大降低。

(4) 认知因素

认知是指我们对周围事物的想法和观点,也就是人的认识活动。挫折刺激正是通过人的认知而作用于情绪。产生这样那样的心理行为反应。由于认知不同,同样的挫折情,对每个人造成的打击和心理压力是不同的。

一般认为,虚荣心强的人对挫折的知觉感受性高,承受力低。因为虚

荣心强的人通常将名利作为支配自己行为的内在动力，一旦受挫，目标没有达到，就会因为虚荣心没得到满足而难以忍受。

(5) 个性因素

个性是一个人所具有的意识倾向性和较稳定的心理特征的总和。一个人的性格特征、个人兴趣、世界观都对挫折承受力有重要作用。

性格开朗、乐观、坚强、自信的人，挫折承受力强；性格孤僻、懦弱、内向、心胸狭窄的人，挫折承受力低。当人们对某样东西享有浓厚的兴趣，一心钻研，在别人看来很苦的事，他们却乐在其中，挫折承受力就强。

诺贝尔研究炸药的过程中，多次发生爆炸事故，弟弟炸死，父亲重伤，自己也有几次生命危险，却终获成功。可见，个人兴趣也是应付挫折不可忽视的因素。

(6) 社会支持

正如人们常说的："一个痛苦两人分组，痛苦就减轻了一半。"当一个人感到有可以依赖的人在关心、爱护和尊重自己时，就会减轻挫折反应的强度，增强挫折的承受力。

每个人都可能会遭受到情场失意、官场失位、商场失利等方面的打击；每个人也都会经受委屈时的苦闷、挫折时的悲观、选择时的彷徨，这就是人生。生活充满了挫折，所以需要每个人都充满勇气地去面对。人生最大的挑战之一就是如何面对打击，如何面对失败。

有两个囚犯同在一个监狱，他们从狱中望向窗外，一个囚犯愁眉苦脸地说："到处都是泥土，太悲凉了，看来我是将不久于人世了。"而另个囚犯却笑容满面地说："好温暖的阳光啊，我也一定会'重见光明'的。"

面对同样的境况，前者持一种悲观失望的心态，看到的自然是苍凉、了无生气；而后者持一种积极乐观的心态，所以看到的自然是阳光普照、一片光明。

一个美国女孩儿的眼睛意外受了重伤，痊愈后的她也只能从左眼角的小缝中才能看到东西。如果要看书，就必须把书拿近，并紧缩眼睛的肌肉，使眼球尽量靠近左边。在学校，她只能把书拿近自己的眼睛，以至于睫毛常常碰到书本。

面对生活的磨难,她并没有被打倒,而是微笑着面对这一切。她喜欢和附近的孩子玩跳房子,但她却看不见记号,于是就把自己游玩的每一个角落都清楚地记下来。正是凭着这种用微笑对待逆境的人生态度,后来她获得了明尼苏达大学的文学学士及哥伦比亚大学的文学硕士两个学位。

人的一生,就好比是一趟旅行,沿途中虽然有数不尽的坎坷泥泞,但也有看不完的春花秋月。如果人的一颗心总是被灰暗的风尘覆盖,干涸了心泉、黯淡了目光、失去了生机、丧失了斗志,这样的人生轨迹岂能美好?可是,倘若能保持一种健康向上的心态,以微笑面对逆境,即使四面楚歌,也一定会有"山重水复疑无路,柳暗花明又一村"的那一天。

逆境就像是人生中的甘霖。虽然冰冷、不适,又有敌意,然而正因为有这样的寒雨,百合和玫瑰、枣子和石榴才会绽放出艳丽的花朵。想成大事,那么当你陷入苦难困境时,就要面带微笑,直到逆境向你俯首称臣。

如果你认识到逆境是不可能恒久存在、永不改变的,那么你就已经比别人更有智慧了。但是空有智慧是不够的。所有的逆境会在你耐心地等待转机时把你摧毁,要想战胜它们只有一种办法,那就是:面带微笑、张开双臂欢迎它们。

虽然说每个人的人生际遇都是不同的,但命运对每个人都是公平的。因为窗外有土也有阳光,就看你能不能具备一颗坚强的心,一双智慧的眼,透过岁月的风尘寻觅到辉煌灿烂的阳光。不要总说生活是怎样对待你的,而应该问一问自己,你是怎样对待生活的——是哭泣的,还是微笑的?

【第五章】自我提升,为智慧"镀金"

第六章
为"人脉银行"积聚财富

> **现**代社会的发展表明,在技术、资金、人力资源这三个生产力要素中,人力资源的重要性越来越凸显出来。不管什么人,单单靠一己的力量是成不了富豪的。一个人要想聚财,就先要聚人;有了人气,才会有财气。想清楚自己现在是什么状况,将来要成为什么样的人,把对自己现在以及将来进行明晰地定位以后,就着手开始经营你的人脉圈子吧,开拓人脉布局,为自己的"人脉银行"积聚财富。

1. 君子莫大乎与人为善

人来到这个世上，能遇到一起，本来就是一种缘分。古人云："三人行，必有我师焉"，尺有所短，寸有所长，每个人都有他的"闪光点"和可取之处。只要我们善于发现，善于学习，就能取众人之长，补己之不足。

一个人在为人处事当中，是否会欣赏别人，将决定这个人一生的成长。

欣赏别人才会得到别人的赏识，欣赏别人，要有勇气、胸怀和气度。这种欣赏不是圆滑的曲意逢迎，也不是不讲原则地和稀泥，而是自己把握心态平衡，在为人上谦逊、厚道一些，在出事上得体，周全一些，在说话上稳重，随和一些。

人与人之间，年岁有老少，资历有深浅，能力有大小，职务有高低，财富有多少，但脑筋转得快与慢、心眼动得多与少，其实都差不多，谁的心里都有一面镜子、一杆秤。凡事要以大局为准，那些不会欣赏别人，总在算计别人，让别人下不来台的人，只会自寻烦恼，天天担惊受怕，怕被别人算计。

(1) 尊重他人才能赢得尊重

"巨象集团"是美国一家著名的企业，其总部设在纽约曼哈顿一幢70多层楼高的大厦内。环绕大厦的是一片郁郁葱葱的花园绿地。

这天，一位40多岁的妇人领了一个十二三岁的小男孩走进这个花园中，坐在长椅上。妇人好像很生气的样子，不停地和男孩说着什么。

距他们两人不远处，一位六七十岁头发花白的老人正拿了一把大剪子在园中剪枝。

这时，妇人突然从随身挎包里揪出一把手巾纸揉成一团，一甩手扔出去，正落在老人刚剪过的灌木枝上。白花花的一团手巾纸在翠绿的灌木上十分显眼。老人看了看妇人，妇人满不在乎地也看着他。老人没有说话，拿起那团纸扔到不远处盛放剪下枝条的一个筐子里。

老人拿起剪刀继续剪枝，不料妇人又将一团纸扔了过来。"妈妈，你要干什么？"男孩奇怪地问妇人，妇人对他摆手示意他不要做声。

老人过去将这团纸也拿起来扔到筐子里，刚拾起剪刀，妇人扔过来的第三团纸又落在了他眼前的树顶上。

就这样，老人不厌其烦地拾了妇人扔过来的六七团纸，始终没有露出不满和厌烦的神色。

"看到了吧！"妇人指了指老人对男孩说，"我希望你明白，你现在不好好上学，以后就跟面前的这个老园工一样没出息，只能做这些低贱的下等工作！"

原来男孩学习成绩不好，妈妈生气地在教训他，面前剪枝的老人成了"活教材"。

老人也听到了妇人的话，就放下剪刀走过来："夫人，这是集团的私家花园，好像只有集团员工才能进来。"

"那当然，我是'巨象集团'所属一家公司的部门经理，就在大厦里工作！"妇人高傲地说着，拿出一张证明卡冲老人一晃。

"我能借你的手机用一下吗？"老人突然问。

妇人不情愿地递给老人自己的手机，一边仍不忘借机教导儿子："你瞧这些穷人，都这么大年纪了连只手机也没有。你今后可要长出息哟！"

老人打完一个电话将手机还给妇人。不一会儿，一个人急匆匆走过来，拱手站在老人面前。老人对他说："我现在提议免去这位女士在'巨象集团'的职务！"

"是，我马上按您吩咐的去办！"那人连声应道。

妇人大吃一惊，她认识来的这个人，正是"巨象集团"人力资源部的高层人员。"你……你怎么会对这个老园工那么毕恭毕敬呢？"她惊诧莫名，拉住他的手问道。

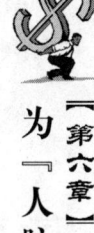

【第六章】为"人脉银行"积聚财富

"什么？老园工？他是集团总裁詹姆斯先生！"

夫人颓然坐到椅子上。

老人走过来抚了抚那男孩的头，说："我希望你明白，在这世界上最重要的是要学会尊重每一个人……"

尊重，常常存在于我们的生活中，存在于生活中的每一件小事中。然而，正是这样一种尊重，会似一缕春风、一泓清泉，轻拂去人们心中积久的尘埃，滋润人们干涸的心田，与真诚、谦逊、宽容、赞赏、善良、友爱相得益彰，缔造我们生命中的美好。

我们生活的世界绚丽多彩、生动美好，但同时也存在着一些缺陷。这些缺陷往往不利于善良人的生存，因而善良人要活下去，经常需要依靠他人的关爱。

（2）远离仇恨袋

古希腊神话中有一位力大无比的英雄，叫海格利斯。有一天，他走在坎坷不平的山路上，发现路中间有个口袋似的东西，很碍事，他便踢了它一脚，想把它踢开；谁知那东西不但没被踢开，反而膨胀起来。海格利斯非常生气，便狠狠地踩了那东西一脚，想把它踩破；而它不但没破，而且加倍膨胀起来。

海格利斯恼羞成怒，操起一条粗大的木棒，使劲砸它；它竟然再次膨胀，大得把整个道路都堵死了。

这时，山中走出一位圣人，对海格利斯说：朋友，快别动它，别把它当回事，离开它，自己远去吧。它叫仇恨袋，你不惹它，它便小如当初。你老记着它，老是踢它，它就会无休止地膨胀，最后还会挡住你前进的道路，与你对抗到底。

有人的地方就有矛盾。在日常生活中，在人与人的相处交往中，有点摩擦，有点误会，有点不快，这是很正常的。这种时候，我们是淡化矛盾，捐弃前嫌，握手言和呢，还是怀着此仇不报非君子的念头，耿耿于怀，使自己心中长久地留着仇恨，不得释怀呢？

答案是不言自明的。如果一个人心中时时怀着仇恨，这仇恨就会像海格利斯遇到的仇恨袋一样，一次次放大，一次次膨胀，直到它大得足以阻挡你心灵的阳光和你前进的脚步。这样是得不偿失的——你从此会陷入无休无止的烦恼之中，错过人生中许多美丽的风景，再没有真正的快乐，再没有新的进步了。

女作家罗兰说过，人生应该学会忘记，忘记伤害，忘记仇恨。忘记是淡化消除仇恨的唯一办法。

如果你现在心中有仇恨袋，那么远离它吧，那个圣人的话没错。你必须懂得：友谊需要以忠诚去播种、热情去浇灌、原则去培育、谅解去护理。你必须懂得：三人行，必有吾师，而名誉是鞭策、才华是力量、奉献是责任。你必须懂得：朋友困难时，你热情帮助，当你患难时，会遇到更多的朋友。你必须懂得：吃亏是福，而斤斤计较则适得其反。

你需要感情的理解，就应该理解别人的感情；你需要安全的庇护，就应该帮助别人排忧解难；你需要精神的安慰，就应该接受别人的倾诉；你需要生活的照顾，就应该尽己所能去关照别人；你需要行为的支持，就应该诚恳踏实地做人。

一句话：你得学会善待他人，用理性、善意、爱心和责任去面对生活的现实。只有善待他人，你才能把自己融入人群，获得友谊、信任、谅解和支持；只有善待他人，你才能调整失衡的心态，解脱孤独的灵魂，走出无助的困境；只有善待他人，你才能在人生的道路上，拥有充满快乐的感觉，踏入充满机遇的境界，走向充满希望的未来。

在人生的道路上，我们需要感情的理解、安全的庇护、精神的安慰、生活的照顾、行为的支持。苦恼的时候，希望别人能接受自己的倾诉；成功的时候，希望别人能赞赏自己的成绩；危难的时候，希望别人能伸出援助之手；困惑的时候，希望别人能予指点……人不能总想着自己，也要多想想别人。

应该以开朗豁达的心境、热情友好的态度，去尊重他人，理解他人，关爱他人，帮助他人。正如孟子所说："君子莫大乎与人为善。"

2. 在交际细节上做文章

某人在西服上别了一个小小胸饰，如果你发现后及时地称道，说不定会因为这点小事而使他对你有异常好感。

一贯对你冷漠的某人突然对你笑脸相待，这也许是你们改善关系的一个良好开端。

如果你把约会时间8点30分改成8点35分，说不定因此会让他人对你刮目相看……

不要小瞧了这些交际细节！它往往是交际大变化的前兆，它往往是不费吹灰之力便可取得交际成功的良好机遇，它往往是拨动人际关系"千斤"的"四两"！记住：交际中的细微之处大有文章可做。

（1）赞美他人的"得意小作"

每个人，包括那些地位低下的人和自卑感浓郁的人，都有令他们自豪的地方，这些使他们陶醉的"闪光点"可能非常小，小得只有他本人心里清楚，甚至连他本人也没发现。这些"得意小作"有可能是，如擅长做一道美味的糖醋鱼，擅长折叠各种各样的纸飞机，对民间故事、民俗民谚挺有研究等。

如果你对这些小小的长处予以称赞，肯定会令他们高兴的。要知道，从获得人缘这个角度来说，称赞小小长处比夸奖人人皆知的优点更有效果。

陈新第一次坐柳师傅开的轿车。当时正值上下班高峰时间，路上交通拥挤，但柳师傅开的车稳而不慢。这时，陈新开口说道："柳师傅，你在这样的情况下还能开得这么快，真不简单，真有办法！"想不到这句衷心赞美之辞，使柳师傅非常高兴。因为他确实驾驶技术高超，尤其对在繁华道路上如何行驶更有自己的独到之处，在陈新坐他的车以前从未有人这么夸奖过。这件事情过去10多年了，柳师傅对当时的情景还念念不忘，并且时常地夸奖陈新有眼光。

小处可做大文章。用心去挖掘和赞美他人的"得意小作"吧，别看其小，其实在小处做大了，也是一项了不起的交际功夫，并且这项功夫并没有多少人掌握。如果你有了这套功夫，便能够使你在平地里硬是筑起一座人缘大厦。

(2) 记住他人的"随意话语"

每个人的话语并非句句金科玉律，并非句句掷地有声，有些话语说过了，不多久，言者就会忘了，或者不再去留意它了。这种随意话语很有文章可做。如果你适时适地提起他以前说过的话，如："你曾说过……至今我还记忆犹新。"对方一定会因为受到你的重视而高兴万分，认为你是一个细心的人，一个能有大作为的人，一个非常关心他人的人。如果你不但记住他人随意话语，而且还按照他的随意话语办理，那会更加效果显著了。

一天，小张高高兴兴地给老尹送去一大包味道香美的腌制香椿。送时小张说："我刚从老家回来，把以前答应送你的家乡特产捎来给您。"经小张这么一说，老尹才恍然想起，半年前两人一起喝酒时，小张曾说过"我们家乡特产腌香椿，味道棒极了"，而老尹当时接着开玩笑说："既然这样，等你回老家探亲的时候也给我捎一包吧！"实际上，这只是他的一句玩笑话，说完也就忘了。到了现在，小张郑重其事地把腌制香椿送来了，老尹便感动得不得了，两人间的心理距离随即大大缩短了。

"废金矿"也能提炼出亮灿灿的黄金来！留意并记住他人的随意话语吧，它实际上是"一堆金矿石"，如果开采得当，"人缘黄金"会使你无比富有。他人的随意话语虽是细微之处，但大有文章可做。

(3) 做点他人的"意外小事"

德国一家银行的广告闻名全球，它是这么写的：你过你的日子，我们为你照顾细节。

细节是什么？它往往是人们意外之中的小事。据说，此广告发布后，

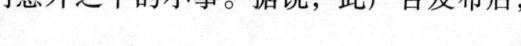

这家银行的可信度大大提高。并非一个组织如此，对于人们来说，那些特别关注细节的人，能够适时做点他人意外小事的人会使人们特别放心，能不值得信赖吗？做点他人意外小事，是丰满自己形象的一个重要招数。

宋扬在他刚刚当选某市市长时，在人代会上发表了精彩的就职演说，引起了阵阵掌声。一位人大代表前去向他祝贺。宋扬说："对，大家一共鼓了18次掌。"这位代表立刻跑去核对会议记录，确实没错，宋扬市长说的数字非常准确。显然，宋扬在演说的同时，仔细记下了会场上鼓掌的次数。因为这事，与会代表还有知情的市民对这位新来的市长投以钦佩的目光。

人们想到，如此精明的市长既然连这小小细节都注意到了，还会有什么对这座城市有益的东西会落在市长的视野之外呢？相信这样的市长必然能够把他的炯炯目光投注到每一个市民的欢乐与痛苦上，相信宋扬必定能够带领广大市民走向辉煌。

一位哲人说过：任何细枝末节都具有特别重要的意义。既然这样，就做点他人的意外小事吧，这是对自身形象进行精雕细琢的重要举措。人们会因此对你惊叹和赞赏。

(4) 关注他人的"细微变化"

没有人不愿意接受别人的关心，也没有人会对关心自己的人产生反感。所以，要想赢得好评，就需要将你对别人的关心适当地表达出来。如果你发现对方穿戴、容颜等方面的细微变化，最好能立刻指出。如果对方换了新领带，你说声："这条领带你第一次戴，在哪儿买的？"他一定会愉快地接受你的关心，对你产生好感。特别是女性，尤其注意自己的穿戴，一旦有人注意到了她服饰的变化，她定会感到由衷的欣喜，这时你们之间的距离也便随之缩短了。

姑娘晓芳对男友庞海非常陶醉，令她特别满意的是庞海有注意微小事物的眼光。譬如，她从美发厅出来，梳着一个新发型，庞海会兴致勃勃地欣赏一番；昨天晚上没睡好，庞海在今天会一眼看出她脸上所带的倦容，并且关照一番；晓芳衣服上别了一个小小的饰品，庞海定会询问一下。由于庞海都在注视着她的变化，因此晓芳感到十分满足。庞海在小处所做的文章效果远胜过金钱所起的作用。

不只男女之间，任何两个人如果不用提示，马上就能发现对方的微小变化，并且真诚道出，这样的话，他们之间的感情肯定非常融洽。所以，人们万不可在交际对象身上粗心大意，应处处留心对方的芝麻小事。

(5) 修饰自己的"交际细节"

与别人交谈时，你不妨高兴时就扬起眉毛，严肃时就瞪大眼睛，疑问处率直询问，听完后简要复述。这样的话，你就会给人留下头脑灵活、擅长交际的好印象。如果你节奏匀称，举止缓慢，动作庄重，稳若泰山，那么就会给人产生气度不凡、从容镇定的印象。对于别人的邀请，如果你能拿出笔记本，认真地记下约会时间和地址，那么别人就会认为你是个讲究信用的人。如果你把约会时间8点30分改成8点35分，别人就会认为你是个繁忙而且有本领的人。

这些都是交际细节，因为你加以修饰，所以增辉了你的交际形象。小处不可随便。这很可能关系到你是否获得成功，是否免遭失败。

有一位售货员非常受顾客的欢迎，经她手卖出的商品要比其他售货员多得多。为什么会这样呢？原来她特别注重修饰交际细节。比如，人家要买一公斤左右巧克力，她总是抓0.9公斤左右的巧克力上秤，然后再一粒一粒地添，直至足秤为止。

不像其他的营业员，先抓超过一公斤的东西上秤，再残酷地一点一点地往外拿……显然，这位优秀售货员的做法令人感到愉快。再比如，当顾客帮着她抱送商品时，她一定说一声"谢谢"。

因为帮她拿商品，对顾客来说是可干也可不干的，而干了就是一种支付，因此，及时表达谢意是有必要的。她不像其他的售货员那样对此视若无睹。因此，她获得了极大成功，不但奖金多，而且还获得了所在城市劳动模范的荣誉称号。

修饰此类的交际细节，就是润滑每日生活的齿轮，从而使你事事顺意；就是给你插上腾飞的翅膀，从而助你成功。修饰你的交际细节，就是锦上添花。重视细微之处吧，里面大有交际文章可做！

3. 提升沟通技巧的秘诀

与人交流要求我们巧妙地听和说,而不是无所顾忌地谈话。而与那些充满畏惧的人、怒火中烧的人、或是遭受挫折的人交流就更难了,因为在这种情绪的控制下,我们会更加束手无策。

无论是在家里或是工作中,不要对自己在沟通上的障碍感到绝望或是放弃!再好的交流家也是一点一点磨炼出来的。这里我们给你提供了一些小的秘诀以供参考。

(1) 即使对方看上去是在对你发脾气,也不要与他还击

别人的情绪或是反应很可能和你一样是由于畏惧或是受到挫败而造成的。做一个深呼吸,然后静静数到10,让对方尽情发泄情绪,直至他愿意说出他真正在想的是什么。

(2) 不必知道所有的答案

说"我不知道"也是很好的。如果你想知道什么就说出来,然后说出你的想法。或者你愿意与对方一起找出问题的答案。

(3) 对事实或感受做正面反应,不要有抵触情绪

例如说:"多告诉我一些你所关心的事"或是"我了解你的失落"总比说:"喂,我正在工作"或"这不是我分内的事"(这很容易激怒对方)要好。掌握好每一次的交流机会,因为很多时候你可能因为小小的心不在焉而导致你与别人距离的疏远。

(4) 比起你的想法,人们更想听到你是否赞同他们的意见

好多人在抱怨人们不听他们说话,但是他们忘了自己本身也没有听别人讲话!你可以给出你的全部意见,以表示出你在倾听,并像这样说:

① "告诉我更多你所关心的事"

② "你所关心的某某事是怎么回事啊?"

③ "我对你刚才说的很感兴趣,你能告诉我是什么导致你如此相信它的吗?"

④ "你为什么对某某事感到如此满意?"

(5) 注意理解可能出现的偏差

记住别人说的和我们所听到的可能会产生理解上的偏差!我们个人的分析、假设、判断和信仰可能会歪曲我们听到的事实。为了确保你真正了解,重说一遍你听到的、你的想法并问:"我理解的恰当吗?"

如果你对某人说的话有情绪反应,就直接说出来,并询问更多的信息:"我可能没有完全理解你的话,我以我自己的方式来理解的,我想你所说的就是某某某的意思吧,这是你的意思吗?"

(6) 坦白承认你所带来的麻烦和失误

做事要承诺一个期限,如果你需要别人的协助,就用你的活力影响他们。

例如,如果你要更新某人的电脑,并要在他的办公室工作,你可以说:"我知道在这个不方便的时间打扰你很不礼貌,但我将感激你的合作。我们的维修工作可以使你的工作系统恢复正常,我们将会在下午3点钟到您那去,5点钟就会结束工作。"

(7) 如果没人问你,就不要指指点点

明知道说出来会对某人有好处的事但又不能说,真是会令人挠头。用婉转的表达方式,像"有可能是……"或"我也遇到过这种相似的状况,如果怎样怎样就可以帮助解决,你要是认为有用的话,我愿意与你分享我的更多经验。"以上这些总比你说"你应该怎么怎么样"好得多。

(8) 求同存异

你们两个共同喜欢的是什么(尽可能不产生分歧)?把你的意见说出来以找出共同点。例如:"我认为这个计划可以使你取得成功。"

(9) 思维活跃,精力集中

我们看问题的角度总是从自己出发,或是根据环境给出我们的经验。很多被认为是成功的人们,包括那些职业运动员、文人墨客,他们都有积

【第六章】为『人脉银行』积聚财富

极正面的思想。问问你自己,"这个东西好在哪?"或"从这里我能学到什么?"来保持积极的状态。别忘了要采取不同的减压方法来使你的工作更愉快。

(10) 把对你来说是最重要的事说出来

大多数的人,包括你自己,都会以自我为中心。这也不是件坏事,这使得我们可以保护自己。不要假设谁会知道你的私心,把对你来说是最重要的事说出来,也问问别人什么对他们来说是最重要的,这会给你们的沟通打下良好的基础。

(11) 提高听力技巧

好多人认为他们的听力很好,但事实是大多数的人根本就没听——他们只是说,然后想下一步该说什么。倾听意味着提出好的问题,排除杂念,比如:下一步该说什么、下一个该见谁、外面怎么了之类的。

如果有人话里带刺,经常是因为他的心里隐藏着恐惧,他们想要你做的只是真实、友好的交谈。

4. 人脉等于财脉

在你的"人生存折"中，除了金钱、专业知识，你有多少人脉？你的"人脉竞争力"有多强？

斯坦福研究中心曾经发表一份调查报告，结论指出：一个人赚的钱，12.5%来自知识，87.5%来自关系。这个数据是否令你震惊？

我们处在一个日新月异和飞速发展的时代，很多东西对于我们而言都是转瞬即逝的。那么，我们如何抓住机遇，使自己得以如愿地拥有梦想和财富呢？有专家指出：现代社会的发展表明，在技术、资金、人力资源这三个生产力要素中，人力资源的重要性越来越凸显出来。不管什么人，单单靠一己的力量是成不了富豪的。一个人要想聚财，就先要聚人；有了人气，才会有财气。

现代社会的发展已经显示，在技术、资金、人力资源的生产力三要素中，人力资源的重要性越来越凸显，人们对人力资源重要性的认识也越来越深刻。人是生产当中最为活跃的因素，离开了人，一切物质的东西都是死的东西，是不能发挥作用的废品。正是在这一点上，曾任美国某大铁路公司总裁的 A.H·史密斯说："铁路的95%是人，5%是铁。"所以，在现代商业社会中，一个人要想聚财，就先要聚人；有了人气，才会有财气；积累了人脉资源，才会有成功的可能。

中国是一个凡事讲究关系的国度，人际交往对于一个人的成功有着特殊的重要性。而在我们的文化中，人际交往承载了反映感情、面子、利益、地位等诸多要素的内容，任何一个要素考虑不周，都会影响交往效果，影响双方的关系。所以，交往既是一个非常重要的事，又是一个难以把握的事。搞好人际关系，积累人脉资源是每一个想成功的人必须考虑的

【第六章】 为"人脉银行"积聚财富

头等大事。

许多人以为，只有保险、业务员、记者等行业，才需要重视人脉，但在21世纪，无论是在科技、证券或金融等哪个领域中，人脉竞争力都是一个日渐重要的课题。

美国老牌影星寇克·道格拉斯（麦克·道格拉斯之父）年轻时十分落魄潦倒，有一回，他搭火车时，与旁边的一位女士攀谈起来，没想到这一聊，聊出了他人生的转折点。没过几天，他就被邀请至制片厂报到，那位女士是知名的制片人。这个故事的重点在于，即使寇克的本质是一匹千里马，也要遇到伯乐才能美梦成真。

到底什么是"人脉竞争力"？相对于专业知识的竞争力，一个人在人际关系、人脉网络上的优势，就是我们定义的人脉竞争力。哈佛大学为了解人际能力在一个人的成就中所扮演的角色，曾经针对贝尔实验室的顶尖研究员做过调查。他们发现，被大家认同的杰出人才都是典型的脉客。他们的专业能力往往不是重点，关键在于"顶尖人才会采用不同的人际策略，这些人会多花时间与那些在关键时刻可能有帮助的人培养良好关系，在面临问题或危机时便容易化险为夷"。

哈佛学者分析，当一位表现平平的实践员遇到棘手问题时，会努力去请教专家，之后却往往因苦候没有回音而白白浪费时间。顶尖人才则很少碰到这种问题，这是因为他们在平时还用不到的时候，就已经建立丰富的资源网，一旦有事请教立刻便能得到答案。

2006年《财富》杂志就人脉做了一项调查，他们分别对60位不同地区的企业家进行调查，在问及"您最看重哪种性质的组织或者聚会"的问题时，有73%的企业家选择了"看重与经济利益有关的聚会"。

如今，"人脉原则"已经演绎成社会的法则，"人脉"交往更看重的是交往后面的"利益"二字，有很多企业家报名上MBA、EMBA正是为多认识朋友而来，甚至有企业家称："花几十万能认识这么一个圈子一点都不亏。"

我们一定要牢记这句话："好风凭借力，送我上青云"。人脉圈子，是经商者拓展生意的重要资源。人脉是金，却比黄金还要贵；黄金有价，而人脉无价。

人脉就是钱脉，关系等于能力，成功学大师戴尔·卡耐基说过："专业知识在一个人成功中的作用只占15%，而其余的85%则取决于人际关系。"

人脉资源是一种潜在的财富。无数的实践证明：任何时候都不要忽视关系的经营，建立起利益的多边体联盟，让联盟内的生意伙伴都获得均衡的利益，是商场上有效的默认规则。古今中外，有很多成功人士正是借助别人的关系和能力，才顺利地攀上了成功的巅峰。

有人在分析比尔·盖茨时就指出，"比尔·盖茨的成功很大程度上取决于他成功地经营了人脉关系。第一，创业之初，他知道利用自己亲人的人脉资源。因为比尔·盖茨的母亲是IBM的董事会董事，所以比尔在20岁还是大学学生时，他签到了第一份合约，抓住了IBM这棵大树。再者，在公司的发展阶段，他充分利用合作伙伴的人脉资源。保罗·艾伦和史蒂芬不仅为微软贡献他们的聪明才智，也贡献了他们的人脉资源。"

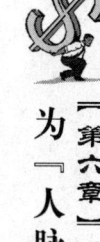

比尔·盖茨自己也这样说："在我的事业中，我不得不说我最重要的经营决策是必须挑选人才，拥有一个完全信任的人，一个可以委以重任的人，一个为你分担忧愁的人。"

一个人要想成功，必须拥有人脉这座宝藏，它对别人、对自己来说都是财富。俗语说得好，红花虽好，还要绿叶扶持。一个人单枪匹马闯天下，靠个人奋斗取得成功的时代已经过去了。在今天的社会，我们需要的是一个聚集人气的高效的团队。

这正如著名的石油大王洛克菲勒所说：我愿意付出比天底下得到其他本领更大的代价来获得与人相处的本领。我们每个人都应该向人脉资源大师学习，通过自己的努力，建立并拥有自己的人脉资源网。

想清楚自己现在是什么状况，将来要成为什么样的人，取得什么成绩。把对自己现在以及将来进行明晰地定位以后，就着手开始经营你的人脉圈子吧，开拓人脉布局，为自己的"人脉银行"积聚财富！几年后，你会惊喜地发现身边有很多可以帮助您的专业人士，一个电话打过去就可以借助朋友的力量解决问题，进而达成你自己梦想的目标。

如何提升人脉竞争力？

(1) 建立守信用的形象

摩根大通集团台湾区负责人郭明鉴有一次在接受记者访问过程中，当被问到"专业与人际关系到底哪一个比较重要"时，他沉思了许久回答："没有专业，你的人际关系都是空的。但是，在专业里，有一条是最难的，就是信任，而这也是人际关系的基石。"

(2) 增加自己被利用的价值

"自己是个半吊子，哪里来的朋友？"《胡雪岩》里的这句话，相当贴切地描写拓展人脉的秘诀。

(3) 乐于与别人分享

不管是信息、金钱利益或工作机会，懂得分享的人，最终往往可以获得更多，因为，朋友愿意与他在一起，机会也就越多。

(4) 多些创意与细心

据传，日月光半导体总经理刘英武当初在美国IBM时，为了争取与老板碰面的机会，每天都观察老板上洗手间的时间，自己选择在那时去上洗手间，增加互动。

(5) 把握每一个帮助别人的机会

花旗银行副总裁程耀辉一直秉持这个信念，不管往来人的职位高低，他总是尽量帮助别人，所以大家总是知道："有事找Roman就对了。"

(6) 保持好奇心

一个只关心自己，对别人、对外界没有好奇心的人，即使再好的机会出现，也会与机会擦身而过。

(7) 同理心

在高阳的《胡雪岩》一书中，也描述了善用"同理心"的艺术："捡现成要看看。于人无损的现成好捡，不然就是抢人家的好处，要将心比心……铜钱银子用得完，得罪一个人要想补救不大容易。"

全球首富比尔盖茨曾感慨地说："与人相处的能力，如果能像糖和咖啡一样可以买得到的话，我会为这种能力多付一些钱。"而日本人更有名言说：二十岁靠体力赚钱，那三十岁靠脑力赚钱，四十岁以后则靠交情赚钱。

5. 给心灵装上耳朵

人有五官，各司其职，在摄取信息的时候，我们提到的都是通过眼睛来吸取信息的途径，其实我们还有通过听来记住一些信息的，而且有研究表明说，同一时间内由听而记住的东西要比看记住的要多。

因此，听也是一个很有效地获取信息的方法。你和别人的交谈要通过倾听来记住别人说了什么；上培训班的时候要通过听来理解老师在上面讲的东西，下课后看三遍笔记也不如认真听一遍的效率好。有效的倾听，有利于发展良好的人际关系，理解他人的思想，欣赏他人人格；同时，有效的倾听，可以发掘对方一些宝贵的经验，学习他人的知识，丰富自己。

医生在确诊病人的病症之前，绝对不可能开具处方。他也需要信息，不可能乱猜病人的病情。所以，一开始，当医生看到病人时，他们总是先提问并聆听——他们提的问题大致是这样的："哪里受伤了？""怎么个痛法？是感到抽痛、刺痛，还是全身都痛呢？""经常痛吗？每次痛多久？"然后，医生才会给病人开出药方。你见过那种不听不问，一见到病人就开药方的医生吗？

所以，我们也要注意听的技巧，有些人是听的时候没有带耳朵的，看见他似乎在听的样子，其实心不在焉，根本就没有听进去，都在浪费时间了。

人要会用眼睛去看、用耳朵去听、用唇舌去触摸、用鼻子去闻，这样的人才能做出一些成就来，和别人交谈的时候记得带上自己的耳朵。你就简单地想想，如果你在和别人谈话的时候，你心不在焉，你对别人的问题答非所问，那别人是什么感受，至少会觉得你不尊重他，那么你们量办事的效率就要大打折扣了。

要想控制局面，必须集中精力。我会把注意力放在顾客身上，把一切别的杂念抛在脑后。这样就可以观察顾客的每一个动作，听他的每一句话，体会其中的含义。我之所以这样做是因为一次教训：一次走神让我的生意泡了汤。

著名的推销人员赫伯特先生就有这样没带耳朵的时候，他为此付出了代价。

一次他到房地产商吉姆先生的办公室去拜访，他对保险计划很感兴趣。谈到一半的时候，吉姆开始谈起自己的儿子，吉姆先生显然很为自己的儿子骄傲。但是，办公室外有一些人在说笑，赫伯特忍不住去听门外的笑话、但赫伯特知道这样做有欠礼貌，所以在吉姆先生大谈自己儿子如何深受器重时，他仍不住地点点头。他以为吉姆先生会感到似乎自己在留心听他讲话。

然而，当回到正题，谈起保险的事时，赫伯特发现他已经态度冷淡，结果，他突然站起来说；"赫伯特先生，我们谈得够多的了。"说完就走了出去。这就是谈判的结局！

晚上回家时，赫伯特一直在思索自己到底做了些什么。后来，决定给吉姆先生打电话问个究竟。

"这是怎么啦？"赫伯特问他，"到底是什么使您气冲冲地走了出去？"

"赫伯特先生，我告诉你是怎么回事。"他板着脸说："你不停地看门外，显然你不想听我说起我的儿子，倒是更有兴趣听那些推销员讲笑话。我反感讨厌你那样做。"

赫伯特才对自己的行为感到羞愧。沉默了一会儿，他说："您说得完全正确，是我的错。您知道我想说什么吗？我想说我不配得到您的生意。在您挂电话之前，我想让您知道，我认为您有权利为您的儿子感到自豪。您的儿子听起来也像是位优秀的年轻人，我相信他将来合成为一名出色的律师。我真心地感谢您对我说的话，使我学到了宝贵的东西，我只希望有一天您能再给我一次机会。"直到一年后，才从吉姆先生那里得到一张订单。

再者，话从口出，出去了就过去了，不像是我们可以看见的文字、图片，没有看清楚还可以再看一次。很多时候，听别人说话的时候，你是没有办法叫别人再说一次的，错过了就过了。就像在开会的时候，老板在上面讲工作安排，你没有好好听，那你也不能叫老板单独告诉你一次，只好再下来问别人，这又是何必呢。

所以，一定要随时把自己的耳朵带上，听懂别人的话，听到别人话里面重点的部分。听的时候最好专注与听，不要再干别的事情了。有些人喜欢听着歌做事，觉得很好，其实你自己注意一下就会发现，其实你也没有完整地挺好一首歌，自己的事情也老是被歌声打断。听完了还要记住，不要"左耳朵进，有耳朵出"，什么都没有留下。

还有就是别人的谈话你要听仔细，不要被自己先入为主的概念给误导了。带上自己的耳朵，争取一次性把对方发过来的信息都记在脑袋里。

想要丰富你的人脉关系就要学会倾听，倾听是了解别人的法宝，也是拉进人与人之间关系最有效的方法。了解别人的需要、渴望、能力与动机，并给予适当的反应。让别人感激你，记住你，并喜欢你。其实，想要丰富你的人脉，非常简单，就是以人为本。从对方的立场出发，让别人感到你永远是被需要的。

多听少说，善于倾听别人讲话是一种高雅的素养。因为认真倾听别人讲话，表现了对说话者的尊重，人们也往往会把忠实的听众视为可以信赖的知己。

一个好的听众一定会比一个擅讲者赢得更多的好感。这是因为，一个好的听众总能够倾听人们最喜欢说的话——他们自己。聆听越多，你就会变得越聪明，你掌握的信息也就越多，就会被更多的人喜爱和接受，从而丰富你的人脉。

要想成为一个好的听众，并不是一件容易的事。但也有一定的方法可依，只要掌握其要领，就会成为一个合格的倾听者。

(1) 倾听时，注视说话人

倾听对方讲话时，用你虔诚的目光让他感知到你的真诚，赢得他的赞许，获得他的信任。注视对方的技巧，是用目光看着对方的双眉间。这样，就可以避免不好意思。

【第六章】为"人脉银行"积聚财富

(2) 靠近说话者，身体前倾，专心致志地听

一定要让人感觉到你对他所说的内容的渴求，不愿漏掉任何一个字。让说话者觉得你在聚精会神、专心致志地听。与人交谈时，你千万不要大大咧咧，摆出一副无所谓的样子。

(3) 巧妙、恰如其分地提问

所提问题一定要巧妙、恰到好处，切忌盲目或过多地提问。在允许的情况下，精练、简短的提问会使说话者知道你在认真仔细地听。如："后来怎么样呢？""您的结论是……"

(4) 不要一味地表现自己而忽视别人

与人交流时，不能滔滔不绝地说个不停，而应认真地倾听对方说话。做个好听众是一门艺术，也需要耐心。

(5) 不要感情用事与别人争辩

在倾听别人谈话的过程中，或许会有一些话令你感觉不舒服，但这时千万不要因自己的情绪而向别人发火或争辩，这是倾听别人谈话的最大障碍。所以，即使你很生气，也要耐心地等待对方把话讲完以后，心平气和地说出你的想法，这才不失君子风范。

(6) 不要无端地打断别人的谈话

在倾听的过程中，要学会适时插话。每个人都喜欢别人从头到尾安静地听自己把话说完，而且更喜欢被引出话题，以便借此展示自己的价值。所以，交谈时要专注于对方所讲的话题，等对方讲完以后，再岔开他的话题。

(7) 不要有意无意地摆弄一些小玩意儿

倾听别人谈话要专心致志，不要摆弄一些小玩意儿，比如眼镜、钢笔或是与倾听无关的东西，更不要去看窗外的风景等，不然会给别人以不礼貌的感觉，所以要尽量排除。

倾听是一种重要的交流技巧。所以，我们对周围的亲人、朋友，甚至不熟悉的人，都要学会倾听。学会了倾听，你慢慢就会发现喜欢自己的人越来越多，人脉也越来越强大。

请注意，这些建议不仅仅是谦恭的行为，谦恭永远不会使你获得倾听所能带给你的巨大回报。这些建议更多地是为了让你学会如何认真地倾听别人。一旦掌握了倾听的技巧，你将会越来越深刻地意识到，倾听在人类成功的交往中是多么的重要。

学会倾听，就是对别人的尊重。想要丰富你的人脉，没有什么比心与心的交流更快的方法了。人们被倾听的需要远远大于倾听别人的需要。因此，学会倾听，做一个合格的倾听者，不仅是一种人们交往中的礼貌行为，也是表达对他人欣赏和帮助他人建立自信心的重要方式，这还将有助于使自己取得信赖，赢得人脉。

【第六章】为「人脉银行」积聚财富

6. 如何与不同性格的人共事

每一个人都有自己的性格，在职场上，我们经常会因为性格问题与同事产生冲突、误解、拒绝等负面关系。对此，你最好不要试图去改变你的工作伙伴，你要做的是学会和不同性格的人相处。

第一类：推卸责任的人

可能的情境

"嗨，我昨天跟你说的那份资料，你弄好了吗？"

"我现在没办法给你呀。昨天你跟我说了以后，我就开始动笔了，可是老板临时要一份报告，我只有先做给他，然后我的计算机就死机了，所以我只有回家写，不是我没写完啊，而是昨天我正在修改的时候，我的猫跑来把它叼走了，就再也找不到了。我没办法啦，急的话我把搜集到的东西给你，你自己做……"

共事策略

请他们协助任何工作时，目标必须明确，时间、内容等要求要讲清楚，甚至白纸黑字写下来，以为证据。

不为他们所提出的借口而动摇，请温和地坚持原来的决议，表达你知道工作有其困难度，但还是需要在一定范围内完成的期望。

如果他们试图把过错推给别人，不要被他们搪塞过去，你只需坚定说明那是另一回事，现在要解决的是如何达成原订的目标。

如果他们真的遇到问题，除非真有必要，你不用主动帮他们解决，养成他们继续对你使用这招以摆脱工作的习惯。

请主管在不影响整体工作的情况下，重新协调工作分配，以达成工作目标为优先。

平辈之间的相处，应把彼此当做互助互惠的伙伴，而不是比高比低的对手。

第二类：过于敏感的人

可能的情境

"对不起，你刚刚给我的那份报告里面有几个错字，可不可以改一下？"

"有错字？你的意思是说我中文程度很差吗，这对我是很大的侮辱，我只不过是一时的疏忽，没有看到计算机打出来的是错的，这不代表我就只会写白字，你这样讲让我很难过，我毕竟是大学毕业的啊，从小到大可不是白混的，我还得过学校作文比赛第三名，你说不会写中文也太过分了点……"

共事策略

尽量避免在其他人面前对他们做出可能冒犯的评语，要批评请私底下讲。

即使如"有点、可能、不太"这类有所保留的语气，都会让他们心乱如麻，因此在批评时尽量客观公正，慎选你的用词，指出事实就好。

尤其要让他们了解你只是针对事情本身提出意见，而不是在对他们做人身攻击。

针对他们过度的反应，你不要也跟着乱了手脚急于辩解，那可能会愈描愈黑，只要重申事情本身就好。

提出意见时也同时指出他们的优点以及表现出色的地方，以建立他们的自信心。

只要与人共事，总会发现有些人不好相处。最重要的是你选择如何响应任何人或任何情况。

第三类：怨天尤人的人

可能的情境

"刚刚真是可惜，没有得到客户的青睐，不过你的报告内容还真不错呢！"

"谁说的，我可不这么觉得。唉，还不都是小王害的，他要不一直在旁边扯我后腿就好了，讲什么客户需要的是提高品质，这我知道啊，我的报告也有啊。还有你啦，没事跑过来干吗，害我投影机的插头掉了。就连打印机都跟我过不去，印一张要花三分钟，在客户面前真是糗大了，我真

是倒霉啊……"

共事策略

他们之所以抱怨,是因为他们在意事情的发展。如果抱怨的内容跟你负责的业务有关,最好能有立即的响应或改善;如果他们抱怨的是无关紧要的琐事,听听就算了,也不需要动气反驳。

在做任何会影响他们的决定前,先征询他们的意见,如果他们能有所参与,就比较不会抱怨。

如果你们合作一项工作,最好时时询问他们有没有问题,如果他们说没有,以后就比较不会抱怨。

光抱怨不能解决问题,问问他们觉得最好的解决方法是什么,怎么样才能避免问题再度发生,将他们的力气导引到问题解决上。

人之所以令人难以应付,并非由于他的技能或知识不足,而在于他们的个性。

第四类:悲观者

可能的情境

"John 提出来的这个意见真好,对我们的工作效率一定有帮助。"

"行不通的啦,这个办法早在两年前就有人提过了,那时候大家信誓旦旦地说要把业绩做起来,结果呢,还不是都一样,根本没什么起色。不是我要泼大家冷水,事实就摆在眼前啊,而且当时老板投入大笔资金却失败了,这次他不会再重蹈覆辙了啦,所以我认为一定不可行……"

共事策略

他们的负面看法是自己凭空猜想的,还是有事实根据?请他们在表达的同时,也明确指出产生问题的原因。

他们害怕失败,不愿意冒险,所以会以负面的意见阻止改变。问问他们认为改变后最坏的结果是什么,事先准备好应对的方法。

不用因为他们的负面意见就感到沮丧,你可以把他们的看法当做是预防犯错的一种机制。

告诉他们如果失败的话是整个团队的责任,而不会光责怪他们,解除他们的心理压力,他们就比较不会在一旁碎碎念。

对待他人应如同目的,切莫对待他人如同手段。

7. 珍惜批评你的人

人们喜爱并珍惜的,多是鲜花与掌声,因为那代表认同和赞赏。可你知道吗?我们更应该珍惜的,是批评。

一样米饲百样人。人有很多种,在对待朋友的态度上也有很多种类型,有每天说好话给你听的;有看到你不对就批评、指责你;有热情如火、喜欢奉献的;也有冷漠如冰,只考虑个人利益的;有憨厚的,也有狡诈使坏的……

这么多类型的朋友,好坏很难分辨,而当你发现他不好时,常常已为时晚已,因此平时的交往经验极为重要。

不过有一种类型的朋友肯定是值得交往的,那就是会批评、指责你的朋友。

和只会说好话的朋友比起来,那些只知道批评、指责你的朋友是令人讨厌的,因为他说的都是你不喜欢听的话,你自认为得意的事向他说,他偏偏泼你冷水,你满腹的理想、计划对他说,他却毫不留情地指出其中的问题,有时甚至不分青红皂白地就把你做人做事的缺点数说一顿……反正,从他嘴里听不到一句好话,这种人要不让人讨厌也真难。

但是这种朋友,如果你放弃,那就太可惜了。

基本上,在社会做过事的人都会尽量不得罪人,因此多半是宁可说好听的话让人高兴,也不说难听的话让人讨厌。

说好听的话的人不一定都是"坏人",但如果站在朋友的立场,只说好听的话,就失去了做朋友的义务了;明明知道你有缺点而不去说,这算是什么朋友呢?如果还进一步"赞扬"你的缺点,则更是别有居心了。这种朋友就算不害你,对你也没有任何好处,大可不必浪费时间和这样的人交往。

但实际上的情形如何呢？很多人碰到光说好话的朋友便乐陶陶，不知是非了；其实他们顺着你的意思说话，让你高兴，为的就是你的资源——你的可以利用的价值，很多人被朋友拖累就是这个原因。

比较起来，那些让你讨厌，像只乌鸦，光说难听的话的朋友就真实多了。这种人绝对无求于你（不挨你骂，不失去你这个朋友就很不错了），他的出发点是为你好，这种朋友是你真正的朋友。

一般父母碰到子女有什么不对，总是责之、骂之，子女有什么"雄心壮志"，也总是想办法替他踩踩刹车，不让他脱缰而去。为的是什么？是为子女好，怕子女受到伤害，遭到失败。这是为人父母的至情，只有父母才会这么做。

朋友的心情也是如此的，爱之深才会责之切，否则他为何要惹你讨厌？说些好听的话，你说不定还会给他许多好处呢。

人活在世上，无论是工作还是生活，无论居家还是在单位，任何事情都不会做得十全十美，这不仅仅是个人经验、学识、能力、素养、性格的问题，而是因为社会发展得太快了，正像"世界上没有两片同样的树叶"一样，我们生活的每一天都是不同的，尽管主观上自己十分努力地做到尽善尽美，但往往因站的角度不同，工作要求不同，工作环境不同，而往往不尽如人意。

"人生不如意者十之八九""人无完人"就是这个意思，因此在人的生存中，在探索事物发展的规律中，有人批评指正，应该是一件很幸福的事情。

批评的意思一是批判、判断、评价，是指出优点和缺点，评议好坏；二是专指对缺点和错误提出意见，单从字义上讲，而对批评，应该高兴才对，但为什么有人一遇批评就有抵触情绪呢？

不外乎如下两点。

一是感觉自己做得完全正确。其实，完人是没有的，即便是一件小事，你做得也可能是较完美，但总不可能是最完美的，况且，好的思路方法往往就在反对意见里面隐藏着。因此，面对批评应持包容的态度，即使已经做得很好，也要注意吸取反面意见。

二是怕面子过不去。有人认为受到批评是丢人的事，其实不改正错误,由小事酿成大错才是丢人的事,任何人都会有错误,不犯错误的人历来没有,有人给予批评指正这是件好事情。

"贞观之治"局面的形成,与魏征的敢于直谏和唐太宗的善于纳谏有很大关系。

美国的强盛,其监督批评机制的健全功不可没。

有很多干部,甚至很多高级干部晚年走上犯罪道路,原因在于自己没有听取并接受批评意见的胸怀和勇气,更缺乏的是在其周围没有了批评与自我批评的氛围,成了孤家寡人,最后走向人生的歧途。所以说虚心接受批评是素质高的表现。

再从批评者角度来讲,谁愿意批评人?从内心来讲,愿意批评别人的人不多,但是,为了工作,为了大家,为了集体,为共同进步,发现问题就得解决,批评是方法之一,出现了问题,对当事人指出来或提醒注意或限期改正,违犯了制度要按章给予处罚,这对当事人、大家、集体都有好处。

由此分析,受到批评,首先,是一种被关爱的表现,说明自己还很有人缘,出了问题有那么多人关心你。其次,可使自己少走弯路,较快地走出生活或工作上的阴影,轻松地走向正常生活。其三,可视为一种待遇,受到的批评越多,自己的失误就会越少,进步就会越快,成长就会迅速,至此,可以向批评你的人说一句"谢谢"。

人非圣贤,孰能无过,犯了错误不要紧,要及时改正,在不断改正的过程中,人将越来越近完美。善意的批评是一个人面对别人的错误和缺点时表现出来的尊重和理解,更是体现一个人修养和素质的机会。

人无完人,金无足赤,永远生活在赞扬和掌声的人绝不可能进步或成功。而且沉迷于此的话,职能退步。

珍惜批评,因为那将使你更完美;珍惜批评,因为那是别人对你的关怀;珍惜批评,因为那是你人生的宝藏。

因此,要牢记,只有那些经常批评、指责你的人才是你人生的导师。与批评你的人交朋友,就是与智者的交流,交流中,在阳光的照射下,你能给心灵杀菌、消毒。去除了些污垢,思想更清洁,身体更健康,能听到心灵拔节的声音。

8. 与一流的人物交往

与一流的人物交往，也容易使自己也成为一流人物。

在自己所处的环境里，能与站在顶点地位的一流人物交往，并学习其观念、优点、做法，才能引导自己向上。所谓的社会一流人物，包含两个层面：名流和有钱人。

名流中固然有名不副实者，但毕竟大多数人确有本事和才能，倘若能吸取他们经验和观点中的精华，对你的生活和工作必将大有助益。而与那些远不及自己的人往来，往往很容易使自己落到那些人之后。

如果你立志在生意场干出名堂来，首先就要想办法接近社会名流，与其交往，建立起良好的信赖关系。一旦与你建立了信赖关系，他就会考虑："替这个人找个机会造就人才吧。"如此一来，你的命运可能会大获改观，甚至可能一层层地脱胎换骨，一步步走入名流社会。可能你还没有真正认识到，有名的人往往有深远的影响力，一句赞许的话就可能使你受益良多。

在心理学上有一种"趋势"心理，就是结交、崇拜、依附有名望者的心理，这种心理绝大多数的人都有，只是程度不同而已。它反映在人心理上希望提高自己的社会地位，平等地与名人交往。

有一个著名的公关专家曾经说过这样一段话："要发展事业，人际关系不容忽视。费心安排的话，人际关系便能由点至面，进而发展成巨树。有了巨树我们才能在巨树的凉荫下休息，坐享利益。社会地位愈高的人，在拓展事业的时候，人际关系愈是重要。但是，总不能因此就拿着介绍信要去拜会重要人物。就算登门造访，人家也未必有时间见你，因为各界的重要人物们，通常都排有紧凑的日程表，即使见面，大概顶多也不过5分钟、10分钟的简短晤谈，无法深入的。所以，制造与这些人物深入交谈的机会，非得另觅办法不可。"

而另一位著名的企业家却通过"十年修得同船渡"的方法结识许多社会名流，他的经验是："在每次出差的时候，我都选择飞机的头等舱。一个封闭的空间，不会有其他杂事或电话干扰，可以好好地聊上一阵。而且搭乘头等舱的都是一流人士，只要你愿意，大可主动积极地去认识他们。我通常都会主动地问对方：'可以跟您聊天吗？'由于在飞机上确实也没事可做，所以对方通常都不会拒绝。因此，我在飞机上认识了不少顶尖人物。"

知道结交名流也是人之常情，你就无须畏缩，只需要拿出勇气和智慧来，与名流交往、沟通，不断地从内在和外在两方面一起提升自己，一步步迈入名流行列。

要进入有钱人的世界，真的是非常困难。不过，不管进入的困难程度有多高，都还是不能跟这个有钱人的世界带给你丰厚的回报相提并论。

许多有钱人的脑子里都存有一个观念，就是认为自己一定不可能从这个市场上获得成功。他们觉得本身没有足够的知识跟技巧，因此也没有勇气去试着敲开这个通往荣华富贵的大门。

有一个道理是很显然的，当我们要去拜访非常成功的人士时，一定要把自己也当做同样成功的人，而且觉得自己很配得上做这笔生意。

绝大多数有钱的人都非常专业、聪明，而且一般都受过很好的教育，因此，对于别人的能力，应该也有相当的判断力。所以，就像打棒球一样，想要打进大联盟，本身一定要够实力。你必须要了解自己的产品跟市场，而且本身一定要是个充满社交技巧的人，更重要的是要有勇气说服自己去开发这群有钱人。

就开发有钱人市场而言，多努力于以下六方面的活动是极为重要的。

在这群人经常阅读的商业或专业周刊上，刊登你的广告。

在名片上注明自己的专长。

参加适当的组织。

商展会场——这是一个经常被生意人遗漏的重要场所。

专业的大会或年会——进入这群人的世界，并且让他们认识自己。

参加座谈会跟演讲会——学习他们的生意或专业。

假如你想与这些有钱的朋友做生意，你就应该知道他是哪一种类型的人。针对他的特征，选择最有效的交际方式。这对于你是一件省时省力的事情。

第一，疏于理财的人。这一类人的财富主要来自于精于某种知识或技术，例如像是脑科医师或歌星等等。他们需要你把产品的功能、结构、作用解释得非常仔细，产品会对他们带来什么好处。要舍得花时间在他们身上。

第二，目标导向型的人。这种人就需要帮他们做特别的规划，好让他们可以达到理想中的目标。

第三，寻找机会投资的人。这些人最需要的是要针对他们的处境，选择哪些投资方案，并且让他们了解这些投资方案会带来多少利润以及会承担多大风险。

不管现在要去结交哪一类型的有钱人，都是一样，那就是帮助他们认清问题，激励他们，通过你的服务解决他们的问题。这部分是永远不会改变的。

9. 向他人"借脑"

三只蚂蚁负有重要使命，必须过河。面对滔滔江水，蚂蚁不会游泳，如何过河呢？

第一只蚂蚁选择了架桥，它搬来了树枝、杂草，费了九牛二虎之力，结果，桥没架好，自己却被河水冲走了。

第二只蚂蚁选择造船，它同样充满信心，全身心地投入，忙得不亦乐乎。只可惜，洪水来了，船被冲走了，蚂蚁的命也被搭上了。

第三只蚂蚁看到前面两个兄弟，都比自己勤劳、能干，就这么悲壮地牺牲了，当然，就不能走它们的老路。于是，它爬到河边的树上，站在树尖的叶子上，想观察一下形势再说。不料，大风起兮，大风卷走了树叶和蚂蚁，蚂蚁就像坐飞机一样在空中飞扬，然后，徐徐地飘落在河的对岸。这只蚂蚁做梦也没想到，自己竟然如此轻松地实现了理想。

很多人从内心里都为前两只蚂蚁感到惋惜，也很钦佩它们的壮举。而对第三只蚂蚁，仅仅只觉得它很幸运。因为，中国的传统文化，历来强调靠自己的本事吃饭，靠勤劳、靠实力、脚踏实地地打拼，反对"投机"，反对"取巧"。

【第六章】 为『人脉银行』积聚财富

但是，当我们观察社会时，看到林林总总的社会现象，类似第三只蚂蚁的成功者却大有人在，并渗透在政治、经济、文化各个领域，并越来越成为一种普遍的发展模式、成功模式或寻找出路的模式。于是，第三只蚂蚁的行为越来越耐人寻味，甚至变得越来越崇高起来。

当然，蚂蚁是盲目的，而学蚂蚁的人却是理性的。

巧借外力，是撞开出路大门的重要力量。古人云："下君之策尽自之力；中君之策尽人之力；上君之策尽人之智。"那些善于借脑的人往往能

够集众人的智慧于一身，办成众人无法办成的事情。

刘备的智谋虽比不上诸葛亮，但刘备却能借用诸葛亮的智谋为己所用。

刘备的武功比不上五虎上将关、张、赵、黄、马，可他能借助他们的才干帮自己建业。刘备能借用众人之智、众人之力、众人之才为己所用。想成为一个大有作为的人，就必须学会运用他人的智慧。

美国芝加哥是举办世界博览会最多的城市。作为最有规模的博览会，自然吸引了世界各大厂家的青睐，大家纷纷将自己的产品送去陈列。

在一次博览会上，美国声名非常显赫的汉斯食品公司经理汉斯先生为了能够吸引更多人的眼球，把公司的罐头和一些食品带到了博览会上。但是谁都没有料想到，博览会的会场安排是随机的，汉斯得到的地盘竟然只是一个偏僻的小阁楼。

当时阁楼偏僻的地点让汉斯十分失望，但他还是希望在博览会开始后会有一丝转机。博览会按期举行了，前来参观的人也络绎不绝。可是，汉斯的侥幸心理并没有变成现实，每天最多只有几个人走进那间阁楼。怎样才能吸引更多人前来观看呢？汉斯心急如焚。

这时汉斯手下的一名员工经过苦思冥想，为他想出了一个很有意思的方法。当时，博览会已经开幕一个多星期了，但人们走进会场之后发觉出有些不一样的地方：地面上常常会散落着不少小铜牌。当那些好奇的人从地上拾起小铜牌之后，就会看见铜牌上写着这样的一行字："凭这块铜牌去阁楼上的汉斯食品公司换取纪念品。

那次，汉斯一共撒落了数千块小铜牌，而大多数捡到的人都去了那座无人问津的小阁楼参观，甚至还造成了水泄不通的局面。后来，会场的主办人甚至担心阁楼能否承受如此多的人参观，还特地重新找木匠对阁楼进行加固。

也就是从那天开始，汉斯的阁楼就变成了博览会中最著名的地方。最后汉斯不再撒落铜牌了，还是有源源不断的人前往小阁楼，一直到闭幕都是如此。在这次博览会上，汉斯净赚50余万美元，可谓是绝处逢生的精彩一笔。从这个例子中我们可以看出，智囊人物的一个小小的决策就可以扭转不利的局面，远胜于一次大型的公关活动。这个小小的铜牌事件，充分体现了运用他人智慧的重要性。

任何一个人的智慧都是有限的，当你面对一件自己无法决策的事情时，千万别忘了适当地运用他人的智慧。很多时候，成功都是源于他人的智慧。

运用他人的智慧也就是借脑。借脑通常有以下几种方式。

（1）阅读成功者的故事及传记

阅读那些成功人士的故事和传记，可以吸取他人成功的经验，反思自己的失败教训。可以阅读相关的书籍，也可以通过与其他人的交流来学习。

（2）请教别人

怀着一颗虔诚的心让别人对自己做事的方式、方法提出他们的意见和建议。对身边人的建议一定要慎重对待。尽管他们是为你考虑，但由于他们的背景、学识等因素的限制，结果也许并不理想。所以，在向别人借脑时，你一定要多方面地听取他人的意见，并对他人的意见进行综合考虑，权衡利弊后再做出决定。

（3）多参加一些相关的培训

参加培训，可以从他人的传授中获得成功的经验。这比书本上学到的要实用得多。如今，已经有越来越多的人认识到，上学、上培训班不仅仅是一种智力投资，更是一种人脉资源投资。

那些亿万富翁们之所以能成为富翁，关键因素之一是他们在重要的领域一直雇用比自己聪明的人，这样他们就会建立一个非常强大的团队。

与那些在各自领域中声名显赫并拥有不同天赋和背景的人一起工作，将组成一支强大无比的队伍。有一位富豪曾说过："如果你喜欢你团队中的成员，运用他人的智慧就会是件非常愉快的事。"

富翁懂得只有齐心协力才能更多、更快、更容易地实现目标。而且大家能够看到各自的"盲点"，彼此鼓励，填补空白与弱项。成功的人都懂得，如果想要快速实现目标，就需要一支队伍，就需要运用他人的智慧。

决策是一个闪烁着胆略、学识和智慧之光的综合艺术。决策没有统一

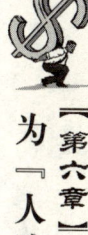

的模式和规律,而是"运用之妙,存乎一心"。

这里的"心"指的就是智慧。智慧是世界上最宝贵的财富,是一切秘诀最根本的源泉。有人说,如果一群智者的思想集合在一起,就可以颠覆整个世界。

运用他人的智慧并不一定局限于宏观的战略角度。有时,也许别人的一个很小的主意就能起到很大的效用。聪明的管理者善于运用别人的智慧为自己办事。

一个人的成功不可能是靠单打独斗的,任何人都不可能自己做完所有的事情。因此,要想实现目标就需要与人合作。如果没有别人的帮助,一个人所取得的成就就很有限。

一个人在成功的道路上前进得越远,就越能体会到真正重要的不是现金、思想、热情,而是人。虽然说金钱、思想、热情是很重要的,但如果没有人的支持,其他的因素显然是不够的。任何人的成功都离不开别人的智慧,借用他人的智慧,成就自己的霸业,是成功人士的首选。

10. 如何与"关键人物"搞好关系

人脉关系是一种感情的凝聚和利益的融通。有了关系也就有了路子，有了利益，有了各种随时可以兑现的希望。所以，不但寻常百姓重关系，达官显贵重关系，生意场上的生意人也同样看重关系。

一些重要人物或关键人物关系亲密或所谓"关系铁"的人都是神通广大的人，他们能把与自己或朋友利益有关的合理合法的事办得非常漂亮，而且还有可能越过法律和道德的界定办成一些越格出线的事，所以精明的生意人都知道，要想办成事，必须靠关系。

下面介绍几种常见的"关键人物"及疏通关系的技巧。

（1）要了解和掌握关键人物的身世和社会关系网

任何一位关键人物都有自己的人情关系网。这个"网"的形成与他的身世和人生经历有直接的关系。

要想与他攀附关系，必须先暗地里多留心和注意他的身世和社会关系网，包括他的同乡关系、亲属关系、朋友关系、同学关系、上下级关系等等，掌握了这些关系之后，鉴于直接与其建立关系多有不便，则可"曲线救国"、另辟蹊径，设法同一两位与这位关键人物关系甚笃的人建立关系，这样，在必要时，便可以借助这些关系的力量，使他碍于某些关系的面子不好拒绝，不能拒绝，不便拒绝。

（2）不妨走一走老人、孩子路线

求人办事，所求之人如果正是年富力强的角色，刚好是"上有老，下有小"的年龄，那么，在必要的时候，除了走夫人路线外，走一下老人孩子路线，迂回接近目标，拉近彼此的感情，也是办成事的计谋。正因如此，走老人和小孩的路线更容易达成目的。

①老人、小孩容易接近

老人因年岁高而退职在家，缺少人际交往，心里常常觉得孤寂。如果有人主动接近老人，哪怕是暂时解除老人的孤寂，老人自然非常乐意。再者，心理学表明，老年人较中青年人柔和、慈善得多，也容易接近。

小孩纯朴，喜新好奇爱动，一个玩具、一段故事、一声哄捧就能很快赢得小孩的亲近。

②老人、小孩喜欢人接近

一般的说，老年人见多识广，阅历丰富，精神仓库里贮藏有大量感性或理性的"经验产品"，一有机会，他们总乐于滔滔倾诉，希望能影响、感动后人。只要你表示出愿意做老人的听众，他们总乐于主动招呼，热情交谈。

至于小孩，你若真诚地以童心相待，带给小孩新奇欢乐，小孩绝对不会拒绝你。一句话，老人、小孩由于特殊的生理和心理原因，他们喜欢你的接近。

③老人、小孩是家庭的黏合剂

中国人注重许多传统，老人是长者，孩子是希望。假如老人心旷神怡，孩子快乐健康，全家就会随之活跃和愉快。

第二次世界大战时，利维在美国经营一家影片进出口公司，手下一名叫弗兰克的闭路电话专家脾气暴躁，动辄和别人争吵，连利维也不例外。

一天，为了一个实验问题，弗兰克同研制组的另一位助手争执不下。他大动肝火，又拍桌子又摔东西，利维过去劝阻也被大骂了一顿。正在他们闹得不可开交时，弗兰克的小女儿走进了实验室。小女儿看见爸爸那副怒发冲冠的样子，吓得哭了起来。

弗兰克见状再也顾不上同别人吵架，赶快跑过去，赔着笑脸哄逗她。

看到这一情景，利维心里猛地一亮，弗兰克虽然看谁都不顺眼，但对留在他身边的小女儿却是百依百顺，视为掌上明珠。不难看出这小女儿是他的主要精神寄托。

为了使弗兰克有充实的精神生活，利维立刻在公司附近为他租了一幢非常漂亮的房子，好让他经常和女儿生活在一起。

本来，利维手头的资金十分紧张，在这种情况下，还为弗兰克租房，弗兰克心里很是过意不去。因此，尽管利维再三动员他搬进新居，但他坚持不搬。

利维说："搬不搬家，恐怕由不得你了。"

"什么？"弗兰克提高了嗓门，"我自己不愿搬，你还敢强迫我不成？"

"我当然不敢逼你，不过，你的千金安妮已替你做主了。"利维继续说，"她说你心情不好，容易发脾气，这会伤身体的。如果她能住在附近照顾你，你就不会发脾气了。起初，我也拿不定主意，可是小安妮最后还说：'我爸爸多可怜呀，我不能让他再忍受孤独了。'"

听完了这番话，弗兰克的眼里充满了泪水，他最终顺从了利维的安排，搬进了新居。

利维为弗兰克租房，虽然破费了不少金钱，可搬家这件事所产生的影响远远不是这点儿金钱所能比拟的。利维在资金状况窘困的时刻，仍然把弗兰克的快乐看得比金钱更重要，这就不能不使弗兰克感恩戴德，甘为利维的事业贡献所有的智慧。

④走老人小孩路线要谨慎

对老人务必态度谦恭，心性美善，行为礼让。这一方面表现你的虚心、诚实，一方面显出你对长者的尊重、敬仰。

小孩天性乖巧，要用忠诚、童稚去换取欢悦，千万不能居高临下，装腔作势，虚情假意。

(3) **要委婉自然，牵动旧情**

与关键人物攀附关系不应生拉硬套，本来没有亲戚关系，偏偏七拐八绕，硬说有亲戚关系；或者本来与他的某位朋友无甚关联，偏偏鼓吹自己与人家情深义重，如此这般，很容易引起关键人物的厌恶和鄙视。

所以，与关键人物拉关系，要循循善诱，顺理成章，委婉自然，让他感受到虽是不经意地提起，却一语中的，牵动着他的旧情，甚至让他陷于对旧情旧事的沉湎中。如果能把与关键人物的关系攀附到这份儿上，那么这何愁他对你托办的事情袖手旁观呢？

(4) 要讲究场合

在众目睽睽之下是不便与关键人物攀附关系的。因为绝大多数上级是不情愿公开自己的身世和社会关系的。非但如此，关键人物本人还会顾忌你，而旁观者更认为你是在有意巴结他。

所以，在公开场合攀附关系不但对关键人物有碍，也对自己有失。与关键人物拉关系最好是在背后与他扯家常、聊闲嗑的时候，或者在酒桌上小酌、在茶余饭后散步的时候，或者在他情绪好而且还具有拉关系由头的时候，在类似这样的时间和场合里与关键人物套关系最容易切中他的心意，最容易令其买账。

(5) 要讲一些手段

作为居高临下的关键人物，下边常有溜须拍马、曲意逢迎的人，这些人也在积极寻找巴结关键人物的机会，因而与关键人物攀附关系也存在着一种畸形的竞争关系。

那么，怎样在这种不可告人的竞争中取胜呢？有经验的都知道，必要时可以使用一些手段，因为任何一位关键人物都自觉或不自觉地处在错综复杂的社会矛盾中，这矛盾有的是对他有利的，有的是对他有害的；有的是他自己一目了然的，有的是他无从觉察的，那么，你为了攀附于他，就应该认真关注这些矛盾的风吹草动，一旦有什么特殊情况或特殊机遇，便可通过委婉干预的手段随即成为关键人物的心腹之人，还何愁有事他不帮助办呢？

所以，只要在攀附关系上下了工夫，就一定能在关键人物那里收获一些感情，凭借这种攀附出来的感情把自己的事情办成，也不失为一种追求成功的方法。

11. 人际关系的10个和谐"音符"

卡耐基说过:"和谐的人际关系是一笔宝贵的财富。"那么,我们怎样才能拥有这笔财富呢?换言之,我们应如何来奏响人际关系的和谐乐章呢?

下面是人际交往中应当遵守的10条基本原则,也是和谐的交际不可或缺的10个基本"音符"。

（1）**平等**

生活在现实中的每一个人,无论职务高低、知识多寡、贫富差距、身体强弱、年龄长幼、性别不同,在人格上都是平等的。因此,在人际交往中我们绝对不能把自己高抬一寸,把别人低放一尺,有意与对方"横着一条沟,隔着一堵墙",给别人一种"拒人于千里之外"之感。如果在交际中出现以权压人、以势压人、以强凌弱,把自己看得高人一等,把别人看得一钱不值,那就根本不可能有人人平等,不可能有和谐相处的人际关系。

（2）**尊重**

渴望受到尊重是每个人的基本心理需求。在人际交往中,我们对所有的人,不管其地位高低贵贱,都应该给予应有的尊重。我们不仅要尊重他人的人格、他人的个性习惯、他人的权力地位、他人的情感兴趣和隐私,还要尊重彼此存在的外显或内在的心理距离,不要轻易地去突破它,破坏它,否则就是对对方的冒犯,势必造成对方的戒备、反感和疏远。

自尊心是人的心灵里最敏感的角落,一旦挫伤一个人的自尊心,他会以十倍的疯狂、百倍的力量来与你抗衡。其实做到尊重别人并不难,有时只需一个微笑、一句问候、一声敬称、一双善于倾听的耳朵、一张不刨根

【第六章】 为「人脉银行」积聚财富

问底散布流言飞语的嘴巴,就会给别人的心情带来阳光和温暖,当然也会为您自己带来真挚的友谊与和谐的交际。

(3) 沟通

央视著名节目主持人白岩松曾说:"每个生命都需要表白。"那么,与表白如影随形的便是人与人之间的沟通。只有沟通,才能让别人了解自己,同时自己也才能了解别人;只有沟通,才能不断增进彼此的理解,从而减少或避免一些不必要的误会和摩擦。越是不作沟通,越是有意设防,就会越难使人心达到交融,沟通需要主动,一味地等着别人与自己沟通,等不来"好人缘"。

能沟通不等于会沟通,善于沟通者知道根据不同的对象、场合,采取不同的交际方式,懂得"到什么山,唱什么歌"。沟通总是与口才紧密相连,口才能为你的沟通铺平顺畅的道路,能帮你的交际书写和谐的华章。

(4) 宽容

天下没有两片相同的树叶,也没有两个完全相同的人。俗话说,"尺有所短,寸有所长",人的性格,特长各有差异,在处理人际关系中不能强求一致。人与人要和谐相处,就要有求同存异、相互谅解、不求全责备的宽广胸怀。既然我们自身都不完美,我们又怎能苛求他人完美无缺呢?在人际交往中,我们对他人的要求不要过分,不要强求于人,而要能让人时且让人,能容人处且容人。

人非圣贤,孰能无过?一旦对方犯了错误,我们也不要嫌弃,应给他提供改过的宽松条件,原谅别人的过失,帮助别人改正错误。"海纳百川,有容乃大",古语又说,"水至清则无鱼,人至清则无友",在工作和生活中,人们总是喜欢和那些宽容厚道的人交朋友,正所谓"宽则得众"。

(5) 欣赏

希望得到别人的注意和肯定,这是人们共有的心理需求,而欣赏正是满足这种需求的一种交际方式。人际关系大师卡耐基说:"避免嫌弃人的方法,那就是发现对方的长处。"因此,在交际中我们应抱着欣赏的心态来对待每一个人,时时留心身边的人和事,多发现别人的优点和长处。赞美是欣赏的直接表达。有道是"良言一句三冬暖",一句真诚的赞美往往可以给别人也给自己带来好心情。学会发现别人的长处并由衷地赞美吧，这是促进人际关系和谐的"润滑剂"。

(6) 换位

在现实生活中，我们总是习惯从自己的主观判断出发为人处世，因而常导致一些误解的发生。所以，要达到彼此的认同和理解，避免误会和偏见，我们就要学会"换位思考"。所谓"换位"，即俗话说的"板凳调头坐"，就是要善于从对方的角度和处境认知对方的观念、体会对方的情感，发现对方处理问题的个性方式。

只有设身处地地多为别人着想，才能够最大限度地理解别人，从而找到相处的最佳途径、解决问题的恰当方法。

孔子有言，"己所不欲，勿施于人"，意思是自己所不想要的，不要施加到别人身上，说的就是这个道理。也正如一位哲人所说："你希望别人怎样对待你，你就先怎样对待别人。"因此，交际中只要少一点自以为是，多一点换位思考，就会少一些误解和摩擦，多一些理解与和谐。

(7) 弹性

一个人的人际关系不和谐，原因可能是多方面的，其中往往与他交际方式太死板，不留余地有关。因此，我们需要在交际中建立一个"弹性隔离带"，使自己、对方、甚至双方都能获得更大的回旋空间，以减少或避免一些不必要的摩擦或伤害。

比如说，在答应别人时，不要总是那么言之凿凿，一旦自己因客观原因无法兑现，岂不给对方以"言而无信"的印象。

在拒绝别人时，不要总是那么生硬地一口回绝，不妨先答应考虑一下，给自己留点回旋的空间，以便到时候"进退有据"。

在批评别人时，不要一味地高声大嗓，如果是在公众场合，最好点到为止，照顾一下对方的自尊。

与人争论或争吵时，不要口不择言地说些"过头话""绝情语"，这不仅会严重伤害对方的感情，而且也往往使双方难以"下台"；在请人帮忙时，不要直接让对方按你的要求去做，一旦事情不该办或对方无能为力，难免会造成尴尬的僵局等等。

大量实践表明：为自己的交往增加些弹性，给自己和他人都留些余地，有助于你的人际关系更加和谐。

(8) 诚信

孔子说："人而无信，不知其可。"诚信是无形的"名片"，关乎一个人的形象和品质。在现实生活中，不少人不讲诚信，连自己的亲朋好友都敢蒙骗，由此使得人与人之间信誉度降低，严重损害了人与人之间关系的和谐。

面对诚信的缺失，光是呼唤是不够的，我们每个人都是建设诚信大厦的砖瓦，需要我们从自身做起，从身边的一件件小事做起，如：不要失信于人，对别人有求于我们的事，我们一旦答应了就要尽全力去办。

如果确因客观原因无法完成，就应向人家解释清楚，求得对方的谅解；要尽可能本色地做人，不要总是带着一副假面具与人交往，虚与委蛇；不要抱着"没有永远的朋友，只有永远的利益"的想法，以一种"利用"的心态与人交往，甚至做出"过河拆桥"的卑鄙之举；防人之心固然不可无，但也不必处处设防，总是用一种怀疑的眼光来看人，须知猜疑是人际关系的暗礁。

只要我们每个人都以自己的实际行动恪守诚信，相信诚信之火定能成燎原之势，到那时和谐的人际关系何愁不能建立？

(9) 合作

当今社会，人与人之间的竞争日益激烈，但这并不意味着合作变得可有可无。相反，随着社会分工的精细和工作内容智力成分比重的增加，许多工作不再依靠个体力量来完成，而要依靠团队合作来实现。

一个人即使本领再大，是块"好铁"，但充其量又能打几颗"钉"呢？因此，合作是人际交往的基本准则，一个善于交际的人必定是个善于合作的人。在合作基础上竞争，在竞争基础上合作，是人际交往的基本态势。如果只讲竞争不要合作，那么竞争必定是不择手段的恶性竞争和无序竞争，人际关系的和谐也将无从谈起。

所以在人际交往中，我们应予对方多一些支持，少一些拆台；多一些协商，少一些固执；多一些沟通，少一些封闭。只有这样，我们的人际关系才能少一些紧张与摩擦，多一些温馨与和谐。

(10) **互惠**

在现实生活中，人与人的关系之所以会出现不和谐的音符，产生一些矛盾和摩擦，其中就与一方某方面的利益受损有关。因此，要有效化解矛盾，消除摩擦，就不能太自私、"吃独食"，而应坚持"互惠"，追求"双赢"。

比如：在交际心态上，不要只想自己享受，不让别人舒服，更不能以置对方于死地为后快；考虑问题时不能只为自己着想而不为他人考虑，只顾眼前的利益而不考虑长远的利益；在双方意见不能统一时，可跳出"思维定式"，谋求一个折中方案；对利益有争议时，双方要坐下来诚恳协商，必要时不妨都做出一定的妥协，人际关系要达到和谐，必须保持一定的平衡，任何一个好的关系都是双方受益，如果一方长期受损，这种关系是长久不了的。

在交际中，只要我们肯让自己先退一步，肯把对方的面子给足，肯在自己的底线上留有一定的弹性，肯与对方利益共享，共谋发展，那么，就一定能取得沟通的最佳效果，也一定能使人际关系变得更加和谐。

12. 影响你前途的十种交往心理

良好的心理素质,是人们进行广泛社交活动的必要条件。相反,心理状态不佳,会形成某些隔膜和屏障,在一定程度上阻碍了人们交朋友结友和适应社会。因此,我们在工作生活中应该注重自身修养,努力克服以下种种人际交往中的不良心理。

(1) 自私心理

处处以自我为中心,只讲索取,不讲奉献。争名夺利,甚至损人利己。这种心理对于交际危害极大。它时时处处会伤害到别人,这种人永远也不会找到真正的朋友。

(2) 自傲心理

处处唯我独尊,"老子天下第一",趾高气扬,轻视别人,甚至贬低别人、嘲笑别人,听不进别人的意见。这种心理对于交际危害很大,这些人也很难与别人相处。

(3) 猜疑心理

有猜忌心理的人,往往爱用不信任的眼光去审视对方和看待外界事物,每每看到别人议论什么,就认为人家是在讲自己的坏话。猜忌成癖的人,往往捕风捉影,节外生枝,说三道四,挑起事端,其结果只能是自寻烦恼,害人害己。

(4) 逆反心理

有些人总爱与人抬杠,以此表明自己的标新立异。对任何事情,不管是非曲直,你说好他偏说坏,你说一他偏说二,你说辣椒很辣,他偏说不辣。逆反心理容易模糊是非曲直的严格界限,常使人产生反感和厌恶。

(5) 排他心理

人类已有的知识、经验以及思维方式等,需要不断地更新,否则就会失去活力，甚至产生负效应。排他心理恰好忽视了这一点，它表现为抱残守缺，拒绝拓展思维，促使人们只有自我封闭的狭小空间内兜圈子。

（6）作秀心理

有的人把交朋友当做是逢场作戏，往往朝秦暮楚，见异思迁，且喜欢吹牛。这种人与人之间的交往方式只是在做表面文章，因而常常得不到真正的友谊和朋友。

（7）互利心理

有的人认为交朋友的目的就是为了"互相利用"，因此他们只结交对自己有用、能给自己带来好处的人，而且常常是"过河拆桥"。这种人际交往中的占便宜心理，会使自己的人格受到损害，久而久之会失去知心朋友。

（8）冷漠心理

有些人对与自己无关的人和事一概冷漠对待，甚至错误地认为言语尖刻、态度孤傲、高视阔步，就是自己的"个性"，致使别人不敢接近自己，从而也不能交到较多的好朋友。

（9）嫉妒心理

有的人嫉妒心理较强，看到别人的成功，不是为他们高兴，而是嫉妒。相反，当看到别人受挫时，往往幸灾乐祸。这种人不给自己背上沉重的心理包袱，也会受到身边人的反感。这也会使别人不愿与之交往。

（10）自卑心理

有些人容易产生自卑感，甚至瞧不起自己，只知己短不知己长，甘居人下，缺乏应有的自信心，怯于表现自己，无法发挥自己的优势和特长。有自卑感的人，在社会交往中办事无胆量，习惯于随声附和，没有自己的主见。这种心态如不改变，久而久之，有可能逐渐磨损人的胆识、魄力和独特个性，会阻碍自己计划与理想的实现。怯懦心理是束缚思想行为的绳索，理应断之，弃之。

以上这些心理不但不利于个人的身心健康，对于人际交往也都会产生不同程度的影响。使人不愿接近、难以接近。希望我们每个人都时常检查自己，预防产生这些心理，用热情健康的良好心理品质去接触身边的每一个人，去享受美好的人间之情。

【第六章】 为『人脉银行』积聚财富

13. 圈里圈外，融洽相处

每个人都有一个相对熟悉的交际圈，或以地域为标志，如邻里之间、单位范围内等，或以人群为界限，如同性之间、同事之间、同龄之间、同学之间等。

(1) 如何与圈内人打成一片？

①忌挑三拣四

自己不喜欢的人和看不惯的事处处都有，如果你还想留在圈子里，就要接受他们。而且不要表现出你的不满，更不要和其他"圈友"表达你对某个"圈友"的看法，你可以不接受，也可以离开，但不要批评。

总之，与"圈友"交往的基本原则是尊重，尊重他人也尊重自己的感受。

②忌为难自己

既然是圈子，大家常会有不定期的聚会。但如果你近来工作繁重，就不必随叫随到，不要让圈子打扰你的正常生活。

另外，当有"圈友"有求于自己，但自己又无能为力时，不要过于为难自己，更不要影响自己的心情。要学会巧妙拒绝，或将帮忙设定在自己能力之内，比如帮他想想其他办法，帮他找些相关信息都是很好的。

③忌交浅言深

"言多语失""交浅言深冒傻气"一直在告诫我们人与人之间交往的分寸感。试想，你并不熟悉的人却不断与你推心置腹，甚至包括个人隐私。你是不是会有点心里没底，以至于有想逃跑的冲动。正所谓"疏者密之，密者疏之"，这是一般人的处世之道。"刺猬理论"也告诫我们，人与人之间需要保持一定的距离，以免互相刺伤。更何况，即使知道了对方的隐私也不能证明你们的亲密关系，更证明不了你有优于他人不可取代的优势。

④忌期望过高

很多人都渴望拥有英雄间惺惺相惜的感情，危难之时会有朋友可以拔刀相助。但对"圈友"不宜抱有过高的期望。

如果你有求于"圈友"，首先要真诚地说明你需要他帮助的内容，不要奢望对方替你考虑得那么周到。而且一定要确定在合理范围内，不要让对方感觉难度很大。同时，如果你看到"圈友"面露难色，最好问清他有什么困难，并适当降低你的要求，同时也要再想别的办法，而不要把压力都放在"圈友"身上。

(2) 如何与圈外人融洽相处？

显然今天的交际已要求你不能仅仅局限在熟悉的圈中了，随着社会的发展，需要你不断扩大交际面，越来越多地要求你迎着陌生，学会与圈外的诸色人等打交道。

①开放心态，展现美好姿态

交际圈外总不如圈中那么熟悉、随意，总会让你感到陌生、僵硬、别扭。当交往把你推到交际圈外时，你应打破怯懦畏缩心理，以积极开放的心态面对一切，这样你就能放松自己，展现出热情挥洒的风貌，让人认同、欣赏、接受。

小陈在原单位上交不谀，下交不骄，十分得体，很有人缘。后来他被抽调到市文明委。进入新的交际圈，小陈却笨拙起来，显得特别别扭、窘迫。幸好有人给小陈及时传经送宝：进行心理放松，让脸上绽放笑意，主动向别人示好。那意思就是开放心态，不封闭自我，主动热情地面对全新的交际局面。小陈听了这些话，茅塞顿开，之后的一切随即都变得有章法了。

②有效接触，确立合适关系

交际圈外与圈内具有很大的差异，不像圈内有更多的相同点和一致性。这就要求你善于寻找彼此的接触点，比如工作上相通一致的地方、共同的爱好追求、性格上的一致、观点上的相近等。

更细致一点的如衣服品牌相同、知道了同一见闻、认识同一熟人等，都可作为交际的接触点。有了接触点，便形成有一定内涵的合适的交往关系。

夏老师带领学生到某单位见习，起初她找不到与圈外人交往的感觉，说出的话文绉绉、酸溜溜的，一举一动都显得与企业员工格格不入。后来她注意到这些人都很注意企业形象和产品广告问题，而她在此方面也很内行。于是她以此为内容与他们谈企业公关，谈广告设计，谈宣传报道。这样她与员工有了共同话题，水到渠成地有了更深入更广泛的交往，与新的交际圈融为一体。

③调整自己，投合悦纳对方

新的交际圈有新的特点、新的要求，介入其中你必须调整固有的交际方式和习惯，适应它。这样才会为新的交际圈所接纳。而且对对方的独特的交际方式，即使再不适应，也不能采取冷淡、抵触的态度，要包容一切，悦纳对方。

油漆工小杜在一座县城专做私房装修活儿，一干就是十年。虽然年纪轻轻，却算是个老油漆工了。他的活儿如源头活水，让他应接不暇。人们奇怪他的这一绝活。小杜却说："其实手艺是一部分，交往是另一部分。与东家关系处融洽了，总会对你感到满意。"

人们问其交往的诀窍。小杜说："做变色龙。"小杜的话是调侃的口吻，但道出了事实。可以说与小杜打交道的东家形形色色，但他都能适应对方，悦纳对方，决不以一个油漆工的思维方式和行为习惯去衡量人、对待人。

比如一位领导，他注重言行的严谨、简约、礼貌。同一位演员他表现得热情、活泼、随意，有时还说几句俏皮话。对对方一些独特的，在他一时看来不可理喻的言行，他总是表现出浓厚的兴趣。正是这种"随行就市"的交际方式，让小杜处处得人缘，处处如鱼得水。

④保持本色，显示特有的魅力

问题往往是辩证的两个方面：一方面你应调整自己，适应对方，另一方面你又不能丧失自我，毫无个性。从根本上说，你无论面对的是怎样一个交际圈,是高品位的,还是低俗的,是充满权力色彩的,还是平凡普通的。适应是你的技巧,本色却要一以贯之。只有保持本色,你才会显示出特有的交际魅力。

市委宣传部新闻科长老魏是一位专职摄影记者。长期以来在他身上形成了一种行政干部、记者、文人相杂糅的个性和气质。他的工作决定着他同各种不同类型的人打交道。与他的同行相比,他的口碑最好,更受欢迎和尊重。

原因何在呢?除去他很会"入群"以外,就是同时保持了自己本色。你瞧:他那装束,随意而一副记者模样;还有那说话、办事的方式,都显示出自己的气质,折射出特有的风采。其实适应不是迁就、依附。保持本色,就是立定自我。这才能形成特有的魅力,在交际中取得主动地位。

⑤探索规律,做到腾挪自如

交际无论圈内圈外都有其自身规律,懂得并遵循这些规律,你的交际就显得得体、适宜。反之就难免无所适从,左右碰壁。有时这些规律复杂而微妙,这就要求你善于因情求实,在具体情境下探索和体会特殊交往规律。

比如与领导交往一般要注重距离原则。但有些领导个性比较开朗、热情,喜欢比较随意的人。或者在某种情境下、某个时段内,领导心情好,容易接纳人,你见机改变方式更易获得好感。

乔总结出与女青年交往的"套套"来:陪她们聊天,女人是最爱聊天了,尤其是她们感兴趣的话题,一聊没个完。营造与她们交往的浪漫气氛,女青年爱幻想、好憧憬,来些浪漫情调,她们自会陶醉、迷恋。

当然乔也是因人而异、区别对待的。对爽直的,他显得更坦诚;对敏感内向的,他更注重严谨;对那些不爱交往的,他点到为止;对对他持欢迎态度的,他乐此不疲。由于乔牢牢地把握了与异性交往的规律并能因情求变,所以他不仅能在同性交往中挥挥洒洒,而且能在异性交往中腾挪自如。

⑥不畏挫折,游泳中学游泳

面对一个新的交际空间,自然伴随着更多的挫折和失败。这是对你的

【第六章】为"人脉银行"积聚财富

考验,你是退缩不前,一蹶不振呢,还是毫不动摇,继续再来呢?既然挫折自然而然,你对待挫折也就该见怪不怪。关键是从中汲取教训,总结经验,化为动力。

一位老教师,在教研上颇有成就。本来许多人都想结交他,但他与所有的人格格不入,独来独往,特别孤立、窘迫。据说在他的小交际圈中,他能说会道,左右逢源。为什么出现这种截然不同的情景呢?当然是他不善于与圈外人交往。

其实,他很想与圈外人交往,也曾努力过,但自从碰了壁后,便封闭了自己,以致弄到现在这副模样。张本来也是一个一到交际圈外就张皇失措的人。但他面对一次又一次的挫折,从不气馁,以培养在交际圈外的交际能力。

时隔数年,在一家教育报举办的论文评比颁奖会上,张与与会的领导、师长以及编辑、专家、社会各界人士谈笑风生,应对自如,让人不禁感叹其能做学问,又善交际。张能有今天的情景,该是在多少摔打中才铸炼出来的。